中央财经大学中央高校基本科研业务费专项资金资助

U0499880

研究阐释青年丛书

基于金融市场的数据估值

郭来特 ◎ 著

中国财经出版传媒集团

经济科学出版社

Economic Science Press

·北 京·

图书在版编目（CIP）数据

基于金融市场的数据估值 / 郭来特著 . -- 北京 ：
经济科学出版社，2025. 8. --（研究阐释青年丛书）.
ISBN 978 - 7 - 5218 - 6401 - 4

Ⅰ. F832. 5

中国国家版本馆 CIP 数据核字第 2024NW8056 号

责任编辑：王　娟　李艳红
责任校对：齐　杰
责任印制：张佳裕

基于金融市场的数据估值
JIYU JINRONG SHICHANG DE SHUJU GUZHI

郭来特　著

经济科学出版社出版、发行　新华书店经销
社址：北京市海淀区阜成路甲 28 号　邮编：100142
总编部电话：010 - 88191217　发行部电话：010 - 88191522
网址：www. esp. com. cn
电子邮箱：esp@ esp. com. cn
天猫网店：经济科学出版社旗舰店
网址：http：//jjkxcbs. tmall. com
北京季蜂印刷有限公司印装
710 × 1000　16 开　15. 75 印张　262000 字
2025 年 8 月第 1 版　2025 年 8 月第 1 次印刷
ISBN 978 - 7 - 5218 - 6401 - 4　定价：68. 00 元
（图书出现印装问题，本社负责调换。电话：010 - 88191545）
（版权所有　侵权必究　打击盗版　举报热线：010 - 88191661
QQ：2242791300　营销中心电话：010 - 88191537
电子邮箱：dbts@ esp. com. cn）

前　言

在数字经济时代，数据已逐渐超过传统资源，成为推动经济发展的核心生产要素。在微观层面，数据可以为个体和企业提供决策支持，帮助其更好地理解和利用有效的资源；在宏观层面，数据可以促进经济结构的优化升级，推动经济体向更高效、更智能的方向发展。在人类社会从工业文明向数字文明转型的关键阶段，需要充分发挥数据的潜力以推动数字经济的持续发展。为此，需要明确数据资产的价值，对其进行有效估值。

数据资产具有一些传统资产不具备的属性，导致对其进行有效估值存在诸多难点。数据往往是经济活动中的副产品，而非通过有计划的成本投入而产生。数据的价值在使用过程中逐渐形成和提升，且往往具有正向的反馈循环，导致难以度量其产生的价值。数据资产具有非竞争性，可以被复制和共享而不会像传统资产那样产生价值减损，因此难以通过供需分析对其进行定价。数据的价值并不与其物理度量成正比，使得难以通过量价关系计算其总价值。数据的价值还具有很高的私人属性，即同一数据对不同的使用者来说具有不同的价值，导致数据资产难以在市场上形成统一的价值共识。此外，由于数据的价值受到所有市场参与者的影响，一个经济个体在进行数据估值时需要考虑其他经济个体所拥有的信息，使得数据估值难以有效开展。数据资产的这些属性导致市场法、收益法以及成本法等常用的资产估值方法难以直接使用。

鉴于传统估值方法应用于数据资产时面临的诸多问题，本书从数据的核心功能入手思考其估值问题。数据是数字化的信息，在数字经济时代其被用来进行预测，首要作用在于化解风险，减少不确定性。针对数据的这一作用，本书提出了数据价值形成的三阶段：首先，经济主体获取具有原始价值的数据；其次，分析处理这些数据使其转化成辅助决策的信号，使数据的价值得到提升；最后，通过观察其他经济主体依据同类数据作出的决策来更新自身的决策，在此过程中数据的价值进一步提升。可以看出，数据的价值在其使用过程中不断提升，经过以上三阶段形成最终价值。因此，可以通过度量这一最终价值来进行数据估值。

本书提出基于金融市场的数据估值方法。一方面，金融学研究提供了对数据价值形成过程进行建模的基本工具，通过建模可以明确获得数据价值与金融资产价格的对应关系。另一方面，作为建立在数据上的产业，金融市场的参与者在源源不断地提供、产生以及处理新的数据，提供了进行数据估值分析的基本原料。基于金融市场的数据估值的基本原理是：金融市场参与者根据数据所能带来的价值获取、处理、分析数据并以此作出决策，所作出的决策充分反映在金融资产的均衡市场价格上，因此可以从资产价格中倒推出有关数据价值的信息。

具体而言，金融市场的信息发现功能为数据估值提供了基础原理。金融市场汇聚了众多以盈利为目的的交易者，包括个体和机构。他们根据自己掌握的信息和观察到的信号进行交易，形成市场均衡价格。这一动态交易过程使得市场价格成为综合信息的载体，这种信息载体难以通过其他途径获得。市场价格不仅传递了稀缺性，还综合反映了投资者对经济和企业基本面的分散信息，进而揭示了数据的价值。金融市场的流动性、参与者的成熟度以及金融市场获得的广泛关注，使其在信息反映方面具有独特优势。这些特点使得金融市场成为评估数据价值的重要平台。通过分析市场价格，可以捕捉到数据在经济活动中的实际效用，为数据资产的估值提供了一种可行的方法。

基于金融市场的数据估值方法可以有效避免以往数据估值中所面临的问题。一方面，该方法直接度量数据的最终价值，因此避免由于数据的副产品、正反馈循环等属性带来的成本难以界定、价值难以度量的问题。另一方面，该方法主张从金融资产价格中提取出数据的价值，因此避免了由于数据的非竞争性、价值的私人属性带来的传统的供需均衡分析难以直接适用的问题。此外，由于价格中已经包含了所有市场参与者的决策，因而我们只需要关注所估值的对象本身，而无须对其他市场参与者的特征或所拥有的数据进行逐一度量，这使得市场化的数据估值具备了可行性。

本书对数据估值的探讨具体涉及两个方面：一方面，对数据的度量。基于金融市场的数据价值形成过程，数据量本身就反映了数据所能带来的价值。数据量反映了金融市场参与者针对某一资产处理的数据总量，可以回答有关金融市场信息效率的问题。另一方面，对特定数据的货币价值的估算，回答的问题是特定投资者愿意为使用某种数据而支付的价格。股票市场作为金融市场的核心组成部分，其价格波动、交易量变化等数据直接反映了市场动态和投资者情绪，是研究数据价值的重要领域。且鉴于股票市场的高活跃度，其数据不仅丰富多样，而且变化迅速，为数据价值的挖掘和分析提供了绝佳的土壤。因此，本书选择围绕股票市场展开，通过深入剖析股票市场数据的特点和价值，帮助读者更好地理解和应用数据估值分析工具。本书的具体内容如下。

第一章对基于金融市场的数据估值相关理论与研究现状进行综述。有关数据估值的研究尚处于初始阶段，许多理论还尚未建立，许多细节也并不明确，因此有必要进行系统性的综述以厘清基本的逻辑框架。本章首先基于金融市场提出了数据价值的形成过程，初步阐释数据估值的难点。其次，全面梳理数据资产的独特属性（包括副产品属性、非竞争性、价值正反馈循环属性以及量与价值的同一性等），并针对这些特征对比数据资产与相近的传统资产，以阐述常用估值方法的局限性。针对这些局限，本章初步提出基于金融市场的数据估值思路，并阐释这一方法与数据资产的副产品属性、非竞争性、量与价值的同一性等属性的适配性。最后，本章探索了如何借鉴相关文献的研究成果来构建基于金融市场的数据估值体系。

第二章介绍基于金融市场的数据估值所需要的背景理论。数据是数字化的信息，其通过转化成用以指导投资决策的信号来提高经济主体预测未来时的精度。在数据估值的情境下，精度具体指的是数据所带来的误差下降。对信号精度的衡量所使用的基本方法是贝叶斯信息更新。将信号精度与股票价格进行联系的模型是噪声理性预期模型。因此，本章在数据估值的情境下详细介绍了这两个理论的数学与经济学原理，并给出详细的分析步骤。

第三章提出基于金融市场数据量的数据估值方法。数据量是指与某一资产有关的数据的总量，也反映了市场参与者针对某一资产处理了多少数据。由于投资者根据数据所能带来的价值决定其对数据的获取、处理和分析，因此数据量直接反映了数据的价值。金融市场基于信息进行的大量交易形成了金融市场价格，因而金融市场价格中包含有关数据量的信息。本章首先推导出存在数据处理时的均衡市场价格，其次将其与价格信息效率这一衡量金融市场信息汇总能力的指标相结合，分解出该指标的四个组成成分，包括估值离散度、定价效率、企业增长以及数据量。这一分解构成了基于金融市场数据量进行数据估值的实证分析框架。最后通过生产端模型揭示预测价格信息效率与经济基本面的联系，进一步论证本章的估值方法背后的经济学基础。

第四章对中国金融市场处理的数据量以及价格信息效率进行实证分析。本章首先根据第三章的数据量理论模型构建估计数据量的实证分析框架，然后将其应用于股票市场数据，分析价格信息效率和数据量的时间序列变化。市场整体分析表明中国股市的信息效率整体上呈提高趋势，其中，数据量是这一提高趋势的重要驱动力。对不同预测时域的分析表明市场参与者更为偏好短期信息，而对长期价值的评估不足，反映为处理了较多的短期数据、较少的长期数据。本章也对不同规模、成长性、所有权性质以及产业的企业进行了分析，实证结果揭示了信息效率以及数据量的增长在不同类型的企业之间并不均衡。总之，本章发现了数据量在提升市场信息效率中的核心作用，并指出了市场对短期信息的偏好可能影响了对长期价值评估的深度。

第五章介绍基于金融市场的数据货币价值估算体系并进行实证分析。数据的货币价值是指一个经济主体愿意为使用特定数据而支付的价格。数据的核心作用在于减少对未知的不确定性，金融市场参与者愿意为减少不确定性支付一定的价格，这一意愿构成了基于金融市场的数据货币价值估计的基础。本章首先构建包含数据处理的噪声理性预期模型，得到相应的投资者效用，然后建立投资者效用与确定等额财富即货币价值的对应关系，从而得到数据的货币价值的表达式。接下来，本章针对该估值模型设计实证分析框架，并将其应用于一个简化设定下的中国股票市场大盘或者行业投资者上，估算出其愿意为使用某种特定数据而支付的价格。研究结果表明，数据的货币价值受到投资者的风险厌恶程度、财富水平、投资风格等特征影响。此外，本章也发现数据的价值随着数据误差的提高而减少。然而，由于数据的非竞争性，尽管市场参与者仅愿意为高误差数据支付较低的价格，数据提供者仍可从中获得可观的收入。

金融市场在现代经济中的资源分配环节具有重要作用，在数字经济时代对于服务实体经济更是有着举足轻重的作用。在党的十八大以来不断强化金融服务实体经济的背景下，如何通过金融市场推进数字经济的建设是一个需要着重考虑的关键问题。本书从基于金融市场的数据估值角度切入回答这一问题。基于金融市场的数据估值是一种基于需求端的提取数据价值的方法，其与基于生产端的数据价值分析是一体两面，但可以避免后者的诸多问题，因此可以作为传统数据估值方法的重要补充。该方法的核心洞见在于，金融资产价格是各种信息作用的结果，因而可以从价格中倒推出有关数据量与数据价值的信息。需要强调的是，由于数据估值的研究尚处在起始阶段，许多基础性问题本身尚未被回答，因此本书的目标并不是推出一个一锤定音的数据估值模型。本书的目标在于系统性梳理数据资产的属性以及数据估值的难点，并针对性地构建一个可行的数据估值框架，以期推动这一领域的进步。

目　　录

第一章

数据及其估值综述

本章深入探讨数据资产的估值问题，提出基于金融资产价格对数据进行估值的分析框架。本章首先基于金融市场视角构建了数据资产的价值形成过程，初步阐释数据估值的难点。其次，从价值形成的角度全面梳理数据资产的独特属性（如副产品属性、非竞争性、价值正反馈循环属性以及量与价值同一性等），深入阐释其估值的难点所在。针对这些特征，本章对比了数据资产与相近的传统资产，并论述了常用于传统资产的估值方法在应用于数据资产时的局限性。针对传统估值方法的局限性，本章提出了基于金融市场的数据估值方法，其基本原理在于数据的价值形成充分反映在金融资产的价格之中，可以从资产价格中提取数据价值信息。这种方法充分适配了数据资产的独特属性，因此相对于传统的估值方法具有无可比拟的优势。最后，本章探索了如何充分借鉴融合相关文献的研究成果，以构建、优化基于金融市场的数据估值体系。本章从需求端的角度为数据资产估值提供了一个全面的理论框架和实践指南，对于推动数字经济的健康可持续发展具有重要的理论意义和实践意义。

第一节 引 言

在人类由工业文明迈向数字文明的转型阶段，数字经济在经济发展中发挥了越来越重要的作用。在我国，数字经济的总体规模由 2005 年的 2.6 万亿元扩张至 2022 年的 50 万亿元，其在 GDP 中的占比从 14.2% 上升至 41.5%[①]，已逐渐成

[①] 资料来源：根据《中国数字经济发展白皮书（2020）》《中国数字经济产业发展报告（2023）》整理。

为推动经济增长的重要引擎。作为数字经济时代的核心生产要素，数据的战略地位日益突出。然而，与其日益凸显的重要性相比，如何科学、准确地评估数据资产的价值仍然是一个亟待解决的难题。

为了有效评估数据的价值，首先需要明确数据资产的价值形成过程。文献中多从企业生产的角度对此进行阐释，将数据设定为企业生产过程中的副产品，其主要价值在于提高企业生产率（Begenau, Farboodi and Veldkamp, 2018; Jones and Tonetti, 2020; Cong, Xie and Zhang, 2020）。本章将这一过程中产生的数据价值总结为三个部分：一是数据伴随着企业生产活动而产生，具有了原始价值；二是数据被企业用于优化其生产率和产出，产生了价值的提升；三是企业也会通过观察分析其他企业的同类型数据进一步优化其生产决策，数据的价值在这一过程中得到了进一步的提升。

通过在企业生产过程中的数据产生可以看出，数据资产的独特属性导致其难以像传统资产那样估值。其一，数据是经济活动中的副产品，即通常并非通过有计划的投入生产而产生，而是伴随着其他经济活动自然产生，这一属性导致难以度量数据资产产生的成本。其二，数据具有非竞争性，即不同使用者可以同时使用同一组数据进行分析决策，这一属性导致难以度量数据产生的总的经济价值。其三，数据具有显著的私人价值，即同一份数据集对不同使用者的价值明显不同，这一属性导致市场参与者很难对其价值形成共识。此外，不同于传统资产，数据的价值在其使用过程中逐渐形成，且往往具有正反馈循环。这些特征均导致资产估值中常用的成本法、收益法以及市场法等方法难以直接适用。

鉴于从生产端进行数据价值分析的不足，我们从需求端的角度对数据的价值形成过程进行了构建，提出了数据价值形成的三个阶段[①]。以金融市场参与者的视角进行阐释：首先，市场参与者获得有关资产未来收益的数据，这些数据具有原始价值。其次，市场参与者分析处理数据，将数据转化成辅助其决策的信号，在这一过程中数据的价值得到了提升。由于市场参与者的决策会反映在资产的市

---

① 为了更好地理解基于金融市场的数据估值的内涵，本书基于资产定价研究中有关消费型定价（consumption-based asset pricing）和生产型定价（production-based asset pricing）的研究，将数据的价值产生分为基于生产端的和基于需求端的两类。生产型资产定价基于企业的生产活动和投资行为，该方法认为资产价格反映了企业的生产能力、投资回报及其相关的风险。消费型资产定价基于消费者的消费行为和偏好，使用经济学中的效用理论来确定资产价格，核心思想是消费者在不同时间点之间分配其消费，以最大化效用，而资产价格反映了这种跨期消费的风险和回报。

场价格上，市场价格中会包含有关数据的信息。最后，一个市场参与者会从市场价格中观测其他市场参与者对同类数据的分析处理并用以更新自身的投资决策，在此过程中数据的价值有了进一步提升，形成了数据的最终价值。可以看出，数据的价值在其使用过程中不断形成，且具有正向的反馈循环。本书提出基于金融市场的数据价值分析，以对这一价值形成过程产生的最终价值进行量化估计。

基于金融市场视角的需求端数据价值形成与基于生产端的数据价值形成是一体两面，其完全反映了数据的副产品属性、非竞争性属性以及私人价值属性等，同时避免了进行生产端的数据价值分析时面临的诸多问题。由于数据的价值最终通过市场参与者的决策完全反映在资产价格上，我们可以从资产价格中提取出数据价值信息，而不需要关注数据的成本与收益的形式。在估算数据对特定投资者的价值时，可以结合资产价格和投资者的特征（如风险厌恶程度以及财富等），而不需要估计市场参与者对数据本身交易价格的共识。

在基于金融市场的数据估值框架下，本章还发现并论证了数据量与数据价值具有等同性。传统资产的总价值通常等于其单价乘以其物理度量，而数据资产并不存在这种关系。例如，考虑同样一个字节的两个数据点，具有预测性信息的数据点显然比纯粹描述过去的数据点具有更高的价值。从金融市场的视角，数据量取决于投资者对数据的获取、分析与处理。更多的数据会提高投资者用于投资决策信息的精度，而更高的信息精度对应更高的经济利益。数据作为数字化的信息，其价值就在于减少不确定性，提高信息精度。因此，对于数据资产来说，数据量本身就是数据价值的反映。

接下来，本章的第二节介绍研究背景，指出数字经济在中国经济中的地位不断上升，并强调了发展数据要素市场的重要性。数据作为数字经济的核心引擎，其要素化和价值化是推动经济增长的关键。数据估值在此过程中发挥着至关重要的作用，它不仅帮助企业实现数据资源化和资本化，还促进了数据市场化配置和商业模式创新。

第三节深入探讨了数据价值的形成过程，分为基于生产端和需求端两个角度。基于生产端的价值形成重点讨论了数据如何通过提高生产率来增加企业产出，而基于需求端的价值形成则从投资者的角度分析了数据如何转化为投资决策信号，进而影响股票价格。此外，本节还提出了数据量与数据价值等同性的观点，即金融市场的数据量本身就是数据价值的反映。

第四节分析了数据资产的独特属性及其对数据估值的影响。数据资产具有生产过程中的副产品属性、高度的非竞争性、使用中的价值递增性以及显著的私人价值成分，这些特性使得传统估值方法难以直接应用于数据估值。本章提出了基于金融市场的估值方法，通过分析股票价格来提取数据价值信息，这种方法避免了直接观测数据的难题，不依赖于数据本身的生产成本、直接收益以及市场价格。

第五节详细介绍了基于金融市场数据估值的方法，包括数据量估计和数据货币价值估计。数据作为数字化的信息，其价值在于减少不确定性，而这种不确定性的减少带来的价值充分反映在金融资产如股票的市场价格上。因此，通过分析资产价格中的信息量和投资者效用，可以评估数据资产的价值。与传统市场法、成本法和收益法相比，基于金融市场的估值方法提供了一种更有针对性且信息含量更高的数据资产价值评估路径。

第六节展望了基于金融市场的数据估值研究的未来方向。数据资产估值领域仍在发展初期，需要借鉴跨学科的理论和方法来丰富研究。本节强调了信息不对称、不确定性降低的经济价值和基于金融市场的信息提取等方面的研究对于数据估值理论构建和实证分析的重要性。

第七节对本章的分析进行了总结和升华。

第二节　研究背景——数字经济与数据估值概述

习近平总书记指出，要"发挥数据的基础资源作用和创新引擎作用"。党的十九届四中全会、《关于新时代加快完善社会主义市场经济体制的意见》、《关于构建更加完善的要素市场化配置体制机制的意见》、十九届五中全会等历次重要会议、文件均强调了发展数据要素市场的重要性与迫切性。在积极的政策推动与时代的大趋势下，数字经济在经济发展中占据着越来越重要的地位。我国数字经济的发展规模正在不断扩张，2005 年至 2022 年总体规模增加值已经从 2.6 万亿元扩张至 50 万亿元，17 年时间里扩张了近 20 倍，连续多年位居世界第二，同时，数字经济在我国 GDP 中的占比从 14.2% 上升至 41.5%，已经连续 12 年高于GDP 的增速，呈现出持续上升的趋势。图 1.1 报告了 2017～2023 年我国数字经济的规模及其占 GDP 的比重，可以看出，近些年我国数字经济保持稳定增长。

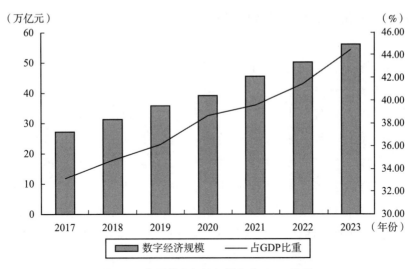

图 1.1　中国数字经济规模与占 GDP 比重

资料来源：中国信通院的《中国数字经济发展研究报告（2023 年)》，其中 2023 年的数据为预测值。

在数字经济时代，数据要素化和数据价值化共同构成了数字经济高质量发展的核心引擎，成为推动经济增长的新动力。数据要素化是基础，它使得数据可以作为一种资源被经济体系所利用；而数据价值化则是目标，在数据要素化的基础上，通过分析、挖掘和应用数据，将数据转化为可以广泛地参与经济活动、产生更大价值的资本形式。在推动数据从原始、无序的状态转变为可以在市场中交易、流通并创造经济和社会价值的资产的过程中，一个核心的环节是数据的估值。数据估值是实现数据价值化的前提，它协助企业完成数据资源化、资产化、商品化到资本化的过程，实现数据的经济和社会价值。

数据估值直接关系到数据资源的识别、量化及货币化。明确的数据价值可以帮助企业确定哪些数据具有较高价值，为数据治理和优先级排序提供参考。通过量化数据价值，企业能够理解数据资产的潜在经济价值，从而作出更明智的投资和管理决策。准确的数据估值支持企业在产品开发、市场定位和资源配置等战略决策中发挥作用。此外，数据估值可以促进数据作为商品在市场上的交易和流通，是数据市场化配置的基础。它还可以帮助企业进行风险管理，识别和防范数据泄露、滥用等风险，保护企业免受财务和声誉损失。数据估值激发商业模式创新，通过数据资产化、商品化到资本化实现收益。总体而言，数据估值不仅可以助力企业深入理解和有效利用数据资源，更是推动整个数据价值化进程的关键因素。

由于数据资产独有的特征，传统资产估值方法往往无法直接应用。因此，以往的研究对传统估值方法进行了相应的调整以应用到数据资产上。已有文献已经基于不同的估值理论发展出了多种数据估值方法。例如，基于市场的估值模型，使用市场交易数据来评估数据资产的价值，包括数据的销售和购买。基于成本的估值模型，通过计算获取或生成数据的成本来评估数据的价值。基于收益的估值模型，通过预测数据资产未来能够产生的收益来进行估值。基于多种维度或属性的估值模型，考虑数据集的多个属性，如数据质量、数据的时效性、数据的多样性等。经济基础的估值模型，评估数据对整个经济体系或特定行业的潜在影响。数据资产特定模型，是为特定类型的数据资产设计的估值模型，如公共开放数据。文献中对以上方法进行了较为详细的论述（Wang and Halal，2010；Li，Ni，Gao and Cai，2019；Fleckenstein，Obaidi and Tryfona，2023；Feng，2023；Birch，Marquis and Silva，2024；Cheong，Kim and Vaquero，2023）。

然而，数据资产的独特性导致了难以应用传统估值方法体系直接对其进行估值。首先，数据资产的权属和权利难以明确界定，因为数据的生成和使用往往涉及多个主体，导致所有权、使用权和经营权的分离。其次，数据资产的成本归集和收入预测充满挑战，因为数据的多重用途和时效性使得成本与收益的匹配和未来现金流的预测变得复杂。此外，市场法在数据估值中的应用受限，因为数据资产市场尚未成熟，缺乏足够的交易案例和统一的衡量指标。而且，除非是从外部购买所得，数据并不计入会计账户中，这导致传统的估值模型难以应用到数据资产上。这些因素导致目前缺乏广泛认可的数据价值评估模型，使得数据估值过程主观性强，难以形成统一标准。这些因素共同构成了数据估值的难点，需要根据数据资产的这些独特属性有针对性地设计数据估值方法。

本章提出通过金融市场推进对数据估值的理解。数据是数字化的信息，而金融市场存在活跃的信息处理，为进行数据价值的分析提供了丰富的土壤。虽然其他市场通常也可以在信息提供方面发挥强大作用，但很难与金融市场竞争。由于金融市场的流动性、参与者的成熟度和他们获得的巨大关注度，金融市场是提供具有信息量信号的主要候选者。股票市场作为金融市场中信息最活跃的部分，成为进行数据价值分析的自然选择。通过股票市场进行数据估值的基本原理是股票市场基于数据进行了大量的交易，这些数据反映在股票价格中。因此，通过从股票市场价格信息中获取关于数据价值的信息，可以回答两个方面的问题：其一，股票市场处理了多少数据；其二，股票市场参与者愿意为特定数据支付的货币价值是多少。本书基于需求端的数据量与数据价值将是传统的基于生产端的数据估值的重要补充，且可以避免进行生产端的数据估值时所面对的诸多难以解决的问题。

基于金融市场进行数据估值的基本原理是有关数据的信息会反映在股票价格中，因此可以从价格中提取出有关其价值的信息。我们认为，价格中两个维度的信息可以反映数据的价值：其一是数据量；其二是数据的货币价值。与传统资产不同，数据的计量单位如字节并不有效反映数据的价值，因为同样字节的数据往往产生完全不同的经济利润。与传统的计量单位不同，金融资产价格中的数据量本身就反映这些数据的价值。其核心逻辑是市场参与者愿意为一个股票处理的数据量和这些数据能带来的价值正相关，因此从股价中提取出来的数据量本身就反映该股票对应的数据价值。因此，有关数据量的分析是本书的重点。本书的最后一章介绍如何直接估计出数据的货币价值，即特定市场参与者愿意为使用特定数据支付的价格。其基本原理是可以估计出在有无数据的情况下投资者的效用变化，然后倒推出效用变化对应的确定性等价收益（certainty equivalent return）。数据量回答有关数字经济效率与发展动态的问题，数据的货币价值回答有关数据市场实践的问题。

那么，如何从金融资产价格中提取出有关数据量的信息？本章认为，有关价格信息量的研究以及相关文献提供了基本的思路。价格信息量来自投资者对数据的处理，因而其本身就反映金融市场的数据。当然，价格信息量也受到包括公司特征、公司事件、投资者情绪在内的其他因素的影响。因此，为了更好地衡量价格信息量对数据的反映程度，需要移除这些信息，以便更纯粹地反映数据本身。本章的最后将讨论从金融市场提取关于数据的信息的相关文献，包括：（1）预测价格信息量（forecasting pricing efficiency），分析预测价格信息量对价格的反映；（2）预测价格信息量和显示价格信息量（revelatory pricing efficiency）的联系，以便更好地理解为什么预测价格信息量反映股价信息量；（3）传统的基于波动率的股价信息量度量。由于价格信息量本身无法直接观测，文献中一个成熟的做法是用基于波动率的度量，例如股价非同步性（nonsynchronicity）来反映价格信息量。然而，这种度量可能反映噪声信息，因而无法有效反映其中的数据部分。本章将讨论最新的方差分解方法以阐释如何剥离出波动率中的噪声，进而论证剥离噪声的波动率度量可以有效反映市场参与者处理的数据。

通过金融市场也可以直接估计出数据的货币价值。衡量数据处理对投资者效用影响的基本原理涉及对有数据和无数据情况下投资者效用变化的估计，并据此推算出确定性等价收益。这种方法认识到数据通过减少不确定性和提供市场洞察力，增加了投资者的决策效用。然而，数据的价值往往并非一个单一明确的值，它受到数据质量、相关性、投资者的数据处理能力和风险偏好，以及市场对新信息反应效率的影响。此外，个体差异、经济模型的选择、法律和伦理考量，以及技术进步都是评估数据价值时必须考虑的因素。这些因素给数据估值带来诸多挑战，但通过综合这些考量，可以更全面地理解和量化数据在投资决策中的价值，从而为投资者提供更精准的决策支持。

需要指出的是，基于金融市场的数据估值尽管可以避免传统方法的诸多问题，但也有其局限，即只能对与金融市场相关的数据进行估值。例如，非上市企业与金融市场一般关联较少，因而与其有关的数据可能难以用该方法进行估值。从这个角度看，本书关于基于金融市场的数据估值的介绍并非对其他数据估值方法的替代，而更是一种补充。

第三节 数据资产的价值形成

本节阐释数据价值的形成过程。首先从企业生产的角度介绍数据的作用，将数据价值形成过程总结为三个阶段。从生产的角度对数据进行建模是文献中进行数据价值分析的主流角度，本书将其定义为基于生产端的数据价值分析。其次介绍基于金融市场的数据价值形成过程，这是本书的核心论点。这一角度的分析本质上是一种基于需求端的分析，因此本书将其定义为基于需求端的数据价值分析。我们从需求端的数据使用角度阐释数据价值形成的三个阶段，并进一步阐释了数据量与价值的等同性。基于金融市场的需求端数据价值形成过程提供了本书进行数据估值分析的理论基础。

一、基于生产端的数据价值形成过程

已有研究多从企业生产的角度阐释数据的作用（Jones and Tonetti，2020；Cong，Xie and Zhang，2020；Abis and Veldkamp，2024；Baley and Veldkamp，2023；Farboodi and Veldkamp，2022）。我们基于文献中的研究范式，将基于生产端的数据价值形成过程总结如下。

企业的生产可以用标准的柯布道格拉斯生产函数表示。

$$Y_{it} = A_{it}K_{it}^{\alpha}L_{it}^{1-\alpha} \tag{1.1}$$

其中，Y_{it}是企业的产出，A_{it}是生产率（productivity），K_{it}是资本（capital），L_{it}是劳动力（labour），α反映了资本和劳动力在决定产出时的相对作用。

一般来说，数据是经济活动中的副产品（by-product），其随着企业的生产过程而产生。另外，数据又具有非竞争性（non-rivalry），即可以同时被多个经济主体使用而不产生价值的衰减（见下一节的具体论述）。因此，数据的产生过程表达如下：

$$\bar{\bar{\Xi}}_{i,t+1} = (1 - \phi_i)\bar{\bar{\Xi}}_{it} + \delta_i Y_{it} + \int_{j \neq i} \gamma_j Y_{jt}dj \tag{1.2}$$

其中，$\bar{\bar{\Xi}}_{i,t+1}$是企业生产过程中产生的数据，ϕ_i是已有数据的折旧率。δ_i描述了新数据如何伴随着企业的生产过程而产生，反映了数据是经济活动的副产品这一特性。γ_j表示企业i从其他企业的生产过程中获得的数据，反映了数据具有非竞争性这一特性。

数据的价值在于提高企业的生产率：

$$A_{it}(\bar{\bar{\Xi}}_{it}) > A_{it}(\cdot) \tag{1.3}$$

其中，$\bar{\bar{\Xi}}_{it}$是该公司已经拥有的数据，$A_{it}(\bar{\bar{\Xi}}_{it})$反映企业在充分使用数据情况下的生产率，$A_{it}(\cdot)$反映企业在未使用数据情况下的生产率。

贝利和维尔德坎普（Baley and Veldkamp，2023）将数据对生产率的提高作用总结为两个路径。其一是将数据的作用设定为知识（Jones and Tonetti，2020；Cong，Xie and Zhang，2020；Abis and Veldkamp，2024）。在这一设定下，生产率是数据的函数，即 $A_{it} = \bar{\bar{\Xi}}_{it}^{\eta}$。其二是将数据设定为预测最优生产技术的信息（Farboodi and Veldkamp，2021；Farboodi，Mihet，Philippon and Veldkamp，2019）。假

设实际生产率（A_{it}）等于平均生产率（A_i）减去因未使用最优生产技术而带来的效率损失（用 ϵ_{it}^2 指代），则数据的作用在于减少 ϵ_{it}^2，以使 $A_{it} = A_i - \epsilon_{it}^2$ 最大化。

企业将数据纳入其决策，通过处理分析数据获得优化后的生产率，据此决定产量、优化成本收益等。同时，其他具有同类数据的企业也会对数据进行处理分析。一个企业可以通过其他企业生产过程中产生的数据，或者是观察其他企业对数据的使用，进一步提升其自身对数据分析处理的质量，从而进一步优化其生产决策。此过程中，原始数据的价值获得了提升：

$$\bar{\bar{\Xi}}_{it} \Rightarrow \Xi_{it} \tag{1.4}$$

其中，Ξ_{it} 反映了对原始数据分析处理后的数据，即最终数据。

最终数据 Ξ_{it} 带来了企业的产量提升，即：

$$V_{\Xi} = Y_{it}(\Xi_{it}) - Y_{it}(\cdot) > 0 \tag{1.5}$$

其中，$Y_{it}(\Xi_{it})$ 反映企业最优使用数据时的产量，$Y_{it}(\cdot)$ 反映企业没有使用数据时的产量。可以看出，数据通过提高生产率而提高产量。相应地，产量增加所对应的价值 V_{Ξ} 反映了数据的价值。

综上所述，本书将基于生产端的数据价值产生过程分为三个环节：一是伴随着企业的生产活动，数据作为经济活动的副产品产生，这一环节产生的数据具有原始价值。二是企业基于数据提高生产率，进行最优生产决策，这一过程中原始数据的价值随着企业的数据处理与使用而提升。三是其他相关的企业也会产生同类型的数据并对其进行处理和使用。一个企业可以利用其他企业同类型的数据进一步地提高其生产决策，在这一过程中数据的价值有了进一步的提升。数据的价值反映了最终数据 Ξ_{it} 的价值。

二、基于需求端的数据价值形成过程

基于需求端的数据价值产生和基于生产端的数据价值产生是一体两面。基于生产端的数据价值产生围绕着企业生产和投资决策而展开。与之相对，基于需求端的数据价值产生随着消费者的消费决策而展开。我们在金融市场的情境下进行阐释，相应地，消费者对应金融市场的参与者，在这一设定下数据价值的产生过程如下。

首先，数据的价值来自原始数据的价值。在每一个时刻 t，市场参与者会从不同的来源获取有关资产未来回报的数据。假设每个市场参与者都可以接触到 K 个不同的数据源。每个数据源都提供了有关所有资产未来回报的信息，例如，这种信息是包括股票的现金流冲击 η_{t+1}（innovation to cash flows）以及未来价格的信号：

$$\Xi_{kt}^i = F(\eta_{t+1}, p_{t+1}) + v_t, \quad k = 1, 2, \cdots, K \tag{1.6}$$

其中，Ξ_{kt}^i 是一个 $N \times 1$ 的向量，反映市场参与者 i 的数据源 k，η_{t+1} 是一个反映所有资产现金流冲击（dividend innovation）的 $N \times 1$ 向量，p_{t+1} 是一个反映所有资产未来价格的 $N \times 1$ 向量，$v_t \sim N(0, I)$ 是反映数据中的噪声部分服从正态分布的 $N \times 1$ 向量，可以在其前面加上一个 $N \times N$ 的系数矩阵，以反映不同资产的数据噪声可能的相关性。Ξ_{kt}^i 是 η_{t+1} 和 p_{t+1} 的函数加上噪声 v_t，函数 $F(\ )$ 反映了数据源 k 如何反映资产的未来汇报。

其次，数据的价值随着市场参与者对数据的使用而提升。无论原始数据 $\{\Xi_{kt}^i\}_{k=1}^K$ 的具体形式 $F(\ )$ 如何，市场参与者会对其进行分析处理以服务其投资决策。换句话说，市场参与者会将数据梳理成直接指导其决策的信号：

$$s_t^i = \eta_{t+1} + \tilde{\epsilon}_{st}^i \tag{1.7}$$

其中，$\eta_{t+1} \sim N(\mu_\eta, \Sigma_\eta)$ 反映其市场参与者进行决策时的依据。例如，当市场参与者的目标是财富最大化时，其决策依据通常是资产的未来回报，即 $\eta_t = p_{t+1} + d_{t+1} - Rp_t$。式（1.7）中时间戳的含义是在时间 t 可以观测到的信号 s_t^i，反映了资产在时间 $t+1$ 的收益 η_{t+1}。"～"反映了信号的噪声 $\tilde{\epsilon}_{st}^i$ 在时期 t 无法观测到。

根据式（1.7）可以看出，投资者通过分析处理对其决策有所帮助的原始数据 $\{\Xi_{kt}^i\}_{k=1}^K$ 得到信号 s_t^i。在这一过程中，原始数据 $\{\Xi_{kt}^i\}_{k=1}^K$ 的价值得到了提升。处理后的数据 s_t^i 是资产未来回报的无偏信号，即 $E(s_t^i) = \eta_{t+1}$。信号中包含一部分噪声 $\tilde{\epsilon}_{st}^i \sim N(0, \Sigma_s^i)$，其反映信号中的私人信息部分。$\Sigma_s^{i-1}$ 反映市场参与者 i 所拥有的数据的精度。经过处理后的信号 s_t^i 既反映原始数据 $\{\Xi_{kt}^i\}_{k=1}^K$ 的价值，又包括投资者处理后产生的价值提升。可以看出，尽管原始数据可能形式复杂，在对其进行估值时可以通过简单的信息形式来对其进行充分反映。

最后，数据的价值随着其他市场参与者对同类数据的使用而进一步提升。市场参与者将原始数据 $\{\Xi_{kt}^i\}_{k=1}^K$ 处理成信号 s_t^i 后，依据其进行投资决策，因

而信号 s_t^i 会反映在股价 p_t 中。类似地,其他拥有同类数据的市场参与者也会将数据处理成相似的信号 s_t 并依据其进行投资决策,因而也会反映在股价 p_t 中,即:

$$p_t = A + B\bar{s}_t + CZ_t \tag{1.8}$$

其中,$\bar{s}_t$ 表示所有市场参与者对数据 $\{\Xi_{kt}^i\}_{k=1}^K$ 进行处理得到的平均信号,反映在股票价格中,一个市场参与者可以通过观测股票的市场价格推断这一信息以进一步优化其投资决策。$A + CZ_t$ 反映价格的其他决定因素,例如股票的供给与需求、企业的当期现金流、市场整体的情绪等。

由于市场参与者可以通过观察股价 p_t 推断出其他市场参与者处理的数据,因此价格信号中的同类数据信息使该市场参与者的数据的价值进一步提升。这意味着处理后的数据 s_t^i 的价值不仅包括其本身,且其价值会随着市场参与者对 p_t 中所蕴含的同类数据 s_t 的提取而进一步增加。

经过以上三个环节的价值提升,市场参与者在时期 t 期末进行投资组合选择决策时所依据的最终数据集是:

$$\Xi_t^i = \{s_t^i, \ p_t\} \tag{1.9}$$

其中,s_t^i 和 p_t 提供反映资产未来收益的信息,$\Xi_t^i = \{s_t^i, \ p_t\}$ 反映了原始数据 $\{\bar{\Xi}_{kt}^i\}_{k=1}^K$ 的最终价值。

综上所述,可以看出,当基于需求端进行数据价值分析时,原始数据的价值仅仅是数据全部价值的一部分。除此之外,数据的价值会随着市场参与者对数据的分析处理而得到提升,并随着其他市场参与者对同类数据的处理而进一步提升。我们用图 1.2 总结理解数据的价值在其使用中的形成过程。可以看出,数据有多个层级,其价值也逐级上升。从原始数据到形成最终数据通常不是通过一个生产过程,而是通过数据使用者对数据的使用而自然形成。

有效的数据估值需要考虑到经过这三个环节的演化后的数据总价值。在进行基于金融市场的数据价值分析时,我们并不需要对这三个环节进行拆解分析,而是通过金融资产价格提取出数据的最终价值进行分析。基本原理是市场参与者的数据分析处理最终完全反映在股票价格中,因而可以基于股票价格构建指标,从而倒推出其中的数据价值。

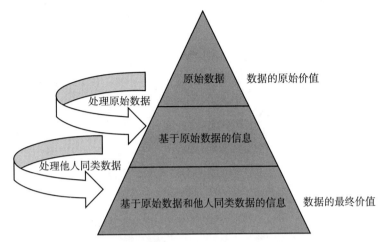

图 1.2 基于需求端视角的数据价值形成过程

三、数据量与数据价值的等同性

基于金融市场的数据价值形成过程，本部分进一步提出数据量与数据价值具有等同性，即数据量本身就是数据价值的反映。这一点与传统资产总价值（V）通常是物理度量（Q）与单价（P）的乘积（即 $V = P \times Q$）不同。

我们用数据点的个数表示数据量。对于一个特定资产 n，市场参与者 i 观测到 K 个数据点，$\{\Xi_k\}_{k=1}^{K}$。假设每一个数据点的物理度量相同，都为一字节。则 K 越大，关于一个资产的数据量越大。在时期 t，对于每个数据点 $k \in \{1, \cdots, K\}$，市场参与者 i 会将其处理成能够直接指导其决策的信号（如转化成关于资产未来收益的信号）：

$$s_t^{i,k} = \eta_{t+1} + \tilde{\epsilon}_{st}^{i,k} \tag{1.10}$$

因为每一个数据点都是一个字节，我们假设其能够提供的信号精度相同：

$$\tilde{\epsilon}_{st}^{i,k} \sim_{iid} N(0, \sigma_{sk}^2) \tag{1.11}$$

这里每个数据点 k 所转化的信号 $s_t^{i,k}$ 的噪声部分方差 σ_{sk}^2 相同，反映了数据的物理度量相同。

因为不同的数据点提供了相似的辅助决策的信号，市场参与者会将不同的数据点汇总，构建一个统一的反映资产未来回报的信号，即：

$$\underbrace{\frac{\sum\limits_{k=1}^{K} s_t^{i,k}}{K}}_{s_t^i} = \eta_{t+1} + \underbrace{\frac{\sum\limits_{k=1}^{K} \tilde{\epsilon}_{st}^{i,k}}{K}}_{\tilde{\epsilon}_{st}^i} \tag{1.12}$$

其中，s_t^i 是投资者 i 针对资产 n 汇总后的信号，$\tilde{\epsilon}_{st}^i$ 是汇总后的信号的噪声。汇总后的信号依然直接反映投资者的决策依据 η_{t+1}。然而，相比单一数据点，更多的数据点提供了更高的信号精度。为了说明这一点，我们可以直接表达出数据所提供的信号精度：①

$$Var(\tilde{\epsilon}_{st}^i)^{-1} = \frac{K}{\sigma_{sk}^2} \tag{1.13}$$

其中，$Var(\tilde{\epsilon}_{st}^i)^{-1}$ 反映所有数据点 $\{\Xi_k^i\}_{k=1}^K$ 所提供的关于资产 n 未来回报 η_{t+1} 的信号的精度。K 越大，$Var(\tilde{\epsilon}_{st}^i)^{-1}$ 的值越大，即数据点越多（物理度量下的数据量越大），数据所提供的信息精度越大。

以上分析建立了数据量与信息精度的对应关系，下面我们分析信息精度与经济价值的对应关系。市场参与者使用数据提供的信息对影响其决策的变量进行更好的预测，即：

$$\{\Xi_k^i\}_{k=1}^K \Rightarrow E(\eta_{t+1} \mid \{\Xi_k^i\}_{k=1}^K) \tag{1.14}$$

更好地预测体现为预测精度的提高，即 $Var(\eta_{t+1} \mid \{\Xi_k^i\}_{k=1}^K)$ 会随着 K 的增加而降低。根据贝叶斯定理，在存在数据的情况下，对 η_{t+1} 进行预测的精度可以分解为：

$$Var(\eta_{t+1} \mid \{\Xi_k^i\}_{k=1}^K)^{-1} = (\sigma_\eta^2)^{-1} + K(\sigma_{sk}^2)^{-1} + \cdots \tag{1.15}$$

其中，$Var(\eta_{t+1} \mid \{\Xi_k^i\}_{k=1}^K)^{-1}$ 是存在数据时的预测精度。$(\sigma_\eta^2)^{-1}$ 反映不存在数据时的预测精度，"…"反映其他影响预测的噪声，如市场中的噪声投资者的影响。$K(\sigma_{sk}^2)^{-1}$ 反映数据所带来的预测精度的增加。

可以看出，当数据点越多即 K 越大的情况下，辅助决策的信息精度 $K(\sigma_{sk}^2)^{-1}$ 越高，相应地，市场参与者也会获取更多的经济利益（economic gain）。因此，

---

① $Var(\tilde{\epsilon}_{st}^i)^{-1} = Var\left(\dfrac{\sum\limits_{k=1}^{K} \tilde{\epsilon}_{st}^{i,k}}{K}\right)^{-1} = \dfrac{K}{\dfrac{1}{K}\sum\limits_{k=1}^{K} Var(\tilde{\epsilon}_{st}^{i,k})}$，又已知 $\dfrac{1}{K}\sum\limits_{k=1}^{K} Var(\tilde{\epsilon}_{st}^{i,k})$ 反映信号的平均噪声，

可以近似为一个常数 σ_{sk}^2，因此 $\dfrac{1}{K}\sum\limits_{k=1}^{K} Var(\tilde{\epsilon}_{st}^{i,k}) = \sigma_{sk}^2$，由此可以得到式（1.13）。

数据所提供的信息精度直接影响数据使用者所获取的经济价值，而数据使用者所获取的经济价值即是数据的价值。其对应关系如下：

$$\underset{\text{数据量}}{\underline{\text{Data Quantity}}} \Longleftrightarrow \underset{\text{信息精度}}{\underline{\text{Information Precision}}} \Longleftrightarrow \underset{\text{经济价值}}{\underline{\text{Economic Value}}} \qquad (1.16)$$

因此，市场参与者从数据中提取出的信息精度 $\mathrm{Var}(\eta_{t+1} \mid \{\Xi_k^i\}_{k=1}^K)^{-1}$ 直接反映了数据量，同时又决定了其能从数据中获取的额外经济价值，而经济价值又反映了数据的价值。

因此，信息精度、数据量和数据价值存在直接的对应关系。这意味着在进行数据估值时，我们并不需要关心数据的物理度量或是每一字节数据的细节，而是通过其所提供的信息精度进行分析。本书第三章和第五章将分别证明，$\mathrm{Var}(\eta_{t+1} \mid \{\Xi_k^i\}_{k=1}^K)^{-1}$ 既可以转化成有关数据量的指标，又可以转化成有关数据货币价值的指标。用信息精度度量数据量避免了数据物理度量（如字节）并不直接反映数据的作用的问题。

第四节　数据资产的属性与估值

本节介绍数据资产的独特属性并与其他有相似属性的资产进行比较，以阐明数据估值所面临的挑战以及合理的研究方向。涉及的属性包括：数据是经济活动的副产品、数据具有高私人价值成分、数据可以被使用者创造、数据具有非竞争性以及数据具有正向的反馈循环。这些属性不仅有助于理解基于需求端的数据价值产生过程，也为进行基于需求端的数据估值提供了必要性与理论基础。需要强调的是，这里并不是列举数据资产的所有特征，而是只介绍影响其估值的属性。最后，我们介绍传统估值方法在数据资产上的应用与其局限性。

一、数据资产的属性

（一）数据资产是经济活动的副产品

决定数据估值不同于传统资产的第一个属性是数据通常是经济活动中的副产

品（a by-product of economic activity）。这一属性是指数据往往并非通过有计划的投入生产而产生，而是伴随着其他经济活动自然产生。相应地，经济活动中数据的产生往往并不伴随着直接的补偿（Arrieta-Ibarra，Goff，Jiménez-Hernández，Lanier and Weyl，2018；Posner and Weyl，2018）。这一特点与信息经济学中对信息的界定相似（Veldkamp，2006；Ordonez，2013；Fajgelbaum，Schaal，Taschereau-Dumouchel，2017；Bergemann and Bonatti，2019）。

为了理解数据是经济活动中的副产品这一属性，可以和技术创新的产生进行比较。技术创新需要投入大量资源，包括熟练劳动力、实验室、原型制作以及可能的失败尝试。相反，数据更多的是随着生产和销售过程自然产生的，而不需要额外的激励机制。例如，交易过程不仅揭示了客户的需求和支付意愿，还暴露了客户的其他特性。工业企业在与供应链上下游企业进行贸易的过程中会自然而然地获取并记录其一部分信息。服务性企业可以在向客户销售商品或服务的同时产生大量数据。股票市场上的大量交易活动会产生交易量、股票价格等数据。

然而，数据的副产品属性并不影响其对经济活动的价值。企业运营过程中记录的数据可以帮助其分析运营状况，用来优化决策。股票市场的数据帮助投资者进行投资分析或分析经济的基本面，政策制定者也可以用经济活动中产生的数据分析社会经济状况。总之，数据在现代经济中具有独特的角色和价值，它不仅推动了个别企业的增长和利润，还促进了整个经济的信息流通和决策优化。

数据作为经济活动的副产品这一属性意味着数据的生成本身伴随着低成本甚至是无成本，这一点与传统无形资产的生成伴随着有计划的投入截然不同，使数据估值面临一系列独特的挑战。例如，使用传统无形资产的估值常用的成本法时，由于数据在经济活动中的自然生成几乎不涉及额外成本，其并不遵循成本加成的估值原则，而且通常不会作为表内资产出现在企业的财务报表中。这种特性导致了基于成本的估值技术难以直接应用于数据资产，因为数据的价值并非源自其生产成本，而是源自其潜在的使用价值、分析潜力、决策支持能力以及可能带来的其他战略优势。

（二）数据的价值在其使用中逐渐形成

决定数据估值的第二个属性是数据的特殊价值形成过程，即其价值在使用过程中进一步形成。这一特征意味着原始数据本身的价值并不代表数据的最终价值。数据资产的使用者会根据其需求决定是否处理数据，这一过程本身也在创造数据，原始数据通过使用者的处理其价值获得了提升，因此对数据的使用本身也是数据价值形成的一部分。与之相反，传统资产的价值通常在其产出时即已确定，且会随着使用者对其的使用而贬值。

在实践中，原始数据（raw data）并不会立即可以用于决策，需要进行数据处理将原始数据转化为结构化数据（structural data），以使原始数据具有实际应用价值。这一转化过程始于对原始数据的收集，这些数据可能来源于传感器、日志文件、在线交易、调查问卷等。使用者通过数据清洗去除或减少其中的噪声，确保数据的准确性和可靠性。随后，通过数据转换，原始数据被转换成结构化格式，例如将文本转换为编码形式，或将时间序列数据整理成表格，这一步骤便于数据的存储和进一步处理。接着，使用者通过数据整合将不同来源和类型的数据集融合，形成统一的数据仓库，以支持复杂的查询和分析。在数据分析阶段，使用者利用统计分析、机器学习等方法探索数据中的模式、趋势和关联，从而提取有价值的信息。最终，使用者将这些信息进一步解读和评估，转化为能够指导决策和行动的信息，实现数据的深层价值。

在数据的转化过程中，使用者的动机是核心驱动力，它激发了从数据收集到信号生成的每一步转化。在转化过程中，从原始数据到结构化数据需要通过原始数据和劳动力输入的结合产生，从结构化数据到知识信号是由结构化数据和更高层级的分析产生。转化的结果是一个更高的数据价值，相应地，可以用来洞察优化业务流程、提高运营效率、驱动创新和增强竞争力等。可以看出，使用者在何种程度上处理数据、进行数据的层级转化是受转化后的数据价值驱动的，即转化后的数据价值越高，使用者越会推动这种转化，产生更多数据。因此，数据的创造本身就取决于其价值，因而数据量反映数据价值。这与其他资产的价值往往随着量的增加而减少不同。

在使用过程中形成的价值是数据价值的重要组成部分。数据资产不像物理资产那样有固定的形态或用途。数据可以通过不同的方式被处理和分析，以适应不同的需求和目的。这种可塑性使数据资产可以被重复使用和重新组合，创造出新的价值。当用户处理数据时，他们不仅仅是在分析或使用现有的数据，同时也在创造新的数据。例如，价格趋势图像本身可能并不是有价值的数据。尤其是根据弱有效市场理论（weak-form market efficiency），其不提供有关股票未来收益的信息，通过传统的技术分析方法如 K 线图并不能为投资提供有效的指导。然而，姜、凯利和修（Jiang，Kelly and Xiu，2023）的研究却通过机器学习的方法从价格图像中提取出了具有预测性作用的信息。显然，相比于原始图像或 K 线图这些价值有限的数据，姜等的研究表明处理后的图像信息具有了实际使用价值。这是一个典型的数据使用者通过对数据的处理而创造新数据的例子，且该数据产生的动机并非为了商业牟利或是生产一种可以交易的资产。

（三）数据往往具有正向的反馈循环

与数据资产特殊的价值形成过程紧密相关的另一个属性是数据往往具有正向的反馈循环（positive data-feedback loop）。数据的正反馈循环是一个数据价值自我强化的过程，即数据的收集和分析促进了更进一步的数据产生，这一点有别于传统资产。其核心思想是，通过收集和分析数据，个体或组织能够获得辅助决策的信息，这些信息随后指导行动和决策，这些行动和决策又产生更多数据，这些新数据再次被收集和分析，从而开始新一轮的循环。这个循环的每一步都可以增加对系统或过程的理解，使决策更加精确，产品和服务更加优化，进而提高效率、增强用户体验或推动创新。例如，在线零售商可能通过分析顾客的购买历史来推荐产品，这些推荐又会影响未来的购买行为，产生新的数据，从而进一步完善推荐算法。

在这种反馈循环方式下，数据的使用不仅仅是静态的分析，而是一个动态的、自我增强的过程，使得每次迭代都基于之前收集的知识和经验。可以通过生产过程来表示这一反馈循环过程（Caplin and Leahy，1994；Veldkamp，2005；Lorenzoni，2009；Ordonez，2013；Ilut and Schneider，2014；Fajgelbaum，Schaal and Taschereau – Dumouchel，2017；Farboodi and Veldkamp，2022；Jones and Tonetti，2020）。首先是企业生产，用式（1.1）中的生产函数表达，即企业生产 Y_{it} 受其生产率 A_{it} 影响。其次是式（1.3），建立生产率与数据的联系，即企业对数据的使用可以提高其生产率，$A_{it}(\bar{\Xi}_{it}) > A_{it}(\cdot)$，从而带来产量的提高。最后用式（1.2）的一部分反映了数据的正反馈循环：

$$\bar{\Xi}_{i,t+1} = (1 - \phi_i)\bar{\Xi}_{it} + \delta_i Y_{it} \qquad (1.17)$$

式（1.17）的含义是伴随着更高的产量产生了更多的数据，即 Y_{it} 增加，$\bar{\Xi}_{i,t+1}$ 增加。

可以看出，数据可以提高生产率进而提高产量，而产量的提高又带来更多的数据产生，更多的数据又会进一步促进生产率的提高。随着经济活动的增加，数据的积累为企业提供了更精确的市场预测能力，进而促进了更智能的投资和更高的盈利能力。这种数据反馈循环，是数据经济中不断自我增强的驱动力。数据的自然产生机制表明并不需要传统资产生产的激励机制来推动其产生，这与传统的无形资产比如创意（ideas）需要激励产生不同（Romer，1990）。

数据的正反馈循环表明数字经济时代容易产生企业间的不平衡发展。一个起初规模稍大的公司在第一时期会产生更多的数据。这使得这家公司能够更快地增长，并相对于较小的公司产生更多的额外数据，从而走上一条分叉增长的道路。关于数据的正反馈循环以往研究有较为充分的论述（Wilson，1975；Begenau，Farboodi and Veldkamp，2018；Agrawal，Gans and Goldfarb，2019；Farboodi，Matray，Veldkamp and Venkateswaran，2022；Brogaard，Nguyen，Putnins and Wu，2022）。如何让数字经济的红利也惠及中小企业是数字经济时代需要重点解决的一个问题。

（四）数据资产具有非竞争性

数据资产的另一大特征是非竞争性（non-rivalry），即从技术层面讲，数据是可以无限使用的（Jones and Tonetti，2020）。因为数据可以被无限量复制，当一个用户使用某个数据资产时，并不会阻止其他用户同时使用这个相同的数据资产，因而数据可以同时被多个人或实体使用而不会像使用传统的物理资产一样产生价值的衰减。前述提到，在数据价值形成过程中投资者观察其他投资者对同类数据的处理也会成为数据价值的一部分，其所依据的原理之一就是数据的非竞争性。

经济中的大部分商品是有竞争性的。例如，如果一个消费者A卖给了消费者B一个苹果，那么，消费者B可以食用这个苹果而消费者A不再可以食用这个苹果，即只有一个人可以食用这个苹果。用经济学的语言可以说，因为与这个苹果相关的具有正向机会成本的资源被用光了。又如，资本就是典型的竞争性产品。每个企业都要有自己的建筑、设备等生产设施，企业的工人只能使用本企业的资源进行生产活动，其他企业不能使用该企业的资本。

与之相对的是对数据的使用不会导致其直接的损耗，一组数据可以被无限多的企业或个人同时使用。例如，股票市场交易产生的数据（包括股票价格与交易量），任何企业、个人或者是机器算法都可以同时使用其进行股票市场或者是经济基本面分析，更多的人使用这些数据并不会减少其他人可使用的数据量。当然，数据的提供者和购买者可以签订合同规定只有一个特定购买者可以使用这个数据。但一般来说，数据的提供者会将数据同时卖给大量的使用者。例如，中国股市投资者普遍使用万德或国泰安提供的股票市场数据进行投资分析。

一般来说，对于国防、公园、公共服务等非竞争性产品，需要政府或社会干预以确保它们的广泛可用性，因为留给市场力量单独处理可能会导致这些商品的欠缺。这是因为私人企业可能发现难以从非排他性商品中获得足够的利润，从而不愿意生产或提供这些商品。然而，数字经济时代需要数据这种非竞争性资产可以像普通商品一样在市场上流通与交易。为了推进这一过程，需要建立一个领先于市场实践的估值体系。

非竞争性意味着在进行数据估值时很难像传统商品那样对数据的供给进行建模以进行供需均衡分析，因为难以界定数据的供给，具体表现在：首先，成本难以界定。由于非竞争性产品可以无限制地被多个用户共享，其边际成本接近零，而总成本有可能很高，这使得传统的基于成本的定价模型难以适用。因此，估值时必须考虑其他因素，如用户的支付意愿、市场需求的大小，以及产品是否能够成功实施排他性机制来收取费用。其次，预测未来收入流的挑战。由于非竞争性产品的市场采纳率和增长潜力可能难以预测，因此使用未来现金流折现方法（DCF）进行估值时存在较大不确定性。估值专家需要考虑市场趋势、竞争环境、法律和政策变化等因素，这些都可能影响产品的未来收益。最后，难以衡量数据的衰减。考虑潜在的网络效应，非竞争性产品尤其是数字产品和服务，其价值往往随着用户数量的增加而增加。在这种情况下，一般来说在估值时需要考虑到产品的潜在网络效应，以及如何通过增加用户基础来实现价值最大化。另外，假设认为有更多的使用者使用会导致数据的衰减，一个问题是由于数据资产的特点，导致其不可避免地存在泄露的情况，引起难以界定实际有多少使用者在使用数据。维尔德坎普（Veldkamp，2023）对部分问题进行了初步的探讨。综上所述，非竞争性带来的一个核心问题就是如何衡量数据价值的衰减。

（五）数据的价值与其物理度量不成正比

传统资产的总价值通常计算为其量与单价的乘积，即总价值通常与其物理总量成正比。相反，数据的总价值并不随着其物理度量值的增加而增加，且其单价的定义并不明确。

数据资产的价值度量与物理度量存在显著差异，这主要是因为数据具有独特的属性和价值形成机制。首先，数据资产的非竞争性和非排他性允许多个用户同时使用同一数据集而不会消耗或减损数据。此外，数据的价值不仅取决于其物理大小或存储容量，更关键的是其内容、质量、可用性、时效性以及与特定应用场景的相关性。这些因素共同决定了数据资产的价值形成机制（夏金超、薛晓东、王凌、吕本富、赵阳和孙建宏，2021；李正辉、许燕婷和陆思婷，2024；尹传儒、金涛、张鹏、王建民和陈嘉一，2021）。

其次，数据资产的多次衍生性、可共享性与零成本复制性是其区别于传统物理资产的重要特征。数据可以通过不同的处理和分析过程产生新的信息和知识，多次衍生出新的价值。同时，数据的边际成本趋近于零，这与传统物理资产的有限共享性和复制成本形成鲜明对比。数据的质量，包括准确性、完整性和一致性等，对数据价值的影响巨大，而这些质量维度往往难以通过物理度量反映。

最后，数据资产的潜在价值、确权难度、价值链复杂性以及估值方法都等都是数据价值度量中不可忽视的因素。数据资产的潜在价值可能在当前未被充分挖掘或认识，但其未来可能因其分析和应用而显著增值。权属界定的模糊性以及价值链的复杂性使得数据价值的度量需要综合考虑法律、经济和社会因素。数据资产的估值通常需要采用成本法、收益法、市场法等财务方法，这些方法考虑了数据的未来收益、成本投入和市场交易情况。此外，数据的时效性和风险性也是价值评估中必须考虑的因素，这些都无法简单通过物理度量来全面反映。

基于数据的这一特性，本书提出数据的量本身往往就是其价值的反映。数据在其被使用过程中会产生价值的增加。具体来说，取决于投资者分析处理数据的投入，而投资者对数据进行分析处理的投入本身就取决于这一数据的价值。因此，对于数据这种特殊的资产，其量与价值具有等同性。

（六）数据的价值具有私人属性

数据的价值具有显著的私人属性，即同一份数据集对于不同的使用者来说价值并不相同。该特征强调的是相比于其他资产如股票，市场参与者很难对数据资产的价值形成共识。数据资产的私有价值成分强调了数据对特定用户的独特价值，这与数据的敏感性、个性化应用潜力和价值实现方式有关。相比之下，传统资产的私有价值成分较小，其价值更多体现在市场价值上。具体来说体现在以下几个方面。

首先，数据的价值具有独特性。数据往往包含敏感信息或商业秘密，对特定个人或企业具有独特的价值。例如，一个公司的消费者行为数据可能对该公司的市场策略至关重要，但对外界可能并不具有价值。例如，拥有庞大投资组合的投资者可能对数据评价更高，而投资范围有限的投资者对数据的需求则较低。此外，投资风格不同的投资者对数据的价值看法也不尽相同，频繁交易的投资者可能对新数据的需求更为迫切，而已经拥有大量数据的投资者可能对新增数据的支付意愿较低。相比之下，传统资产如房产或机器其价值通常被较为客观和普遍认可，私有价值成分较小，更多体现在其市场价值上。其次，数据的价值具有极大的主观性。数据的价值很大程度上取决于数据对特定用户的相关性和应用潜力，这使得其价值具有高度的主观性。而传统资产的价值通常基于市场供需关系，具有相对客观性，私有价值成分较小。数据的高私人价值属性也来源于其价值的实现方式。与传统资产其价值通常通过交易、租赁或使用来实现不同，数据资产的价值需要通过定制化的分析、个性化服务或内部决策支持来实现。传统资产价值的发现和利用通常较为直接，不需要高度专业化的知识和技能，而数据资产需要专业知识和技术来发现和利用，以实现其价值，这一过程可能涉及数据科学、机器学习和商业智能等多个领域。

数据的私有价值成分是数据资产对于特定使用者的独特价值，这种价值往往难以在公开市场上直接交易或评估，因为它与使用者的用途、使用方法、使用流程以及市场目标等紧密相关。这种价值体现在多个层面：首先，数据使商品或服务的提供者能够提供高度定制化的服务，满足客户的个性化需求，从而增强客户满意度和忠诚度。其次，通过深入分析市场和消费者行为数据，企业可以获得对竞争对手和市场趋势的洞察，从而制定出难以被模仿的策略，建立起竞争优势。

此外，数据还为决策提供了强有力的支持，帮助管理者在不确定性中做出更加明智的选择，降低风险。同时，数据的分析可以揭示新的商业机会和创新点，推动企业的创新发展。在提高内部运营效率方面，内部数据如供应链数据、生产数据等，可以帮助组织优化流程，降低成本。在客户关系管理方面，通过分析客户数据，组织可以更好地理解客户需求，提高营销效率。数据还可以帮助组织进行有效的风险管理，通过分析历史数据，预测未来可能出现的风险，制定应对策略。这些价值通常是独占的，因为它们与使用者的特定需求和使用情境紧密相连，不同使用者可能从相同的数据中获得不同的价值，这取决于他们的业务需求和分析能力。

数据价值的私人属性更体现在数据资产独特的价值形成过程。本书的一个核心发现在于数据的价值很大程度上形成于使用者对数据的处理使用中。而不同使用者对数据的分析处理能力不同，导致同一组数据在使用过程中产生的价值增加不同，因而导致使用者愿意为其支付的货币价值不同。因此，在数据估值时需要考虑数据的独特性、潜在用途、规模经济、时效性等多个维度，以更准确地评估和利用数据对于特定使用者的价值。在传统资产领域，通常所有人视资产价值为等同，这一前提假设在数据资产面前显得不再适用。基于信息理论的研究揭示了某些企业特征（如大量存货、增长股票、高风险收益股票、对新闻敏感的资产，以及少数人知晓的资产）下，数据资产的价值一般更高。

数据作为数字化信息流的体现，其价值在不同投资者间呈现出显著差异。这种价值评估的差异性不仅受到投资者个人特性的影响，还取决于资产市场的整体均衡状况，后者反过来又受到所有其他投资者特性的影响。加之交易的流动性不足或交易对价格的影响可能降低信息的价值，这使得数据价值如何在量化层面与投资者多样性相互作用变得更加复杂（Kacperczyk，Nosal and Sundaresan，2021）。数据作为一种新兴资产的兴起，引发了资产定价领域的新问题。由于数据本身具有需要被估价的属性，传统的资产定价工具难以适用于这类新兴资产。例如，一个后果是资产定价领域常用的因子模型难以应用到数据资产上。此外，由于数据在不同投资者之间的价值评估可能相差巨大，通过市场均衡决定资产价格的思路无法直接适用。总而言之，数据资产的价值在不同投资者之间的显著差异性，以及这种差异性如何受到市场整体动态和投资者特性的复杂影响，为资产定价领域带来了新的挑战和考量。这一现象强调了在数据经济时代，理解和应对投资者多样性对于正确评估数据资产的价值至关重要。

二、数据资产与相近传统资产的比较

接下来我们将数据资产与其他相近资产进行比较。数据具有多重属性，它既可以是创意（ideas），又可以是知识（knowledge）或者技术（technology）。而这些的本质又是信息（information），是无形资产（intangible asset）。对于这些资产的研究已经相对全面。尽管对数据本身的研究还处于萌芽阶段，通过与这些有相似之处的资产进行比较可以促进更好地了解数据。例如，有关创意的研究提供了许多补充性的工具来思考数据所有权的问题。将数据视为知识或是技术有助于对其成本的了解。信息将数据与风险以及不确定性下的决策联系起来。然而，通过前述对数据特点的介绍可以看出，数据与传统的无形资产又存在本质区别。这些本质区别决定了无法将已有的定价模型直接应用于数据上。

（一）数据与创意

数据与创意（ideas）均属于信息。在经济学中，信息被定义为所有非竞争性的经济商品的集合（Varian，1999；Bergemann and Bonatti，2019）。具体来说，这里的信息指的是那些能够以位串形式（也就是一系列的 0 和 1）完整表达的经济商品。在这个范畴内，创意和数据构成了信息的主要类型。数据的本质是数字化的信息（Veldkamp，2023）。创意是能够指导经济商品制造生产的信息集，这些指导可能涵盖其他创意（Romer，1990）。而数据则涵盖了除创意之外的信息形式，比如驾驶数据、医疗记录和地理位置数据等。这些数据虽然不直接指导商品的制造，但在生产流程包括创新想法的生成过程中仍然具有推动作用。因此，可以说创意代表了一种生产方法，而数据则是生产过程中的一种要素。

数据与创意的一个核心区别在于创意是生产函数（production function），而数据是一个生产要素（production factor）。可以通过以下例子理解数据与创意之间的区别。假设有一百万张关于猫、彩虹、孩童、建筑等主题的图片，并且每张图片都有明确的主题标签。这类数据对于训练机器学习模型极为关键，然而这些标记好的图片数据本质上并不构成创意，因为它们本身不能直接作为指导生产或者其他决策的依据。这个观点同样适用于大量个体的心率历史记录或者某个群体的语音样本等与创意不同的数据。再来考虑自动驾驶汽车的开发设计，其核心部分是一个机器学习算法以及相关数据。这里的数据不仅包括来自摄像头、激光雷达、GPS等传感器的读数，也包括专家驾驶员的操作行为数据。这个算法通过线性或者非线性回归模型对这些数据进行拟合，估计出大量参数，以便提供尽可能准确的预测。一个高效的自动驾驶汽车算法本质上是一套计算机程序，即一种创意，其主要是由利用数据估计出的非线性模型参数的预测规则构成。这里的数据与创意明显区别开：软件算法构成了未来自动驾驶汽车的核心创意，而数据则作为生成这种创意的输入材料。

数据与创意的另一个核心区别在于二者是否具有竞争性。数据可以被许多公司同时使用，而创意通常是在每家公司单独产生使用。二者在估值中的具体区别体现在以下几个方面。首先是价值创造方式。数据的价值在于其被分析和解释的能力，它可以揭示模式、趋势和关联，从而为决策提供支持；而创意的价值在于其原创性和实施潜力，它们可以推动新产品的开发或新市场的开拓。这导致二者在经济模型中的角色不同。在经济增长模型中，创意往往是推动长期增长的关键因素（Romer，1990），而数据则在现代经济模型中作为信息和通信技术（ICT）的一部分，对提高生产效率和促进创新具有重要作用。其次是共享与流通。由于数据的非竞争性，它可以在不同的公司和行业中自由流通和共享，从而促进知识和创新的传播。相比之下，创意可能因知识产权保护而限制流通，以维持其独特性和竞争优势。数据的市场可能涉及数据的买卖、共享或许可，允许多个买家同时访问相同的数据资源。而创意市场通常涉及创意的独家授权或转让，每次交易可能只涉及单一的买方和卖方。

（二）数据与技术

技术（technology）是将创意转换成实际应用的过程和结果，数据与技术之间存在一些关键的共性。企业利用数据来进行战略决策，进而提升自身的生产效率和盈利能力。在现代企业中，数据的应用涉及企业决策的各个方面，例如是否开启或者关闭特定的工厂，增加还是减少产品线，决定推出哪些新产品以获得更多的市场份额等。与标准经济模型中的技术或总要素生产率（Total Factor Productivity – TFP）类似，企业利用数据以使能够用一定的投入来产出更有价值的产品。

数据和技术共有的另一个关键特征是它们都具有非竞争性。就像许多企业可以同时利用同一技术一样，许多企业也能够共享相同的数据。当然，与一个产品的价值受到市场上同类产品的生产者数量的影响类似，数据的价值可能受到其他企业对这一数据或者同类数据的使用程度的影响。然而，与传统产品不同，一个人使用数据并不妨碍另一个人同时使用这一数据。传统产品由于是有形产品，通常是有竞争性的，而数据由于可以被自由复制，所以并不具备这一性质。数据的非竞争性导致了收益递增的可能性。这种递增的收益导致数据更可能倾向于使更大的公司、更大的投资者以及更大的经济体获益。

尽管存在诸多共性，数据和技术在本质上并不相同，一个显著的差异在于数据和技术的产出方式不同。创造新技术需要投入资源，如熟练工人、实验室、新的产品原型，以及在发现成功的技术前可能遭遇多次失败。相比之下，数据则往往是经济活动中自然产生的副产品。生产和销售活动会产生关于销售量、支付方式和消费者特性的数据。虽然有时候收集并处理数据以提取有用知识的成本很高，但数据通常不是在实验室环境下产生的。随着经济活动的增加，产生的数据也随之增多。这种产出方式的区别对理解数据和技术的区别至关重要。以往研究认为垄断是激发技术产出的必要条件（Reinganum，1983；Boldrin and Levine，2009；Aghion，Cherif and Hasanov，2021）。但对于数据生产而言，这个观点并不适用。其原因在于数据是经济活动中自然产生的副产品，因而其生产不需要额外的激励。

数据和技术之间的不同之处还包括它们的泄露方式以及专利保护。已知技术会不可避免地泄露。例如，东部地区工厂的工人使用他们在工厂中获得的技术回到其西部地区的家乡创立自己的公司，科技企业的工人换工作时不可避免地会带走他们的技术知识。但是，数据并不像某些技术那样可以存储于个人大脑中。数据尤其是大数据往往过于复杂和庞大，不适合以这种方式传播。虽然个体有可能非法窃取公司数据，这种行为被视为犯罪且容易被发现。数据并不像人力资本或通过实践学习的知识那样内化于个人。此外，一些理念在从一个公司转移到另一个公司时受到法律的限制并通过专利保护，但数据并不享受同样的保护。除了作为商业秘密可能受到保护的数据集外，并没有专门为确保某个实体独占使用特定数据集而设计的法律体系。同时，鉴于数据不易泄露且不需要专利保护来鼓励其创造，可能不需要为数据设立专利制度。数据的低泄露率可能解释了美国宏观经济中商业活力的下降这一重要趋势。例如，阿克奇吉特和阿特斯（Akcigit and Ates，2019）的研究发现，知识从大公司到小公司的扩散的减少是这种下降趋势的主要原因。如果数据相对于传统技术更不易扩散，那么日益增长的数据经济可能是公司活力下降的原因。

数据与传统技术不同，其货币化能力及广泛销售方式具有独特性。首先，数据的某些特性使其非常适合传统商业交易。卖方能够清晰地描述数据集的内容，同时保持数据信息的保密性。其次，数据易于分割，允许卖方根据买家的支付意愿，销售任意数量的数据点。这种分割性加上数据的不易泄露性，使得数据成为一个有吸引力的购买选项。与技术产品类似，数据可以采取直接和间接两种销售方式。数据供应商可以选择直接传输数据的二进制代码，或者提供基于数据的服务，后者实际上是一种间接的数据销售。这些服务可能包括利用数据进行广告定位、资产投资选择或提供企业战略咨询等。通过这种方式，数据供应商能够实现数据的货币化，而无需直接转移数据本身。这种灵活性和多样性使得数据在商业交易中具有显著的优势。

（三）数据与信息

数据是数字化的信息。可以通过将原始信息（如文本、图像、声音等）转换成电子形式的二进制代码（0 和 1）来表示，这种转换允许信息被计算机系统和其他数字设备高效地存储、处理和分析。数字化过程不仅增强了信息的可访问性和可操作性，而且通过数据挖掘、机器学习和人工智能等技术，能够从大量数据中提取有价值的洞察和知识，从而在商业决策、科学研究和政策制定等多个领域发挥关键作用。

"数据是数字化的信息"这一概念对理解数据的经济作用具有重要意义。数据作为信息的数字化形式，对经济决策起到了基础性作用（王天夫，2021；孙新波、孙浩博和钱雨，2022；黄少安，2023）。经济主体依赖数据来评估市场状况、预测未来趋势、制定策略，从而优化资源配置。数据通过数字化过程转换为可操作的信息，在价值创造中具有重要作用，可以创造新的价值。在现代经济体系中，数据资产的价值不仅体现在其直接的经济用途，还包括其在创新、研发和市场定位中的间接作用。数据的可获取性和可分析性提高了市场的信息透明度，有助于减少信息不对称，从而提高市场效率。信息经济学强调信息的充分流通对市场运行的重要性。在信息经济学框架下，数据作为数字化的信息，其价格形成机制可能与传统商品不同。数据的价值往往与其能够带来的信息优势和决策优势相关联。数据资产作为创新的关键要素，对经济增长具有显著影响。信息经济学认为，数据驱动的创新能够提高生产率，促进新产业的形成和发展（Sundu，Yasar and Findikli，2022；Babu，Rahman，Alam and Dey，2024；Schymanietz，Jonas and Möslein，2022）。

然而，也需要注意到数据资产和传统信息资产在估值上具有重要不同。一是资产特性差异。数据资产具有高度的可复制性和易于传播性，而传统信息资产（如艺术品、手稿）通常具有独一无二的物理特性和稀缺性。数据资产的价值往往来源于其分析和应用过程中产生的洞见，而传统信息资产的价值可能更多地基于其历史、文化价值或物理特性。二是价值形成机制。数据资产的价值形成机制通常与其潜在的分析和应用价值相关，而传统信息资产的价值则可能更多的与其实体形态和稀缺性相关。数据资产的估值需要考虑其在不同应用场景下的潜在价值和对决策的支持作用。三是市场成熟度和交易数据。数据资产市场相对较新，缺乏成熟的市场交易数据和标准化的估值方法。而传统信息资产市场历史悠久，有一套相对成熟的评估体系和活跃的市场交易，可以更多地依赖市场法进行估值。四是收益预测的复杂性。数据资产的收益预测涉及对其潜在应用和市场接受度的评估，通常需要复杂的市场分析和预测模型，而传统信息资产的收益预测可能更直接和简单。

（四）数据与无形资产

作为数字化的信息，数据是一种无形资产。数据符合无形资产的几个关键特征：不具有实体形态、能够为控制者带来经济利益，并且在一定条件下可以被量化和控制。数据作为一种无形资产，其价值来源于其能够为个体或企业提供决策支持、增强市场竞争力、促进新产品或服务的开发等（朱扬勇和叶雅珍，2018；谢刚凯和蒋骁，2023；顾洁、刘玉博、王振和汤奇，2024）。已有研究对品牌、专利和组织资本等无形资产的市场价值的研究已经较为全面，然而，数据与这些资产存在关键区别，主要体现在以下几个方面。

首先是价值来源，数据资产的价值来源于其分析和应用过程中产生的洞见，而传统无形资产如专利或版权的价值则来源于其法律保护的独占性和创新性。其次是可复制性，数据资产可以被无限次复制，且复制过程中不会降低其原始质量，而传统无形资产通常具有独一无二的特性，如专利技术或商标设计。再次是价值波动性，数据资产的价值可能因市场需求、技术变革而快速波动，而传统无形资产的价值通常更稳定，不易受技术进步的直接影响。最后是产权和使用权，数据资产的产权和使用权可能更加复杂，因为数据往往涉及用户隐私和数据保护的问题，而传统无形资产的产权界定相对明确。相关论点见于马殷春（2024），朱晓琴和王宣童（2023），戴炳荣、闭珊珊、杨琳、纪婷婷和陈美（2020），以及张玲、焦孟宁、田沫（2023）等。

除了前述介绍的与创意、技术以及信息等的区别外，数据与其他无形资产的一个核心区别在于度量。无形资产度量时通常使用投资成本来对无形资本存量（intangible capital stock）进行估值。但数据是经济活动的副产品，尽管在其仓储或者处理时存在成本，但其产生本身几乎不存在成本，因此难以客观地衡量其产生的成本。数据通常并不被记录为会计账户中的正的无形资本存量。一个重要的原因是当数据是由企业自己生产的时候，企业可能会随意地决定数据的价值。①

相应地，在数据估值中应该考虑如下几个方面问题。其一，价值源泉的识别。数据的价值来源于其分析和应用过程中产生的洞见，因此在估值时需要重点考虑数据如何支持决策、增强市场竞争力和促进新产品或服务的开发。其二，可复制性的影响。数据的无限复制性要求估值方法能够反映数据在被广泛使用时仍保持其价值这一特性。其三，市场需求与技术变革的敏感性。数据资产价值的波动性要求估值模型能够捕捉市场变化和技术进步对数据价值的影响。其四，产权和使用权的明确。在估值之前，必须清晰界定数据资产的产权和使用权，考虑到数据涉及的隐私和保护问题，这可能比传统无形资产更为复杂。其五，度量和成本的考量。由于数据通常不记录为会计账户中的无形资本存量，估值时应考虑数据的产生、存储和处理成本，以及这些成本如何转化为价值。其六，数据的生命周期管理。数据资产可能有更短的生命周期，估值时需要考虑数据的时效性和过时风险。其七，风险和不确定性的评估。数据资产的估值应包括对数据安全、隐

---

① 将数据记为资产负债表中的无形资产的一种可能情境是当数据是由企业通过购买获取。这种情况下，数据存在一个市场价值。我国正在积极推动数据资产入表，积极探索数据资产的入表机制，激活数据要素市场发展内生动力。

私泄露和合规风险的评估，以及市场和技术变化的风险。

三、常见的估值方法及其局限

作为一种资产，对数据进行估值的直接思路是使用传统的估值方法。本部分介绍几个传统的估值方法，包括市场法、成本法以及收益法等，并分析这些方法在应用于数据估值上的局限。

（一）市场法

市场法（market approach）估值是一种评估资产或企业价值的方法，它基于市场上可比较资产或企业的交易价格来估算目标资产的价值。这种方法的核心思想是"替代原理"，即认为在理性的市场中，相似的资产应当有相似的价值。市场法估值通常涉及以下几个步骤：首先，选择可比资产或企业，确定与目标资产或企业相似的资产或企业。这些可比对象应当在规模、性质、地理位置等方面与目标相近。其次，收集市场数据，收集可比资产或企业的市场交易价格、财务数据等相关信息。再次，进行合理性调整，根据目标资产与可比资产之间的差异，进行必要的调整，如缺乏流动性折扣、控制权溢价、阻塞因子等。最后，计算估值，使用收集到的数据和调整后的参数，通过一定的数学模型计算出目标资产的价值。

市场法估值在不同的应用场景下可能采用不同的具体技术，如直接比较法、间接比较法、可比公司估值倍数法等。例如，可比公司估值倍数法会考虑目标公司与市场上其他类似公司的财务比率，如市净率（P/B）、市售率（EV/S）、市盈率（P/E）等，来估算目标公司的价值。市场法估值的优点在于其直观性和易于理解，它依赖于实际市场的交易数据，因此可以提供相对客观的价值评估。然而，这种方法也有局限性，包括可比资产的选择可能存在主观性，市场数据的可获得性和质量也可能影响估值的准确性。

对数据资产进行基于市场法的价值评估的主要路径是将市场上与被评估对象具有相似功能的大数据产品价格作为基准，然后根据二者的差异调整价格，最终得到被评估的数据资产的价值。文献中已有较多的相关尝试。例如，刘琦等（2016）在对数据资产进行界定的基础上提出了运用市场法评估数据资产价值的基本思路，在对技术水平、价值密度、数据容量等差异因素进行量化调整的基础上，评估同一类型的大数据资产的价值。李永红和张淑雯（2018）在市场法的基础上引入层次分析法确定数据资产影响因素的权重，并使用灰色关联分析法解决量化数据资产价值影响因素，以此得到待评估的数据资产的价值。

使用市场法进行数据估值的一个主要局限性在于数据市场尚处在发展的萌芽阶段，并不存在充足的可以用来比较的资产，这一点与对初创企业的估值类似。市场法依赖于市场交易数据，而有关数据资产的交易数据并不充足，特别是在新兴市场或发展中市场，获取足够的市场数据和关键信息可能具有一定的挑战性。寻找与目标资产或企业完全或高度相似的可比对象可能很困难。市场法依赖于市场交易数据，而市场价值可能会因短期波动而不稳定，导致估值结果不准确。市场法在估值时可能需要对缺乏流动性的资产进行打折，而数据资产市场并不成熟，数据资产的流动性并不高。数据市场发展滞后的重要原因在于交易市场上的数据产品在定价机制上很难做到市场化和标准化，这进一步导致市场上关于数据资产交易的信息不透明，使得大数据资产的交易价格偏离正常的市场价格。

（二）成本法

成本法（cost approach）估值是根据重建或替换资产所需的成本来估算资产的价值的方法。这种方法的核心逻辑是，一个理性的买家支付的价格不会超过重新创建或购买一个相同或相似资产的成本。一般包括以下几个步骤。首先，确定资产的实体状态，评估资产的物理状况，包括其年龄、磨损程度、剩余使用寿命等。其次，估算重置成本，计算在当前市场条件下，购买或建造一个与被评估资产相同或相似的新资产所需的成本。这包括直接成本（如材料和劳动力）和间接成本（如设计、运输、安装等）。再次，进行折旧计算，根据资产的使用情况和磨损程度，估算实体折旧、功能性折旧和经济性折旧，以反映资产价值的减少。从次，计算净重置成本，从重置成本中减去折旧，得到资产的净重置成本，这可以被视为资产的当前价值。最后，也要考虑市场条件，包括任何市场条件变化对资产价值的影响，如通货膨胀、需求增减等。成本法估值的优点在于它提供了一个基于资产实际成本的客观价值，尤其适用于那些没有活跃交易市场的资产。

使用成本法进行数据估值也存在以下缺点：第一，成本与价值存在弱对应性。由于数据通常是经济活动中的副产品，其成本和价值之间存在天然的弱对应性，数据资产的成本可能难以准确反映其价值。第二，数据资产的成本存在不完整性。数据资产的成本可能包括直接成本和间接成本，但间接成本的分摊不易估计，导致成本计算可能不完整。第三，忽视未来增值。成本法主要基于历史成本进行估值，可能忽略了数据资产未来的应用增值和潜在收益。第四，难以量化贬值因素。数据资产的贬值因素，如时效性和准确性，可能难以量化，导致成本法估值的不准确。第五，缺乏市场竞争和需求考量。成本法未充分考虑市场竞争、消费者需求等外部因素对数据资产价值的影响。第六，不适用于无收益资产，对于市场上不易找到交易参照物的和没有收益的单项资产，成本法可能不适用。第七，重置成本难以精确计量，数据资产的重置成本可能难以精确计量，特别是当涉及数据的采集、处理和存储等多个环节时。第八，数据资产的多样性和应用场景多样性。数据资产的价值高度依赖于其应用场景，而成本法可能无法准确反映不同应用场景下的价值变化。第九，缺乏对数据资产特性的考虑，成本法可能没有考虑到数据资产的独特性，如数据的可复制性、可共享性和累积效应。第十，假设条件限制，成本法在应用时可能基于一系列假设，如资产的持续使用和市场条件的稳定性，这些假设在数据资产的使用中可能不成立，其原因在于数据资产的价值可能随时间快速变化，而成本法未能充分反映这种时效性对价值的影响。

使用成本法进行数据估值的最大问题在于数据资产的成本并不明确。企业可能会支付一定费用购买数据，这些花费可以作为数据的价值或估算基础。但是，很多数据是公司通过与顾客的交易过程中获取的，这部分数据并非购买而来。这些数据没有直接的交易价格。销售的商品或服务价值显然与交易数据的价值不同。问题在于，这些数据也没有清晰的生产成本。这些数据是作为经济活动的副产品产生的。根据普遍接受的会计准则（GAAP），这些数据在账本上的价值会被计为零。这种成本不明确的问题对于评估那些价值依赖于大量数据资产的公司构成了挑战。例如，亚马逊用户的购物数据、谷歌用户的搜索历史数据都是极其有价值的资产。这些公司通过销售定向广告等方式对这些资产进行货币化。然而，根据传统的会计方法这些数据资产通常被视作没有价值。例如，从资产负债表的视角来看，负责维护这些数据资产的技术人员的工资被视为纯粹的费用而不会被计为数据资产价值的一部分。

（三）收益法

收益法（revenue approach）估值是通过估算目标资产或企业在未来一定时期内能够产生的预期收益，并将其折现到评估基准日，来确定资产的价值。这种方法的核心逻辑是资产的价值取决于其为持有者带来的经济利益的现值。通常包括以下几个步骤：首先，确定收益期限，评估资产或企业能够产生收益的时间长度，具体期限可能是无限期的，也可能是有限年数。其次，预测未来收益，估算目标资产或企业在未来各个时期内的预期收益，通常包括利润、现金流、节省的成本等。再次，选择折现率，确定一个适当的折现率，用以反映预测收益的不确定性和时间价值。折现率通常包括无风险利率、风险溢价等。从次，计算折现值，使用选定的折现率将未来各期的预期收益折现到评估基准日，得到每个收益期的现值。最后，累加现值，将所有收益期的现值累加，得到资产或企业的总价值。收益法估值的优点在于：其一，反映未来盈利能力，更加关注资产或企业的未来盈利能力，而不是基于历史成本。其二，可以进行动态评估，考虑资产或企业未来的成长潜力和风险。其三，适用于多种资产，尤其适用于那些收益能力较强的无形资产或企业整体价值的评估。

使用收益法进行数据估值存在以下缺点。第一，未来收益预测存在不确定性。收益法依赖于对未来收益的预测，而这通常是不确定的，可能导致估值结果的不准确。例如，企业可能使用数据开发创新的商业模式和融资策略，导致无法估计预期收益。难以将数据产生的收入和其他资源产生的收入区分开来。此外，许多数据密集型的企业的收益仍然为负值，然而这并不意味着他们的数据没有价值。第二，折现率的选择具有主观性。选择合适的折现率涉及主观判断，不同的评估者可能会选择不同的折现率，从而影响估值结果。评估数据资产的风险并确定相应的风险调整系数是一项复杂的任务，但数据资产的风险特征尚不明确，因此难以根据风险科学地确定其折现率。第三，数据资产特性未被充分考虑。数据资产具有非竞争性和场景多样性等特性，收益法可能未能充分考虑这些特性对价值的影响。第四，收益期限的确定存在困难。确定数据资产的收益期限存在困难，特别是对于技术快速变化和应用场景多样的数据资产。第五，超额收益的分配存在问题。数据资产的超额收益可能由一组数据资产共同产生，难以在单个数据资产层面进行合理分摊。第六，忽视非经济性价值。收益法可能未能充分考虑数据资产的非经济性价值，如品牌、商誉等。

（四）小结

通过对比传统的资产估值方法和数据资产的特征可以看出，在进行数据资产估值的过程中，传统方法如市场法、成本法和收益法的应用面临一系列挑战和局限性。

市场法的局限性在于其依赖相似资产的交易数据来评估资产价值。然而，在数据资产的情境中，这种方法的应用受到多重限制。首先，数据资产的非标准化特性和市场定价机制的缺失使得难以找到合适的可比交易。其次，数据资产的规模经济特性意味着数据量越大，其潜在价值可能越高，但这种价值增长并非线性。此外，数据的隐私和合规性要求进一步限制了其市场交易的透明度和可用性。因此，市场法在评估数据资产时可能无法提供准确的价值指标。

成本法的局限性在于成本法通过计算资产的获取、开发和维护成本来确定其价值。但对数据资产而言，这种方法忽略了数据的时效性、相关性和质量等关键价值驱动因素。数据往往是经济活动中的副产品，其价值往往来源于其分析和应用过程中产生的洞见，而非其生产成本。此外，数据资产的非竞争性意味着其价值并不会因为共享而减少，这是成本法难以体现的。由于非竞争性产品可以无限制地被多个用户共享，其边际成本接近于零，而总成本有可能很高，这使得传统的基于成本加成的定价模型难以适用。

收益法的局限性在于收益法通过预测资产未来产生的经济利益来评估其价值。尽管收益法能够反映数据资产的潜在用途和收益，但它要求对数据资产的未来收益有准确的预测，这在数据资产快速变化的环境中很难实现。数据资产的价值波动性、规模经济特性和非标准化问题使得未来收益的预测变得复杂且不确定。非竞争性意味着在进行数据估值时很难像传统商品那样对数据的供给建模以进行供需均衡分析，其原因在于难以界定数据的供给，具体表现在以下几个方面：一是成本难以界定；二是预测未来收入的挑战；三是难以衡量数据的衰减。

综上所述，传统的市场法、成本法和收益法在应用于数据资产估值时存在明显的局限性。这些方法未能充分考虑数据资产的独特特性和市场环境，需要开发和应用新的估值模型和技术，以适应数据资产的复杂性和动态性。随着数据经济的不断发展和成熟，需要确保数据资产的估值方法不断演进，以更准确地反映数据在现代经济中的独特角色和价值。这对在数字经济时代理解和应对投资者多样性、正确评估数据资产的价值至关重要。

第五节　基于金融市场的数据估值

鉴于数据资产的属性以及应用传统方法进行数据估值时的诸多问题，我们提出基于金融市场信息来分析数据的价值。这一估值方法的基本原理是市场参与者对数据的处理最终反映在金融市场中的资产价格上，因而可以通过资产价格构建指标进而提取数据信息。尽管这一估值路径是通过金融市场进行，鉴于金融市场在汇总分散信息方面的作用，基于金融市场的数据估值依然具有相当程度的普适性。此外，基于金融市场的数据估值并不与传统数据估值方法对立，而是强调针对数据资产的独特属性，解决其他数据估值方法面临的问题。

一、金融市场与数据

在数据本身成为一种资产的背景下，工业时代的数据度量方法如字节（bytes）已经不符合数字经济时代的需要。显然，同样字节的不同数据并不具有相同的价值。例如，两组同样一千兆字节的数据，含有关于未来经济预测性信息的数据显然比仅仅是简单记录历史的数据更有价值。又如，同样的公司基本面数据对于价值投资者是重要的参考，而对于技术投资者来说价值却要大打折扣。因此，一个在数字经济时代合理衡量数据价值的思路应是考虑到数据本身的作用。基于金融市场的数据估值的基本思路就是基于这个前提进行的。

那么，数据的核心作用是什么？从生产端（production side）来讲，数据作为生产要素有不同的表现形式，如创意、技术和知识等。从需求端（demand side）的角度讲，数据是数字化的信息，其核心作用在于推动对未知状态的了解，在技术上表现为对未来的预测，减少不确定性。因此，数据的价值表现为其对未来风险收益的预测以减少不确定性的能力。具体来说，数据在预测随机变量时提供的额外精度可以减少不确定性，这会使得市场参与者更愿意获取处理相关数据，并进而表现为愿意为相关数据支付更多价值。数据的这一作用与金融学中的风险收益原理的核心思想一致，因此在这一情境下，更大价值的数据可以被定义为能够产生更多风险调整后预期收入的信息集。在这一定义下，数据量与数据价值并不存在明显的界限，因为投资者是根据数据所能带来的价值决定获取与处理的数据量的，因此数据量本身也反映数据的价值。从这一角度看，度量数据（估计数据量）与数据估值（估计数据的价值）并没有明显的区别，而是具有等同性。

那么，金融市场的哪种指标反映数据的价值？金融经济学的一个基本前提是价格对于标的资产的基本面具有非常重要的信息含量。最早可以追溯到哈耶克（Hayek，1945），早在那时经济和金融领域就已经开始强调金融市场在汇总分散信息方面的作用。由于金融市场的流动性、参与者的成熟度和他们获得的巨大关注度，金融市场是提供有信息量信号的主要候选者。金融市场汇集了众多以营利为动机进行交易的个体和机构，这些市场参与者基于大量的私人或者公共数据进行决策、交易，这些信息通过交易过程最终汇聚在市场价格上。因此，市场价格成为一个强大的难以通过其他方式生成的信息源。随着金融市场变得更具流动性，市场参与者更加成熟，金融市场相关的信息也更加广泛可用。白、菲利普蓬和萨沃夫（Bai，Philippon and Savov，2016）与法布迪、马特雷、维尔德坎普和文卡特斯瓦兰（Farboodi，Matray，Veldkamp and Venkateswaran，2022）等的研究均发现金融市场的信息含量在提高。

综上所述，数据是市场参与者进行决策的重要考虑因素，而市场参与者的决策最终会反映在价格上，因此，金融资产价格中包含有关数据价值的信息。基于金融市场的数据估值的核心就是从价格中提取出这部分信息。那么，价格中的何种信息反映数据？一方面，价格信息量这一度量指标中提供了有关数据的信息。当然，价格信息量中也包含企业特征与波动率等成分，在进行数据估值时需要剥离这些成分。另一方面，通过建立价格与特定数据下效用提高的对应关系，可以估算特定经济主体愿意为特定数据支付的价格。

基于金融市场进行数据估值巧妙地避免了数据估值中遇到的诸多问题。第一，不需要直接观测到数据，而是从金融市场信息中反向推出数据的价值，解决了许多数据本身无法直接观测的问题。第二，不依赖数据资产的生产成本，避免了由于数据往往是经济活动的副产品而导致其成本难以界定的问题。第三，不依赖数据资产交易均衡，避免了由于数据价值的私人属性而导致的难以形成其价值共识的问题。该估值方法着重回答两个问题，其一，金融市场参与者获取与处理了多少数据？其二，特定的金融市场参与者愿意为使用特定的数据支付的价格是多少？

二、基于金融市场的数据估值基本原理

基于金融市场的数据估值是一种基于需求的数据估值方法。其回答的核心问题是市场参与者处理了多少数据以及愿意为数据支付的价格。其核心逻辑是，金融市场参与者基于数据作出决策，这些决策最终反映在资产价格中，因此可以从价格中提取出数据价值。通过这种方式进行数据估值得到的是原始数据经过使用者的一系列分析处理后的总价值。具体来说，基于金融市场的数据估值包括对数据量的估计和对数据的货币价值的估计。前者基于股价信息量指标进行，后者通过投资者效用进行。

我们以股市投资者为例进行阐释，用向量 $q_t = [q_{1,t}, \cdots, q_{n,t}, \cdots, q_{N,t}]$ 表示投资者基于数据集 Ξ_t 的资产选择，即 $q_t = F(\Xi_t)$。投资者的投资总量是 N，即 $q_t^T 1 = N$。向量 $d_{t+1} = [d_{1,t+1}, \cdots, d_{n,t+1}, \cdots, d_{N,t+1}]$ 表示资产的未来回报。该投资者的预期收益是：

$$E(q_t^T d_{t+1}) = E(q_{n,t}) E(d_{n,t+1}) + Cov(q_{n,t}, d_{n,t+1}) \qquad (1.18)$$

如果投资者基于数据进行有效的选择，则 $Cov(q_{n,t}, d_{n,t+1})$ 为正值，即数据使得投资者可以选择未来回报更高的资产。$Cov(q_{n,t}, d_{n,t+1})$ 反映了数据的作用，即投资者对未来未知状态的了解程度。这一点可以从已有的研究中找到支持，例如，卡茨佩奇克、范·尼乌维尔堡和维尔德坎普（Kacperczyk, Van Nieuwerburgh and Veldkamp, 2016）发现一个投资组合的 alpha 反映了投资者投资组合选择和其已实现收益（realized return）的协方差，因而用其度量基金投资者所拥有的信息的精度。基于金融市场的数据估值的核心是建立 $Cov(q_{n,t}, d_{n,t+1})$ 与数据价值的联系以提取出其中的数据部分。

（一）数据量估计

由于金融市场的信息集中反映在价格上，$Cov(q_{n,t}, d_{n,t+1})$ 中的数据信息可以从价格中提取：

$$q_{n,t}(\Xi_t) \Rightarrow p_{nt} \Rightarrow P_{nt}^{Info} = F(p_{nt}, d_{n,t+1}) \Rightarrow \Xi_t \qquad (1.19)$$

即均衡条件下的投资者需求 $q_{n,t}$ 决定了资产价格 p_{nt}，使得时间 t 的价格反映了投资者所拥有的所有数据，因此可以根据该价格及其与企业未来收益的关系计算出其信息含量 P_{nt}^{Info}，最终从信息含量度量指标中提取出数据量 Ξ_t。

那么，如何度量股价信息量？股价信息量指股价对未来现金流的预测能力，邦德、埃德曼斯和戈尔斯坦（Bond，Edmans and Goldstein，2012）将其定义为预测价格效率（forecasting price efficiency）。根据价格信息量的定义，应该使用股票价格与企业未来现金流的协方差度量价格信息量，用来反映股票市场中的信息含量，其基本表达形式应该为：

$$P_{nt}^{Info} \propto Cov(p_{nt}, \ d_{n,t+1}) \tag{1.20}$$

白、菲利普蓬和萨沃夫（2016）通过理论模型建立了这一价格信息量度量指标与企业基本面的联系。首先，企业市场价值与基本面的联系是：

$$\frac{V_{t+1}}{V_t} = 1 + \epsilon_{t+1} \tag{1.21}$$

其中，V_t 是企业作出投资决定时的在位资产（assets in place），V_{t+1} 是企业的事后价值（ex-post value），ϵ_{t+1} 是企业的生产力冲击。式（1.21）的基本原理是投资 Q 理论，即投资率与生产力的条件期望成正比。根据这一等式，预测价格信息量又可以表示为：

$$Var\left(\frac{V_{t+1}}{V_0} \ \middle| \ \frac{p_t}{V_0}\right) = Var\left(\epsilon_{t+1} \ \middle| \ \frac{p_{nt}}{V_0}\right) \tag{1.22}$$

即现期价格对企业未来价值的预测精度与其对生产力冲击的预测精度相同。因此，基于金融市场信息的预测价格信息量同时也反映实体效率，因而较为综合地反映了市场中的信息量。

需要指出的是，价格信息量并不完全反映数据。法布迪、马特雷、维尔德坎普和文卡特斯瓦兰（2022）通过构建一个反映投资者从数据中学习的噪声理性预期模型发现，价格信息量度量中除了包含数据量，也受到市场波动率和企业特征的影响，即：

$$P_{nt}^{Info} = Volatility_t \times Charac_t \times \Xi_t \tag{1.23}$$

其中，$Volatility_t$ 反映波动率，$Charac_t$ 反映企业特征。需要进一步移除价格信息量中的其他部分以得到其中纯粹反映数据的部分，即：

$$\Xi_t = P_{nt}^{Info} \perp [Volatility_t, \ Charac_t] \tag{1.24}$$

法布迪、马特雷、维尔德坎普和文卡特斯瓦兰（2022）主张通过结构模型对数据量进行估计。其基于美股数据的研究发现数据量的增长在不同规模的企业之间并不平衡。

（二）数据的货币价值估计

$\text{Cov}(q_{n,t}, d_{n,t+1})$ 反映了金融市场处理的数据量，那么，投资者愿意为这些数据支付的货币价值即价格是多少？数据是数字化的信息，数据的核心作用在于减少不确定性，解决在风险环境中稀缺资源的分配问题，而金融学提供了进行这一分析的基本工具。鉴于数据的核心作用，数据的主要价值在于不确定减少所带来的价值。这是基于金融市场估计数据的货币价值的核心逻辑。

具体来说，数据反映在投资者的投资决策上，投资决策反映在期末财富上，并进而影响投资者的效用。可以通过金融市场上的资产价格信息估计出投资者在是否使用数据情况下的效用，并进而估算出其愿意为数据支付的价值，即：

$$q_{n,t}(\Xi_t) \Rightarrow W_{i,t+1} \Rightarrow U(W_{i,t+1}) \xrightarrow{p_{t+1}} \Xi_t \qquad (1.25)$$

其中，$W_{i,t+1}$ 是投资者的期末财富，其效用来源于期末财富的最大化；p_{t+1} 是金融市场上的资产价格。

法布迪、辛格尔、维尔德坎普和文卡特斯瓦兰（Farboodi, Singal, Veldkamp and Venkateswaran, 2022）通过效用函数建立起基于数据的选择和数据价值之间的联系。基于这一研究，我们推导出数据价值公式：

$$V_{\text{Data}} = \frac{1}{\lambda_i} \{ E[U(\Xi_{it})] - E[U(\cdot)] \} \qquad (1.26)$$

其中，λ_i 是投资者的绝对风险厌恶系数。$E[U(\Xi_{it})] = E\{E[U(\Pi_{i,t+1})|\Xi_{it}]\}$ 是投资者基于数据决策所带来的预期效用，$E[U(\cdot)]$ 是投资者未使用数据时的效用。$E[U(\Xi_{it})] - E[U(\cdot)]$ 反映有无数据时的效用差异，$\frac{1}{\lambda_i}$ 将效用差异投射到货币价值上。V_{Data} 反映了一个特定的投资者愿意为数据支付的货币价格。

我们知道，数据估值的一个难点在于同样的数据对于不同投资者来说具有不同的价值，即数据含有一个很大的私人价值成分。式（1.26）表明，这种异质性反映在投资者的风险厌恶、初始财富、投资策略等一系列影响其效用水平的因素上。

式（1.26）还表明估算一个投资者愿意为数据支付的价值时不需要知道其他投资者特征或者其所拥有的信息。从直觉上讲，估计一个投资者愿意为数据支付的价值时需要其他投资者的风险厌恶、财富、预期及其他投资者对数据的处理。然而，式（1.26）表明估计数据对于一个投资者 i 的价值时，我们只需要知道投资者 i 自身的信息以及金融市场上的价格，这是因为所有投资者的信息已经反映在金融市场资产价格中，因此通过价格估算出的投资者效用已经包含了相关信息。

必须指出的是，基于式（1.26）所估计的数据价值并不代表数据在市场上的交易价格，而是指数据的使用者愿意为获取数据而支付的价值。这一价值的确定基于投资者所掌握的信息和他们对风险的厌恶程度。投资者对数据价值的评估可能与他们在交易过程中对市场价格的影响力有关。在非完全竞争的市场中，需要对计算模型进行调整，以考虑投资者对价格的影响力。对于个别投资者来说，数据的价值并非等同于其销售价格。交易价格是由市场的需求和供应关系决定的，而数据的价值则对应于需求曲线上特定投资者的位置。此外，基于金融市场的数据估值也有其特定的应用范围，即限定在金融市场的数据或者是与金融市场有关的数据。然后，由于金融市场在汇集信息上的强大作用，基于金融市场的数据估值具有较大程度的普适性。

三、与常见估值方法的比较

本部分基于金融市场的数据估值方法和市场法、成本法以及收益法等传统的估值方法进行比较。

与市场法相比，基于金融市场的数据估值方法，尤其是当它侧重于市场参与者行为和数据带来的效用提升时，实际上采用了一种更为内在的、以效用为基础的估值方法。这种方法在一定程度上可以避免一些传统市场法估值的问题，具体如下：一是个性化价值评估。通过分析市场参与者如何利用数据来提高决策质量，这种方法可以为数据提供个性化的价值评估，从而避免了"一刀切"的估值陷阱。二是对效用的量化，通过将数据的价值与其对市场参与者决策效用的提升直接关联起来，可以更准确地反映数据对不同使用者的具体价值。三是考虑了无形资产的特性。数据作为一种无形资产，其价值往往难以通过传统市场法量化。

基于效用的估值方法则可以通过评估数据对企业运营和策略的具体影响来衡量其价值。四是考虑了流动性和市场条件变化。由于是基于效用和市场参与者支付意愿的直接评估，该方法可以更好地适应流动性差异和市场条件的变化。五是长期价值识别。相比于短期市场交易价格，基于效用的方法更加注重数据的长期价值和增长潜力。六是对宏观经济因素的整合。该方法可以更好地整合宏观经济因素，评估其对市场参与者行为和数据价值的影响。然而，需要注意的是，尽管基于金融市场数据的估值方法在某些方面可以避免传统市场法的问题，但它也有其自身的局限性和挑战，如需要深入了解投资者行为、准确量化数据带来的效用提升等。此外，这种方法的有效性也依赖于高质量数据的可用性以及对市场和投资者行为的准确理解。

与成本法相比，基于金融市场的数据估值方法，特别是以市场参与者行为和数据带来的效用提升为核心，可能通过以下方式避免或缓解成本法估值的一些问题：一是反映实际效用，该方法关注数据如何帮助市场参与者作出更好的决策以及这些决策带来的实际效用，从而更直接地将数据价值与投资者的支付意愿关联起来。二是个性化的价值评估。通过分析不同市场参与者如何利用数据，该方法可以为数据提供个性化的价值评估，从而避免了"一刀切"的估值问题。三是考虑了市场竞争因素。基于金融市场的数据估值方法能够体现市场竞争和消费者需求等外部因素对数据价值的影响。四是对未来收益的考量。该方法通过预测数据在未来能够带来的收益来评估其价值，而不是仅仅基于历史成本，这有助于捕捉数据资产的潜在增长和创新应用的潜在价值。五是可以进行风险调整。在金融市场中，市场参与者对风险的评估和对收益的预期会内生地体现在数据的价值评估中，这有助于提供一个更为全面和经过风险调整后的价值。六是对交易数据的利用。如果存在活跃的交易市场，可以通过分析实际交易数据来评估数据资产的价值，这为数据资产的估值提供了更加客观和市场化的视角。七是该方法的灵活性和适应性。基于金融市场的估值方法可以根据数据资产的特定应用场景和特性进行定制化调整，从而提供更为准确的估值。八是综合多种因素。该方法可以考虑数据资产的多种属性，包括数据质量、数据量、数据集的完整性和数据的可获得性等。九是该方法避免了重置成本的局限性。不单纯依赖重置成本，而是综合考虑数据资产对数据使用者带来的实际经济利益。

与传统的收益法相比，基于金融市场的数据估值方法提供了一种更为深入和基于收益的评估手段。这种方法不仅关注数据资产未来可能带来的现金流，而且将重点放在了市场参与者行为和数据如何提升这些现金流的潜力上。通过个性化的价值识别，这种方法能够针对不同市场参与者的具体应用场景和决策过程，提供定制化的价值评估，避免了收益法中常见的"一刀切"问题。此外，基于金融市场的估值方法能够实时衡量数据资产的效用，捕捉数据价值的动态变化，考虑到数据随时间推移的时效性和不同市场条件下的波动。这种方法还体现了市场竞争、消费者需求等外部因素对数据价值的影响，并能够预测数据在未来能够带来的收益，捕捉数据资产的潜在增长和创新应用的潜在价值。更重要的是，基于金融市场的估值方法在风险调整方面具有优势，能够将市场参与者对风险的评估和对收益的预期内生地体现在数据的价值评估中。这为数据资产提供了一个更为全面和经过风险调整后的价值，有助于市场参与者作出更明智的投资决策。同时，如果存在活跃的交易市场，基于金融市场的估值方法可以利用实际的交易数据来评估数据资产的价值，为数据资产的估值提供一个更加客观和市场化的视角。这种方法还具有很高的灵活性和适应性，可以根据数据资产的特定应用场景和特性进行定制化调整，从而提供更为准确的估值。

类似于传统估值方法，基于金融市场的数据估值方法也面临着一些挑战，包括需要深入了解市场参与者行为、准确量化数据带来的效用提升等。此外，该方法的有效性也依赖于高质量数据的可用性以及对市场和市场参与者行为的准确理解。因此，虽然基于金融市场的数据估值方法在很多方面优于传统方法，但在应用时也需要谨慎，并结合其他估值方法和专业判断来获得更全面的数据资产价值评估。

第六节　基于金融市场的数据估值研究展望

数据资产估值领域目前仍处于发展的初期阶段，而基于金融市场信息进行数据资产估值的研究更是该领域的一个新兴方向，其学术研究基础相对薄弱，尚未形成完整的理论体系。尽管如此，我们可以通过跨学科的研究视角，从其他相关领域中提取理论支持和实证方法，以丰富和深化数据资产估值的研究。本节旨在简要综述那些对基于金融市场信息进行数据资产估值研究具有重要启发和支撑作用的文献，探索其在理论构建和实证分析方面的贡献。通过系统地梳理和分析这些文献，我们期望为构建一个更为严谨和完善的数据资产估值理论框架提供参考和指导。

一、信息不对称

数据是数字化的信息，因此进行数据估值的基本思路是从有关金融市场信息的文献中寻求借鉴。数据在金融市场具有价值的前提是金融市场存在数据信息不对称（information asymmetry），即金融市场参与者并不拥有相同的数据或者数据处理能力，且不能从价值中完全推断出反映数据的信息。假设所有市场参与者都具有相同的数据和数据使用能力，或者可以从价格中推导出完整的数据信息，则没有投资者愿意为数据支付价值。因此，基于金融市场的数据估值的研究应该建立在有关金融市场信息不对称的文献上。只有在信息不对称的情况下，投资者才有动力去获取或者处理信息，以便作出更好的投资决定。

格罗斯曼和斯蒂格利茨（Grossman and Stiglitz，1980）推导的有噪声理性预期均衡为考虑信息的价值提供了基准参照。在此模型基础上，阿德买提（Admati，1985）引入了多种资产以及相互关联的信息。凯尔（Kyle，1989）进一步引入了不完全竞争，分析投资者存在价格影响时的市场均衡。在这一理论框架基础上，许多研究对信息的影响进行了实证分析。例如，莫里斯和申（Morris and Shin，2002）研究了通过高媒体可见度的市场参与者披露公共信息的社会福利价值。马内拉（Manela，2014）研究了信息扩散速度如何影响信息对于股票投资者的价值。卡丹和马内拉（Kadan and Manela，2019）研究了在动态环境下（dynamic environment）私人信息和公共信息对一个价格接受投资者（price-taking investor）的价值。卡丹和马内拉（2020）设计了一个估计资产特定信息对战略交易者（strategic trader）的价值的方法。

然而，法布迪、辛格尔、维尔德坎普和文卡特斯瓦兰（2022）指出，目前大部分研究关注于分析在一个代表性代理人（representative agent）和一个整体风险（aggregate risk）的设定下的数据的价值，而没有考虑到数据具有私人价值属性这一特征。与传统的资产估值通过对一个代表性投资者来估计资产价值不同，数据资产的私人价值属性导致这种方式并不合理。例如，同一组有关未来股票表现的数据对于投资量较大的投资者相比对资金较少的投资者来说更有价值。数据的价值也与投资者本身的风格有关。例如，公司基本面数据对于价值投资者有重要价值，而对于高频交易者来说却价值有限。同时，数据的价值也取决于其他投资者是否拥有同类数据。如果较多的投资者拥有一组预测性数据，则其产生的经济价值会减弱，当然，一个投资者通过观察其他投资者对相同数据的处理也会优化其自身的投资决策。此外，信息经济学的研究发现交易的流动性或交易的价格冲击（price impact）影响信息的价值（Kacperczyk，Nosal and Sundaresan，2021），同样的道理，数据作为一种信息其价值也会受到这两个因素的影响。

由于以上因素的存在，数据资产的估值存在诸多复杂性，因而无法直接套用有关信息不对称的研究，而是需要进行有针对性的调整。具体来说，对于数据估值的研究需要在有关噪声理性预期模型研究的基础上，更好地对数据的特征进行建模。

二、不确定性降低的经济价值

数据是数字化的信息，其价值在于减少不确定性，相应地，数据的价值本质上来源于不确定性降低所带来的价值（the economic value of reducing uncertainty）。因此，进行数据估值可以从有关不确定性的研究入手，分析不确定性降低带来的经济价值。

奈特（Knight，1921）首次区分了风险和不确定性，根据其定义，风险可以量化和管理，而不确定性则是无法量化的未知，其研究认为企业家的利润主要源于应对不确定性的能力，减少不确定性可以带来更稳定的预期收益和投资回报。赫什莱弗（Hirshleifer，1970）探讨了不确定性在投资决策中的角色，尤其分析了信息在减少不确定性中的作用及其如何影响投资和资本配置。伯南克（Bernanke，1983）讨论了不确定性对不可逆投资决策的影响，提出高不确定性会导致企业推迟投资，从而减缓经济增长。汉森和萨金特（Hansen and Sargent，2001）针对模型不确定性提出了汉森－萨金特（Hansen－Sargent）稳健控制理论，这一方法可以帮助政策制定者在面对不确定性时作出更好的决策，减少政策制定中的不确定性可以带来更稳定的经济政策环境，提高宏观经济管理的效果。詹奈奥利、施莱弗和维斯尼（Gennaioli，Shleifer and Vishny，2012）指出通过更好的风险管理和监管可以减少不确定性，进而提高市场的稳定性，防止金融危机，保护投资者利益。埃普斯坦、法希和斯特扎莱茨基（Epstein, Farhi and Strzalecki, 2014）在理论上探索了减少不确定性的经济价值。萨沃夫（Savov, 2014）通过校准一个具有恒定相对风险厌恶的动态分散信息模型，量化了共同基金的私有信息价值。卡丹和马内拉（2019）将信息对投资者的价值分解为其消费或投资价值与其在早期解决不确定性方面的价值，并在这一框架下量化诸如 GDP 和失业率等总体宏观经济指标的价值。法布迪、辛格尔、维尔德坎普和文卡特斯瓦兰（2022）考虑了资产异质性，并量化了各种类型股票的数据价值。卡丹和马内拉（2020）考虑了价格影响，并量化了资产特定信息对于一个代表性投资者的价值。

　　本章第三节提出的数据资产的价值形成过程表明，数据资产的价值形成围绕着其对不确定性的降低作用展开，这也是为什么数据的价值来源于其对不确定性的降低作用。因此，有关数据估值的研究应该充分借鉴以往文献中有关降低不确定性、提高经济价值的理论和实证结果，并根据数据资产的特征进行有针对性的调整。

三、基于金融市场的信息提取

　　基于金融市场直接估计数据的货币价值还处于萌芽阶段。然而，基于金融市场估计非金融资产的价值或提取其他信息的研究由来已久，我们可以从中得到启发。

　　巴克希和陈（Bakshi and Chen, 1996）通过金融市场数据来提取通货膨胀预期和实际利率的信息，研究了资产价格和利率期限结构在通货膨胀条件下的表现。这一研究表明金融市场价格中包含了对宏观经济变量（如通货膨胀率）的预期信息，这可以用于经济分析和政策制定。帕斯特和韦罗内西（Pastor and Veronesi, 2003）研究了股票估值如何反映市场参与者对公司盈利能力的学习过程，提出股票价格中包含了市场对公司未来盈利的预期信息，因而股票价格变化可以作为市场对企业盈利预期变化的指标。艾德里安和申（Adrian and Shin, 2010）在对金融机构的杠杆和流动性之间关系的研究中，使用金融市场的数据来提取金融机构的杠杆行为，以此分析了其对金融市场稳定性的影响。加贝克斯

（Gabaix，2012）使用金融市场的表现来推断市场对罕见灾难风险的定价，以此解释罕见灾难事件对资产价格的影响。普弗格、西里瓦丹和桑德拉姆（Pflueger，Siriwardane and Sunderam，2020）通过使用低波动率股票和高波动率股票的账面市值比的差值来度量金融市场的风险认知，并以此进行实证分析，表明金融市场风险识别是经济波动的重要驱动因素。艾、班萨尔、郭和亚伦（Ai，Bansal，Guo and Yaron，2023）通过资产市场的表现来识别投资者对于解决不确定性的时机（timing for the resolution of uncertainty）的偏好。伊根、麦克凯和杨（Egan，MacKay and Yang，2021）使用对标普 500 指数基金的需求数据构建了投资者对股票市场的收益预期。弗拉齐尼和佩德森（Frazzini and Pedersen，2014）使用排序加权（rank-weighting scheme）的 BAB 投资组合收益来抓取资本市场的杠杆限制（leverage constraints）。

以上研究表明可以从金融市场中提取出丰富的信息，度量一些难以直接观测的经济变量或者构建传统方法难以直接衡量的指标。基于金融市场的数据估值本质上也可依据相同思路，通过使用资产价格数据度量数据的价值，避免数据估值中存在的各种问题。通过基于金融市场的信息进行数据估值。本书是这一系列研究的重要补充。

四、股价信息量

基于金融市场估计数据量的前提是估计出股价的信息含量。一个常用的估计股价信息量的方式是从股价波动率中提取信息。基本原理是股价波动率中的异质性波动部分反映股票市场的信息。尽管基于波动率的度量是对股价信息量的间接度量，但由于其更大的数据可用性以及可以在更好维度上进行度量，未来研究可以探索基于其构建数据量的替代指标。

（一）股价非同步性与股价信息量

基于波动率度量估计信息量的传统指标是股价非同步性（non-synchronicity）。实际度量时通常通过资产定价模型（Capital Asset Pricing Model，CAPM）的拟合优度（R^2）来衡量，用 $1 - R^2$ 度量非同步性。这一度量的基本假设是系统性部分的信息是公共信息，为所有市场参与者所知，因而异质性波动（idiosyncratic volatility）反映了市场参与者处理的私人信息。这一度量最早可以追溯到罗尔（Roll，1988）对于 CAPM 模型 R^2 的研究。他认为异质性波动与内幕信息交易或者狂热投机（occasional frenzy）有关，并倾向于前者。如果异质性波动代表信息，更高的股价非同步性意味着更高的公司异质性信息占比，即更高的股价信息效率。

莫克、杨和于（Morck，Yeung and Yu，2000）提出使用股价非同步性来度量股价的信息效率。其对发展中国家和发达国家的实证研究表明发达国家非同步性较高，而发展中国家（包括中国）非同步性较低，这与发达国家股市信息效率较高的一般认知相符，因而支持了使用非同步性度量信息效率的有效性。继莫克等的研究后，许多研究也证实了股价非同步性这一指标可以有效地反映股价的信息含量。金和迈尔斯（Jin and Myers，2006）基于全球股票市场数据进行研究，发现信息透明度与股价非同步性正相关，从信息环境角度验证了非同步性与信息量的关系。维尔格勒（Wurgler，2000）测算了 65 个国家的资源配置效率，发现资源配置效率与股价非同步性正相关，进一步验证了股价非同步性可以度量资本市场效率。巴克和怀特德（Bakke and Whited，2010）进一步在企业层面发现投资者拥有的内幕信息（更低的股价同步性）会影响管理层的投资决策。皮奥特罗斯基和鲁尔斯通（Piotroski and Roulstone，2004）发现分析师增加行业信息（包含行业收益的 CAPM 模型 R^2 更高），而机构投资者和内幕交易者增加企业异质性信息（R^2 更低）。费雷拉和劳克斯（Ferreira and Laux，2007）发现企业的反并购条款与异质性波动负相关。较少的反并购条款意味着企业向市场开放自己的控制权，鼓励投资者的信息采集和交易，尤其是内幕信息，进而增加股价信息量。

关于中国 A 股市场，莫克、杨和于（2000）以及金和迈尔斯（2006）都发现中国股票整体的股价非同步性相对较低，引发国内学者对于提升 A 股信息效率（降低同步性）的探究。已有研究从我国法律制度与法治环境、产业政策与政府补贴、会计制度与信息披露、分析师报告与信息透明度、市场开放与外资持股等不同角度研究了 A 股市场股价同步性的影响因素以及如何提高资本市场效率，并进而改善资源配置效率（游家兴，张俊生和江伟，2007；游家兴，2008；唐松等，2011；袁知柱，鞠晓峰，2009；陈冬华，姚振晔，2018；金智，2010；于忠泊，田高良和张咏梅，2013；史永，张龙平，2014；王木之，李丹，2019；朱红军，何贤杰和陶林，2007；王亚平，刘慧龙和吴联生，2009；伊志宏，杨圣之和陈钦源，2019；钟覃琳，陆正飞，2018；王春，袁晓婷和丁林甜 2024；袁知柱，吴粒和鞠晓峰，2012）。

一些实证研究确认了股价非同步性这一指标与股价信息量的定义（即预测价格效率和显示价格效率）之间的对应关系（Durnev，Morck，Yeung and Zarowin，2003）。研究发现，非同步性较高的公司或者行业，股票收益对未来盈利的预测能力越强，该结果表明非同步性与预测价格效率存在联系。杜内夫、莫克和杨（Durnev，Morck and Yeung，2004）的研究发现，同步性越低的行业，投资决策的效率越高，该发现表明非同步性与现实价格效率存在联系。鉴于股价信息含量受到的国内外学者的广泛关注，以及实证研究中发现的这一度量指标与金融市场信息效率以及实体经济效率的直接联系，我们认为有必要建立数据价值与股价信息量的直接联系，充分利用股价信息量这支文献的研究成果，推进对数据估值的研究。

（二）股价非同步性与噪声

股票市场中存在大量的噪声交易。如果异质性波动源于噪声，那么更高的非同步性可能代表股价中包含更高的噪声含量，而非信息效率。一方面，异质性波动阻碍错误定价的修正（Pontiff，1996），进而降低市场定价效率。针对这一机制，马什鲁瓦拉、拉杰戈帕尔和谢夫林（Mashruwala，Rajgopal and Shevlin，2006）以应计异象（accruals anomaly）为切入点，提出异质性波动风险难以对冲，阻碍套利者构建无风险对冲组合来修正错误定价，进而导致应计异象长期存在于异质性波动较大的股票。庞蒂夫（Pontiff，2006）进一步指出，套利者修正错误定价时所面对的最大风险就是异质性波动风险。在该结论的基础上，斯坦博、余和袁（Stambaugh，Yu and Yuan，2015）利用套利者做多和做空的套利风险差异来解释股票收益与异质性波动负相关。行为金融学的研究多将股价的过度波动归因于噪声交易者（noise trader）的噪声交易和非理性投机（Shiller，1981；Shiller，Fischer and Friedman，1984；West，1988）。坎贝尔、莱托、马尔基尔和许（Campbell，Lettau，Malkiel and Xu，2001）总结了1962年至1997年美国股票市场异质性波动的增长趋势，并推断该趋势与机构投资者的情绪冲击和个人投资者日内交易有关。后续研究在此基础上进一步验证了异质性波动率的增长趋势与机构的噪声交易和个人的投机交易相关（Xu and Malkiel，2003；Brandt，Brav，Graham and Kumar，2010；Bartram，Brown and Stulz，2012）。

基于异质性波动的噪声假说，大量文献对于非同步性是否可以作为股价信息量的度量提出了质疑。陈和哈米德（Chan and Hameed，2006）对 25 个发展中国家数据的研究发现，分析师覆盖增加了股价同步性。该结论与分析师可以改善信息环境的普遍认知相违背。陈、江和斯托里（Chen，Chiang and Storey，2012）则从企业信息质量出发，发现管理者对应计项目的操纵可以解释异质性波动的增长，意味着更差信息质量的企业有更大的异质性波动和更低的同步性。陈和陈（Chan and Chan，2014）则以股票增发的定价为切入点，质疑高股价非同步性是否代表信息。他们发现增发的折价幅度越大，即信息不对称越显著，股价的非同步性越高。

针对以上争论，莫克、杨和于（2013）提出股价异质性波动代表信息驱动的股价变化，同时也会阻碍套利者修正错误定价，但整体而言信息占据主导。李、拉杰戈帕尔和文卡塔查拉姆（Li，Rajgopal and Venkatachalam，2014）系统性检验了股价同步性与信息环境，他们发现股价非同步性较高的股票往往是小盘股、次新股、分析师覆盖不足、买卖价差大、难以做空以及交易量不足的股票。显示了低股价同步性与内幕交易、信息不对称和流动性风险相关。加森、斯凯夫和文曼（Gassen，Skaife and Veenman，2020）进一步通过理论和实证验证了流动性与同步性的关系，发现更差的流动性会机械性地导致更高的非同步性。如果没有控制股票的流动性，现有文献中关于同步性的结论是否依然成立值得进一步探究。

关于股价非同步性是否反映噪声的争论在中国市场也开始引起重视。孔东民和申睿（2007，2008）提出在中国股票市场，更高非同步性更大程度上反映噪声而不是信息。王、吴和杨（Wang，Wu and Yang，2009）用同步性衡量中国股票市场股价信息量，发现企业未来的投资运营并不受同步性的影响，即非同步性高的股票其价格并不一定包含企业未来投资的信息。林忠国、韩立岩和李伟（2012）发现股价非同步性高的公司具有较强的盈余公告后漂移以及股价较少反映当期和未来盈余信息。股价同步性并不一定能够作为信息含量或者信息效率的度量。

（三）移除股价波动中的噪声成分

通过以上文献分析可以看出，有关股价非同步性是否反映股价信息量的争议其核心根源是股价波动率中包含噪声成分。换句话说，股价波动率中的噪声成分导致股价非同步性并不完全反映股价信息量。因此，需要移除股价波动率中的噪声成分以更好地度量信息。

根据布罗加德、阮、普特尼斯和吴（Brogaard，Nguyen，Putnins and Wu，2022）的思路，可以将股票收益分为市场信息驱动成分、企业特定信息驱动成分以及噪声成分，即：

$$r_{it} = \mu_i + \theta_i^M \epsilon_{it}^M + \theta_{it}^{Trading} \epsilon_{it}^{Trading} + \theta_{it}^{Private} \epsilon_{it}^{Private} + v_{it} \qquad (1.27)$$

其中，μ_i 是预期收益，其余部分反映信息冲击。$\theta_i^M \epsilon_{it}^M$ 反映市场信息冲击，$\theta_{it}^{Trading} \epsilon_{it}^{Trading}$ 反映通过交易而揭示出来的企业特定信息，$\theta_{it}^{Private} \epsilon_{it}^{Private}$ 反映通过公共来源揭示的（如公司自身发布的信息）企业特定信息冲击，v_{it} 表示噪声。布罗加德等（2022）通过结构 VAR 模型分解出股价中的上述各部分信息。需要强调的是，由于分解出了噪声部分，这一方法可以使用更高频率的数据（日度）进行估计，因而可以更好地反映信息量的时间序列变化。

本章推测可以基于这一信息分解来进一步提取出股价波动率中反映数据的成分。需要解决的问题是哪一部分对应数据。为此，需要分析不同维度信息的区分。

第一个维度是区分市场广泛信息和公司特定信息，这种区分是股价非同步性文献进行信息区分的依据。由于公司特定信息对于公司之间有效资源配置至关重要，这个维度长期以来备受关注（Wurgler，2000）。价格中包含的公司特定信息量被认为是衡量股票市场在其信息角色中有效性的关键指标，并决定金融市场的"实际效应"（Bond，Edmans and Goldstein，2012）。它也是股票投资组合的多样化利益（diversification benefits）和系统性风险的关键决定因素（Savor and Wilson，2014）。如果根据股价非同步性的研究，显然 $\theta_{it}^{Trading} \epsilon_{it}^{Trading} + \theta_{it}^{Private} \epsilon_{it}^{Private}$ 反映股价信息量。

第二个维度是公共信息（如公司发布的信息）与私人信息（如基本面投资者的专有分析）之间的区别。在基于市场微观结构理论的模型中，价格中的信息要么是公共信息集的一部分，要么是通过交易过程被纳入价格的私人信息（Kyle，1985；Glosten and Milgrom，1985）。这种区分的原理在于价格中的私人信息量决定了公司管理层在多大程度上可以使用股票价格来了解他们自己公司的基本面，并将这些信息纳入公司投资决策中（Chen，Goldstein and Jiang，2007）。

如果考虑到预测信息效率与显示信息效率的对应，则应该使用私人披露的信息来度量数据量。

第七节 结 论

本章全面探讨了数据资产的估值问题，并提出了基于金融市场的数据估值分析框架。先是构建数据价值形成过程，阐释数据资产的独特性。然后详细阐述了数据资产的独特属性，并针对传统估值方法的局限性，创新性地提出了基于金融市场的新方法。通过这些分析，本章为构建数据资产的估值体系铺垫了理论基础。

首先，本章从生产端和需求端两个角度对数据价值的形成过程进行了深入探讨。从生产端来看，数据作为企业生产过程中的副产品，其价值在于提高企业的生产率和优化生产决策。数据在生产过程中的伴随生成及其非竞争性使得其在不同企业间具有高度的可共享性和重复利用性。例如，企业在生产过程中自然产生的运营数据，不仅可以用于优化自身的生产流程，还可以被其他企业借鉴，提高整个行业的生产效率。这种数据的生成过程展示了其低成本甚至无成本的特点，且不同于传统资产的有计划生产，数据往往自然生成且无须额外激励。正是由于这种自然生成的特性，使得数据可以在不增加额外成本的情况下大规模地产生并积累，从而为企业带来巨大的潜在价值。

从需求端来看，数据通过市场参与者的处理和分析，转化为能够指导决策的信号，最终反映在资产价格中。这种转化过程体现了数据价值形成中的反馈循环特性，即数据使用越多，其价值越高，进一步推动了数据的应用和扩展。在市场中，投资者通过对数据的分析和处理，能够获得更准确的市场信息和决策支持，从而提高投资收益。这种基于数据分析的投资决策，不仅能够提升市场参与者的竞争力，还能够通过市场价格反映出数据的真实价值。通过这一过程，我们可以更加全面地理解数据的价值形成过程，并认识到数据在使用过程中不断增值的特点。

其次，本章对数据资产的独特属性进行了详细分析。这些属性包括：数据是经济活动的副产品、数据的价值在其使用中逐渐形成、数据具有正向的反馈循环、数据资产具有非竞争性、数据的价值与其物理度量不成正比以及数据的价值具有私人属性。这些属性揭示了数据资产与传统资产的显著差异。例如，数据的非竞争性使得其可以同时被多个主体使用，而不会像物理资产那样因使用而减少；数据的私人价值属性则强调了其对不同使用者的独特价值，这在估值过程中需要特别考虑；数据的非竞争性和正反馈循环特性，使得数据在数字经济中能够持续发挥更大的作用。通过深入理解这些特性，我们可以更准确地评估数据资产的价值，并制定更加科学合理的管理和使用策略。例如，在数据共享和流通方面，考虑到数据的非竞争性，我们可以设计出更加开放和高效的数据市场机制，促进数据的广泛应用和价值实现。同时，数据的私人属性也提醒我们在数据使用过程中需要关注隐私保护和数据安全，确保数据在合法合规的框架内被合理利用。

针对数据资产的独特属性，本章提出并论证基于金融市场的数据估值。通过分析股票市场中的数据量和数据货币价值，我们可以从金融资产价格中提取出数据的价值信息。这种方法适配了数据资产的独特属性，提供了一种更为有效的数据估值路径。具体而言，数据的价值在金融市场中通过市场参与者对数据的使用和处理，最终反映在资产价格中。通过金融市场的交易数据，我们能够量化数据对投资决策的影响，从而估算其经济价值。这种方法不仅能够反映数据的即时市场价值，还能够捕捉到数据在未来潜在应用中的增值空间。金融市场提供了一个动态的信息处理环境，使得我们能够从中提取出更为精确的数据价值。通过金融市场的交易数据，我们不仅可以获取关于数据量的信息，还可以分析数据在市场中的具体应用情况。例如，通过观察市场参与者对特定数据的需求和交易行为，我们可以了解数据在市场中的重要性和影响力。这种基于市场的数据分析，不仅有助于我们更准确地评估数据资产的价值，还可以为数据的管理和使用提供实用的指导。

最后，本章展望了基于金融市场的数据估值研究的未来方向。数据资产的估值领域仍在发展初期，需要借鉴跨学科的理论和方法来丰富研究。信息不对称、不确定性降低的经济价值、基于金融市场的信息提取等方面的研究，对于数据估值理论的构建和实证分析具有重要意义。未来的研究应当关注以下几个方面：一是加强对数据资产非竞争性和正反馈循环特性的研究，深入理解这些特性如何影响数据的经济价值；二是探索更多适用于不同类型数据资产的估值方法，特别是对无法直接在金融市场交易的数据资产进行估值；三是建立统一的数据资产估值标准，推动数据市场的规范化和透明化发展。此外，研究还应关注数据的法律和伦理问题，确保数据的使用和交易在合法合规的框架内进行，从而保护数据权益和隐私。在未来的研究中，我们还应进一步探索数据在不同应用场景中的价值差异。例如，不同行业和领域的数据在使用和分析过程中可能表现出不同的价值特性，我们需要针对这些差异设计出更加精准的数据估值方法。同时，随着技术的发展，新的数据处理和分析工具不断涌现，我们也应不断更新和优化数据估值模型，以适应数据资产的动态变化和复杂性。

总的来说，数据驱动的创新在提升生产率、促进新产业形成和发展的过程中发挥了重要作用。科学准确地评估数据资产的价值，对于推动数字经济的健康可持续发展具有重要的理论和实践意义。未来的研究应继续探索跨学科的研究方法，完善数据估值模型，充分发挥数据在现代经济中的巨大潜力。在这一过程中，政策制定者、学术研究者和市场参与者需要紧密合作，共同推动数字经济的繁荣发展。通过各方的协作与努力，充分挖掘和释放数据资产的潜在价值，可以为经济增长和社会进步提供源源不断的动力，助力数字经济时代的全面发展。未来，我们应继续关注数据资产估值领域的发展动态，不断更新和完善数据估值模型，探索数据在不同应用场景中的价值特性，推动数据市场的规范化和透明化发展，促进数据资产的广泛应用和价值实现，为数字经济时代的全面发展提供有力支持。通过科学的评估和管理，我们可以更好地发挥数据资产的潜力，助力经济增长和社会进步，实现数字经济时代的可持续发展。

附 录

本附录简要补充正文内容。

A. 数据资产的特性补充

除了正文所介绍的数据资产特点外，数据资产还具有其他有别于传统资产的特点，我们列举如表1所示。

表1 数据资产的其他特征

价值易变性 （value variability）	价值受多种不同原因影响，包括技术、容量、价值密度、应用的商业模式等
可加工性 （processibility）	可以被维护、更新、补充、增加；可以被删除、合并、归集、消除冗余；可以被分类、提取、挖掘、加工
易复制性 （ease of replication）	数据可以以极低的成本快速复制。这意味着一旦数据被创造或收集，它可以被无限次数地复制并分发给无数用户，而这个复制过程的成本接近零。这既是优势也是风险，因为它也使得数据的控制和版权保护变得更加困难
可扩展性 （scalability）	数据资产具有很高的可扩展性，意味着其可以应用于多种场景和规模。小规模数据分析可以扩展到大规模数据分析，而不需要对数据本身进行大幅度修改。这种特性使得数据资产在不同的业务和技术环境中都能发挥作用
依赖性 （dependency）	数据资产的价值在很大程度上依赖于相应的分析技术和处理能力。没有适当的工具和技术，即使是庞大和详细的数据集也可能无法发挥其应有的价值。此外，数据的创建、存储、管理和分析也依赖于相应的硬件和软件基础设施
衰减性 （perishability）	数据的相关性和价值可能会随时间快速变化。特别是在快速变化的市场或技术领域，昨天收集的数据可能今天就已经过时。因此，数据资产需要定期更新和维护，以保持其价值
法律和伦理约束 （legal and ethical constraints）	数据资产的收集、存储和使用受到法律法规的约束，特别是关于个人隐私和数据保护的规定。此外，数据的使用还涉及伦理问题，如数据的透明度、公平性和对个人的尊重

这些特点描绘了数据资产的复杂性和其作为一种现代资产的独特价值。它们不仅反映了数据资产的技术和管理挑战，也突显了在全球数字经济中，数据资产管理和利用的重要性。

B. 其他数据估值方法

除了正文中所介绍的传统估值方法外，已有研究针对数据资产的特殊属性探索了许多具有创新性的估值方法。其中，国内学者的研究较为全面，本附录选取其中的一部分进行介绍（如表2所示）。

表2 数据资产的其他估值方法

综合评估模型	黄乐、刘佳进和黄志刚（2018）提出了一个综合评估模型，该模型结合了成本法、市场法和收益法，专门针对平台数据资产的评估。模型综合考虑了总收益、成本、市场回报率、市场调整系数、平台活跃度、数据变现能力等多个因素，全面反映了平台数据资产的价值。这一模型的构建思路具有普适性，可适用于其他类型的大数据资产评估

续表

估价分解方法	左文进和刘丽君（2019）引入了一种估价分解方法，有效解决了传统评估方法无法反映大数据资产组合增值效应的问题
基于深度学习的价值分析模型	张驰（2018）通过构建包含颗粒度、多维度、活性度、规模度和关联度五个特征维度的模型，将这些维度作为影响数据价值的关键因素，并基于深度学习技术提出了数据资产价值分析模型
多期超额收益法	陈芳和余谦（2021）采用剩余法的多期超额收益模式，对数据资产价值进行评估
增量收益法	王乐（2020）通过比较企业使用数字资产与否带来的收益差异，确定数字资产的公允价值
实物期权法	刘玉平和王奇超（2012）认为实物期权法适用于大部分资产价值评估，能够体现未来预期现金流的变化性；宋天琪（2021）利用 B－S 模型进行评估；郑奇、李凤岐、李原、邹彦纯和朱洪明（2020）运用实物期权法构建了工业生产数据资产的模块化计算体系
人工智能法	王笑笑、郝红军、张树臣和王京（2019）结合模糊综合评估方法和人工神经网络，构建了采用人工神经网络的数据资产价值评估与模糊综合评价模型，利用神经网络的高度非线性和学习能力，实现对数据资产价值的评估

通过这些创新方法的提出和应用，数据资产评估领域正逐步形成一个更为丰富和多元化的研究与实践体系，为数据资产的价值量化和管理提供了新的视角和工具。

参考文献

[1] 陈冬华，姚振晔. 政府行为必然会提高股价同步性吗？——基于我国产业政策的实证研究 [J]. 经济研究，2018，53（12）：112－128.

[2] 陈芳，余谦. 数据资产价值评估模型构建——基于多期超额收益法 [J]. 财会月刊，2021（23）：21－27.

[3] 戴炳荣，闫珊珊，杨琳，等. 数据资产标准研究进展与建议 [J]. 大数据，2020（3）：36－44.

[4] 戴宇欣，袁梦. 品牌价值评估方法标准化的探讨 [J]. 标准科学，2017（11）：102－105.

[5] 顾洁，刘玉博，王振，等. 信息生态理论视角下城市数据要素市场就绪

度评估 [J]. 信息资源管理学报, 2024 (2): 82-94.

[6] 黄乐, 刘佳进, 黄志刚. 大数据时代下平台数据资产价值研究 [J]. 福州大学学报 (哲学社会科学版), 2018 (4): 50-54.

[7] 黄少安. 关于 "数字化经济" 的基本理论 [J]. 经济学动态, 2023 (3): 3-20.

[8] 金智. 新会计准则、会计信息质量与股价同步性 [J]. 会计研究, 2010 (7): 19-26+95.

[9] 孔东民, 申睿. R^2、异常收益与交易的信息成分 [J]. 中大管理研究, 2008, 3 (3): 91-112.

[10] 孔东民, 申睿. 信息环境、R^2 与过度自信: 基于资产定价效率的检验 [J]. 南方经济, 2007 (6): 3-21.

[11] 李薇. 多期超额收益法下的企业客户关系价值评估 [J]. 生产力研究, 2021 (4): 146-151.

[12] 李永红, 张淑雯. 数据资产价值评估模型构建 [J]. 财会月刊, 2018 (9): 30-35.

[13] 李正辉, 许燕婷, 陆思婷. 数据价值链研究进展 [J]. 经济学动态, 2024 (2): 128-144.

[14] 林飞腾. 大数据资产及其价值评估方法: 文献综述与展望 [J]. 财务管理研究, 2020 (6): 1-5.

[15] 林忠国, 韩立岩, 李伟. 股价波动非同步性——信息还是噪音? [J]. 管理科学学报, 2012 (6): 68-81.

[16] 刘琦, 童洋, 魏永长, 等. 市场法评估大数据资产的应用 [J]. 中国资产评估, 2016 (11): 33-37.

[17] 刘玉平, 王奇超. 资产评估中的实物期权方法研究 [J]. 行政事业资产与财务, 2012 (13): 63-66.

[18] 马殿春. 数字经济背景下数据资产会计确认与计量问题研究 [J]. 中国集体经济, 2024 (12): 125-128.

[19] 宋天琪. 基于 B-S 模型的专利权价值评估 [J]. 全国流通经济, 2021 (18): 90-93.

[20] 孙新波, 孙浩博, 钱雨. 数字化与数据化——概念界定与辨析 [J].

创新科技, 2022, 22 (6): 12 - 30.

[21] 唐松, 胡威, 孙铮. 政治关系、制度环境与股票价格的信息含量——来自我国民营上市公司股价同步性的经验证据 [J]. 金融研究, 2011 (7): 182 - 195.

[22] 王春, 袁晓婷, 丁林甜. 资本市场开放对股价同步性的影响: ETF 纳入互联互通的视角 [J]. 金融市场研究, 2024 (1): 55 - 70.

[23] 王建伯. 数据资产价值评价方法研究 [J]. 时代金融, 2016 (12): 292 - 293.

[24] 王乐. 企业自创数字资产的确认与计量方法研究 [J]. 企业改革与管理, 2020 (8): 6 - 8.

[25] 王木之, 李丹. 新审计报告和股价同步性 [J]. 会计研究, 2019 (1): 86 - 92.

[26] 王天夫. 数字时代的社会变迁与社会研究 [J]. 中国社会科学, 2021 (12): 73 - 88 + 200 - 201.

[27] 王笑笑, 郝红军, 张树臣, 等. 基于模糊神经网络的大数据价值评估研究 [J]. 科技与管理, 2019 (2): 1 - 9.

[28] 王亚平, 刘慧龙, 吴联生. 信息透明度、机构投资者与股价同步性 [J]. 金融研究, 2009 (12): 162 - 174.

[29] 夏金超, 薛晓东, 王凌, 等. 数据价值基本特性与评估量化机制分析 [J]. 文献与数据学报, 2021 (1): 19 - 29.

[30] 谢刚凯, 蒋骁. 超越无形资产——数据资产评估研究 [J]. 中国资产评估, 2023 (2): 30 - 33.

[31] 伊志宏, 杨圣之, 陈钦源. 分析师能降低股价同步性吗——基于研究报告文本分析的实证研究 [J]. 中国工业经济, 2019 (1): 156 - 173.

[32] 尹传儒, 金涛, 张鹏, 等. 数据资产价值评估与定价: 研究综述和展望 [J]. 大数据, 2021 (4): 14 - 27.

[33] 游家兴, 张俊生, 江伟. 制度建设、公司特质信息与股价波动的同步性——基于 R^2 研究的视角 [J]. 经济学 (季刊), 2007 (1): 189 - 206.

[34] 游家兴. 市场信息效率的提高会改善资源配置效率吗? ——基于 R^2 的研究视角 [J]. 数量经济技术经济研究, 2008 (2): 110 - 121.

［35］于忠泊，田高良，张咏梅，等．会计稳健性与投资者保护：基于股价信息含量视角的考察［J］．管理评论，2013，25（3）：146－158．

［36］袁知柱，鞠晓峰．制度环境、公司治理与股价信息含量［J］．管理科学，2009，22（1）：17－29．

［37］袁知柱，吴粒，鞠晓峰．股票市场发展与国家资源配置效率：基于股市信息效率视角的研究［J］．商业经济与管理，2012（2）：76－89．

［38］苑泽明，张永安，王培琳．基于改进超额收益法的企业数据资产价值评估［J］．商业会计，2021（19）：4－10．

［39］张驰．数据资产价值分析模型与交易体系研究［D］．北京：北京交通大学，2018．

［40］张玲，焦孟宁，田沫．数字化转型下数据资产的确认与计量研究［J］．国际会计前沿，2023，12（4）：544－551．

［41］郑奇，李凤岐，李原，等．基于支持向量机和实物期权法的工业大数据资产价值研究［J］．新型工业化，2020（5）：170－172．

［42］钟覃琳，陆正飞．资本市场开放能提高股价信息含量吗？——基于"沪港通"效应的实证检验［J］．管理世界，2018，34（1）：169－179．

［43］朱红军，何贤杰，陶林．中国的证券分析师能够提高资本市场的效率吗——基于股价同步性和股价信息含量的经验证据［J］．金融研究，2007（2）：110－121．

［44］朱晓琴，王宣童．数字经济背景下数据资产评估研究述评与展望［J］．财会月刊，2023（6）：78－84．

［45］朱扬勇，叶雅珍．从数据的属性看数据资产［J］．大数据，2018（6）：65－76．

［46］左文进，刘丽君．大数据资产估价方法研究——基于资产评估方法比较选择的分析［J］．价格理论与实践，2019（8）：116－119＋148．

［47］Abis，S．，Veldkamp，L. The changing economics of knowledge production［J］．The Review of Financial Studies，2024，37（1）：89－118．

［48］Adrian，T．，Shin，H. S. Liquidity and leverage［J］．Journal of financial intermediation，2010，19（3）：418－437．

［49］Aghion，P．，Cherif，R．，Hasanov，F. Competition，innovation，and inclusive growth [R]. International Monetary Fund, 2021.

[50] Agrawal, A., Gans, J., Goldfarb, A. Economic policy for artificial intelligence [J]. Innovation policy and the economy, 2019, 19 (1): 139 – 159.

[51] Agrawal, A., Gans, J., Goldfarb, A. Prediction Machines, Updated and Expanded: The Simple Economics of Artificial Intelligence [M]. Boston: Harvard Business Press, 2022.

[52] Ai, H., Bansal, R., Guo, H., Yaron, A. Identifying preference for early resolution from asset prices [R]. (No. w31087), National Bureau of Economic Research, 2023.

[53] Akcigit, U., Ates, S. T. Ten facts on declining business dynamism and lessons from endogenous growth theory [J]. American Economic Journal: Macroeconomics, 2021, 13 (1): 257 – 298.

[54] Arrieta – Ibarra, I., Goff, L., Jiménez – Hernández, D., et al. Should we treat data as labor? Moving beyond "free" [C]. aea Papers and Proceedings, 2018 (108): 38 – 42.

[55] Babu, M. M., Rahman, M., Alam, A., et al. Exploring big data-driven innovation in the manufacturing sector: evidence from UK firms [J]. Annals of Operations Research, 2024, 333 (2): 689 – 716.

[56] Bai, J., Philippon, T., Savov, A. Have financial markets become more informative? [J]. Journal of Financial Economics, 2016, 122 (3): 625 – 654.

[57] Bakke, T. E., Whited, T. M. Which firms follow the market? An analysis of corporate investment decisions [J]. The Review of Financial Studies, 2010, 23 (5): 1941 – 1980.

[58] Bakshi, G. S., Chen, Z. Inflation, asset prices, and the term structure of interest rates in monetary economics [J]. The Review of Financial Studies, 1996, 9 (1): 241 – 275.

[59] Baley, I., Veldkamp, L. Bayesian learning [M]. San Diego: In Handbook of Economic Expectations, 2023: 717 – 748.

[60] Bartram, S. M., Brown, G., Stulz, R. M. Why are US stocks more volatile? [J]. The Journal of Finance, 2012, 67 (4): 1329 – 1370.

[61] Begenau, J. , Farboodi, M. , Veldkamp, L. Big data in finance and the growth of large firms [J]. Journal of Monetary Economics, 2018 (97): 71 – 87.

[62] Bergemann, D. , Bonatti, A. Markets for information: An introduction [J]. Annual Review of Economics, 2019 (11): 85 – 107.

[63] Bernanke, B. S. Irreversibility, uncertainty, and cyclical investment [J]. The Quarterly Journal of Economics, 1983, 98 (1): 85 – 106.

[64] Birch, K. , Marquis, S. , Silva, G. C. Understanding Data Valuation: Valuing Google's Data Assets [J]. IEEE Transactions on Technology and Society, 2024.

[65] Boldrin, M. , Levine, D. K. Does intellectual monopoly help innovation? [J]. Review of Law & Economics, 2009, 5 (3): 991 – 1024.

[66] Bond, P. , Edmans, A. , Goldstein, I. The real effects of financial markets [J]. Annu. Rev. Financ. Econ. , 2012, 4 (1): 339 – 360.

[67] Brandt, M. W. , Brav, A. , Graham, J. R. , et al. The idiosyncratic volatility puzzle: Time trend or speculative episodes? [J]. The Review of Financial Studies, 2010, 23 (2): 863 – 899.

[68] Brogaard, J. , Nguyen, T. H. , Putnins, T. J. , et al. What moves stock prices? The roles of news, noise, and information [J]. The Review of Financial Studies, 2022, 35 (9): 4341 – 4386.

[69] Cabrales, A. , Gossner, O. , Serrano, R. Entropy and the value of information for investors [J]. American Economic Review, 2013, 103 (1): 360 – 377.

[70] Campbell, J. Y. , Lettau, M. , Malkiel, B. G. , et al. Have individual stocks become more volatile? An empirical exploration of idiosyncratic risk [J]. The Journal of Finance, 2001, 56 (1): 1 – 43.

[71] Caplin, A. , Leahy, J. Business as usual, market crashes, and wisdom after the fact [J]. The American Economic Review, 1994, 84 (3): 548 – 565.

[72] Chan, K. , Chan, Y. C. Price informativeness and stock return synchronicity: Evidence from the pricing of seasoned equity offerings [J]. Journal of Financial Economics, 2014, 114 (1): 36 – 53.

[73] Chan, K. , Hameed, A. Stock price synchronicity and analyst coverage in

emerging markets [J]. Journal of Financial Economics, 2006, 80 (1): 115 – 147.

[74] Chen, H., Chiang, R. H., Storey, V. C. Business intelligence and analytics: From big data to big impact [J]. MIS Quarterly, 2012, 36 (1): 1165 – 1188.

[75] Chen, Q., Goldstein, I., Jiang, W. Price informativeness and investment sensitivity to stock price [J]. The Review of Financial Studies, 2007, 20 (3): 619 – 650.

[76] Cheong, H., Kim, B., Vaquero, I. U. A Data Valuation Model to Estimate the Investment Value of Platform Companies: Based on Discounted Cash Flow [J]. Journal of Risk and Financial Management, 2023, 16 (6): 293.

[77] Cong, L. W., Xie, D., Zhang, L. Knowledge accumulation, privacy, and growth in a data economy [J]. Management Science, 2021, 67 (10): 6480 – 6492.

[78] Durnev, A., Morck, R., Yeung, B. Value-enhancing capital budgeting and firm-specific stock return variation [J]. The Journal of Finance, 2004, 59 (1): 65 – 105.

[79] Durnev, A., Morck, R., Yeung, B., et al. Does greater firm-specific return variation mean more or less informed stock pricing? [J]. Journal of Accounting Research, 2003, 41 (5): 797 – 836.

[80] Egan, M., MacKay, A., Yang, H. Recovering investor expectations from demand for index funds [J]. The Review of Economic Studies, 2022, 89 (5): 2559 – 2599.

[81] Epstein, L. G., Farhi, E., Strzalecki, T. How much would you pay to resolve long-run risk? [J]. American Economic Review, 2014, 104 (9): 2680 – 2697.

[82] Fajgelbaum, P. D., Schaal, E., Taschereau – Dumouchel, M. Uncertainty traps [J]. The Quarterly Journal of Economics, 2017, 132 (4): 1641 – 1692.

[83] Farboodi, M., Veldkamp, L. A growth model of the data economy [R]. (No. w28427), National Bureau of Economic Research, 2021.

[84] Farboodi, M., Matray, A., Veldkamp, L., et al. Where has all the da-

ta gone? [J]. The Review of Financial Studies, 2022, 35 (7): 3101 –3138.

[85] Farboodi, M., Mihet, R., Philippon, T., et al. Big data and firm dynamics [J]. In AEA papers and proceedings, 2019 (109): 38 –42.

[86] Farboodi, M., Singal, D., Veldkamp, L., et al. Valuing financial data [R]. (No. w29894), National Bureau of Economic Research, 2022.

[87] Feng, B. Enterprise Data Asset Value Evaluation with Model Building and Case Study [J]. International Journal of Advances in Engineering and Management, 2023 (5): 857 –863.

[88] Ferreira, M. A., Laux, P. A. Corporate governance, idiosyncratic risk, and information flow [J]. The Journal of Finance, 2007, 62 (2): 951 –989.

[89] Frazcini, A., Pedersen, L. H. Betting against beta [J]. Journal of Financial Economics, 2014, 111 (1): 1 –25.

[90] Gabaix, X. Variable rare disasters: An exactly solved framework for ten puzzles in macro-finance [J]. The Quarterly Journal of Economics, 2012, 127 (2): 645 –700.

[91] Gassen, J., Skaife, H. A., Veenman, D. Illiquidity and the measurement of stock price synchronicity [J]. Contemporary Accounting Research, 2020, 37 (1): 419 –456.

[92] Gennaioli, N., Shleifer, A., Vishny, R. Neglected risks, financial innovation, and financial fragility [J]. Journal of Financial Economics, 2012, 104 (3): 452 –468.

[93] Glosten, L. R., Milgrom, P. R. Bid, ask and transaction prices in a specialist market with heterogeneously informed traders [J]. Journal of Financial Economics, 1985, 14 (1): 71 –100.

[94] Grossman, S. J., Stiglitz, J. E. On the impossibility of informationally efficient markets [J]. The American Economic Review, 1980, 70 (3): 393 –408.

[95] Hansen, L. P., Sargent, T. J. Robust control and model uncertainty [J]. American Economic Review, 2001, 91 (2): 60 –66.

[96] Hirshleifer, J. Where are we in the theory of information? [J]. The American Economic Review, 1973, 63 (2): 31 –39.

[97] Ilut, C. L. , Schneider, M. Ambiguous business cycles [J]. American Economic Review, 2014, 104 (8): 2368 – 2399.

[98] Jiang, J. , Kelly, B. , Xiu, D. (Re –) Imag (in) ing Price Trends [J]. The Journal of Finance, 2023, 78 (6): 3193 – 3249.

[99] Jin, L. , & Myers, S. C. R^2 around the world: New theory and new tests [J]. Journal of Financial Economics, 2006, 79 (2): 257 – 292.

[100] Jones, C. I. , Tonetti, C. Nonrivalry and the Economics of Data [J]. American Economic Review, 2020, 110 (9): 2819 – 2858.

[101] Kacperczyk, M. T. , Nosal, J. , Sundaresan, S. Market power and price informativeness [R]. Available at SSRN 3137803, 2023.

[102] Kadan, O. , Manela, A. Estimating the value of information [J]. The Review of Financial Studies, 2019, 32 (3): 951 – 991.

[103] Kadan, O. , Manela, A. Liquidity and the strategic value of information [R]. Available at SSRN 3645137, 2020.

[104] Knight, F. H. Risk, uncertainty and profit [M]. Boston: Houghton Mifflin, 1921.

[105] Kyle, A. S. Continuous auctions and insider trading [J]. Econometrica: Journal of the Econometric Society, 1985, 53 (2): 1315 – 1335.

[106] Kyle, A. S. Informed speculation with imperfect competition [J]. The Review of Economic Studies, 1989, 56 (3): 317 – 355.

[107] Laura Veldkamp. Valuing Data as an Asset [J]. Review of Finance, 2023, 27 (5): 1545 – 1562.

[108] Li, B. , Rajgopal, S. , Venkatachalam, M. R^2 and idiosyncratic risk are not interchangeable [J]. The Accounting Review, 2014, 89 (6): 2261 – 2295.

[109] Li, Z. , Ni, Y. , Gao, X. , et al. Value evaluation of data assets: Progress and enlightenment [C]. In 2019 IEEE 4th International Conference on Big Data Analytics (ICBDA), 2019: 88 – 93.

[110] Lorenzoni, G. A theory of demand shocks [J]. American Economic Review, 2009, 99 (5): 2050 – 2084.

[111] Manela, A. The value of diffusing information [J]. Journal of Financial

Economics, 2014, 111 (1): 181 – 199.

[112] Mashruwala, C., Rajgopal, S., Shevlin, T. Why is the accrual anomaly not arbitraged away? The role of idiosyncratic risk and transaction costs [J]. Journal of Accounting and Economics, 2006, 42 (1 – 2): 3 – 33.

[113] Mike Fleckenstein, Ali Obaidi, Nektaria Tryfona. A Review of Data Valuation Approaches and Building and Scoring a Data Valuation Model [R]. Harvard Data Science Review 5, No. 1, 2023.

[114] Morck, R., Yeung, B., Yu, W. The information content of stock markets: why do emerging markets have synchronous stock price movements? [J]. Journal of Financial Economics, 2000, 58 (1 – 2): 215 – 260.

[115] Morck, R., Yeung, B., Yu, W. R2 and the Economy [J]. Annu. Rev. Financ. Econ., 2013, 5 (1): 143 – 166.

[116] Morris, S., Shin, H. S. Social value of public information [J]. American Economic Review, 2002, 92 (5): 1521 – 1534.

[117] Ordonez, G. The asymmetric effects of financial frictions [J]. Journal of Political Economy, 2013, 121 (5): 844 – 895.

[118] Pastor, L., Pietro, V. Stock valuation and learning about profitability [J]. The Journal of Finance, 2003, 58 (5): 1749 – 1789.

[119] Pflueger, C., Siriwardane, E., Sunderam, A. Financial market risk perceptions and the macroeconomy [J]. The Quarterly Journal of Economics, 2020, 135 (3): 1443 – 1491.

[120] Piotroski, J. D., Roulstone, D. T. The influence of analysts, institutional investors, and insiders on the incorporation of market, industry, and firm-specific information into stock prices [J]. The Accounting Review, 2004, 79 (4): 1119 – 1151.

[121] Pontiff, J. Costly arbitrage: Evidence from closed-end funds [J]. The Quarterly Journal of Economics, 1996, 111 (4): 1135 – 1151.

[122] Pontiff, J. Costly arbitrage and the myth of idiosyncratic risk [J]. Journal of Accounting and Economics, 2006, 42 (1 – 2): 35 – 52.

[123] Posner, E., Weyl, E. Radical Markets: Uprooting Capitalism and De-

mocracy for a Just Society [M]. Princeton: Princeton University Press, 2018.

[124] Reinganum, J. F. Uncertain innovation and the persistence of monopoly [J]. The American Economic Review, 1983, 73 (4): 741 – 748.

[125] Roll, R. Presidential address: R^2 [J]. The Journal of Finance, 1988, 43 (2): 540 – 566.

[126] Romer, P. M. Endogenous technological change [J]. Journal of Political Economy, 1990, 98 (5): S71 – S102.

[127] Savor, P. , Wilson, M. Asset pricing: A tale of two days [J]. Journal of Financial Economics, 2014, 113 (2): 171 – 201.

[128] Savov, A. The price of skill: Performance evaluation by households [J]. Journal of Financial Economics, 2014, 112 (2): 213 – 231.

[129] Schymanietz, M. , Jonas, J. M. , Möslein, K. M. Exploring data-driven service innovation—aligning perspectives in research and practice [J]. Journal of Business Economics, 2022, 92 (7): 1167 – 1205.

[130] Shiller, R. J. Do stock prices move too much to be justified by subsequent changes in dividends? [J]. American Economic Review, 1981, 71 (3): 421 – 436.

[131] Shiller, R. J. , Fischer, S. , Friedman, B. M. Stock prices and social dynamics [J]. Brookings Papers on Economic Activity, 1984, (2): 457 – 510.

[132] Stambaugh, R. F. , Yu, J. , Yuan, Y. Arbitrage asymmetry and the idiosyncratic volatility puzzle [J]. The Journal of Finance, 2015, 70 (5): 1903 – 1948.

[133] Sundu, M. , Yasar, O. , Findikli, M. A. Data-driven innovation: Digital tools, artificial intelligence, and big data [M]. Switzerland: In Organizational Innovation in the Digital Age, 2022: 149 – 175.

[134] Varian, H. R. Markets for information goods [R]. Institute for Monetary and Economic Studies, Bank of Japan, 1999.

[135] Veldkamp, L. L. Information markets and the comovement of asset prices [J]. The Review of Economic Studies, 2006, 73 (3): 823 – 845.

[136] Wang, A. , Halal, W. Comparison of real asset valuation models: A literature review [J]. International Journal of Business and Management, 2010, 5 (5):

14 – 24.

[137] Wang, Y. , Wu, L. , Yang, Y. Does the stock market affect firm investment in China? A price informativeness perspective [J]. Journal of Banking & Finance, 2009, 33 (1): 53 – 62.

[138] West, K. D. Dividend innovations and stock price volatility [J]. Econometrica: Journal of the Econometric Society, 1988, 56 (3): 37 – 61.

[139] Wilson, R. Informational economies of scale [J]. The Bell Journal of Economics, 1975, 6 (2): 184 – 195.

[140] Wurgler, J. Financial markets and the allocation of capital [J]. Journal of Financial Economics, 2000, 58 (1 – 2): 187 – 214.

[141] Xu, Y. , Malkiel, B. G. Investigating the behavior of idiosyncratic volatility [J]. The Journal of Business, 2003, 76 (4): 613 – 645.

第二章

基于金融市场的数据估值背景理论

本章介绍基于金融市场进行数据估值时所需要的背景理论，包括贝叶斯信息更新和噪声理性预期模型。我们通过贝叶斯信息更新阐释投资者根据数据更新其预期的机制，通过噪声理性预期模型阐释投资者对数据的处理如何反映在均衡资产价格中。通过对这些背景理论的论述，本章不仅提供了理解数据价值和估值复杂性的框架，同时也阐释了数据的核心价值——减少不确定性。

第一节 引　　言

在数字化转型的浪潮中，数据资产已经崛起为企业最宝贵的资源之一，相应地，对数据资产的价值进行有效评估已成为一个核心议题，且其重要性随着时间的推移而日益凸显（Fitzgerald，Kruschwitz，Bonnet and Welch，2014；Günther，Mehrizi，Huysman and Feldberg，2017）。数据资产不仅是企业战略规划和决策的核心，更是衡量企业乃至整个经济体系竞争力和市场地位的关键指标。然而，数据资产的估值并非一项简单任务。它涉及复杂的统计分析、经济模型以及对市场机制的深入理解。

数据估值的难点主要源于数据资产的独特属性。首先，数据通常是作为经济活动的副产品自然生成的，这使得其成本难以估算，因为它们并非通过有计划的成本投入产生的。其次，数据资产具有非竞争性，即多个使用者可以同时从同一数据中获益而不会相互排斥，这使得通过收益法来衡量数据价值变得复杂。再次，数据的价值往往在其使用过程中逐渐形成，而不是在生产出来时就确定，这就增加了对数据总价值进行直接测量的难度。此外，数据资产还具有正反馈循环和私人价值属性等传统有形与无形资产不具有的特征，这些特征进一步导致传统的估值方法难以适用于数据资产（Varian，Farrell and Shapiro，2004；Van Dijck，2014；Ciuriak，2018；Curley and Salmelin，2018；West，2019；Jones and Tonetti，2020）。

有效的数据估值需要从数据的核心作用入手。数据是数字化的信息，其核心作用在于减少不确定性（Fleckenstein，Fellows，Fleckenstein and Fellows，2018；Veldkamp，2023）。相应地，对数据资产的估值可以从其带来的不确定性降低所伴随的价值提升入手。沿着这一思路，本章提出两个核心问题：数据如何减少不确定性，以及如何衡量不确定性降低的价值？

基于金融市场进行数据资产的价值分析可以回答这两个问题。金融市场基于数据更新其所拥有的信息，以对其决策所依据的经济变量作出更好的预测，这一对数据的使用过程可以用贝叶斯定理概括，因此，贝叶斯定理以及贝叶斯信息更新可以建立数据与不确定性减少之间的联系。

投资者依据更新后的信息进行决策，该信息存在价值的一个重要前提是投资者持有不同的信息。否则，如果每个投资者都持有完整的信息，且该信息完全反映在资产价格上，则没有投资者愿意为信息支付价格（Grossman and Stiglitz，1980；Grossman，1981；Milgrom，1981；Anderson and Sonnenschein，1982；Beja，1992）。当存在信息不对称时，投资者有意愿获取信息，且均衡价格通常会包含比每个参与者最初拥有的信息更多的内容，使得其决策所依据的信息最终反映在金融资产的市场价格上。信息差异下的资产定价（asset pricing with differential information）模型建立了不确定性减少与相应的价值提升之间的联系。在这一模型的设定下，个体拥有关于资产未来收益或者价值的异质私人信息。个体所拥有的信息影响其对于一个资产的需求，且通过这些需求，私人信息会反映在均衡的资产价格中。

综上所述，可以通过金融市场中的价格信息进行数据资产的估值。该方法的核心原理是金融市场参与者在获取、处理和分析数据后，会将其转化为投资决策的信号并依据此信号作出决策，因此数据所转化的信号最终反映在资产的市场价格中。本章将介绍基于金融市场的数据估值所需的背景理论，包括贝叶斯信息更新和噪声理性预期模型。本章通过在金融市场的情境下介绍贝叶斯信息更新和噪声理性预期模型，以此阐释投资者如何根据新数据更新其预期，以及这些更新如何反映在资产的均衡价格中。本章的具体内容如下。

首先，从贝叶斯信息更新的概念入手，阐释了这一过程如何使投资者根据新数据来调整他们的预期。贝叶斯学习的核心在于结合先验信念与新数据，形成后验信念，从而对资产的未来收益或价值作出更为准确的预测。在静态信息更新的讨论中，涉及了条件概率和全概率公式的应用，并通过贝叶斯法则，展示了在正态分布假设下如何具体实施这一更新过程。此外，本章还介绍了卡尔曼滤波器，这是一种特别适用于动态模型的贝叶斯信息更新方法，它允许投资者在连续时间序列中对变量进行更为精确的预测（Welch and Bishop，1995）。卡尔曼滤波下的动态设定更接近现实中的投资者选择。

其次，我们深入讨论了数据在估值情境下的具体作用，分析了数据如何影响投资者的信息更新，以及如何通过减少不确定性来提高预测精度。数据的价值体现在其能够显著提升预测的准确性，这一点通过预测误差的减少得到了明确的体现。同时，我们也探讨了数据质量对预测精度的重要影响，指出数据精度的提升将直接增强投资者的预测能力。在这一部分，我们在存在数据的情境下对理性预期模型进行详细介绍。早期的理性预期模型多是采用完全理性预期，通常假设信息在市场参与者之间完全透明，所有信息不对称在均衡状态下消失。格罗斯曼（Grossman，1981）阐释了这种均衡在现实中无法存在的原因。针对这一问题，我们引入了噪声理性预期模型（Verrecchia，1982）。这一模型通过引入市场的噪声，允许在均衡状态下维持信念的多样性，确保市场参与者无法从价格中提取所有相关信息，并优化价格信息的利用，从而解决了完全理性预期模型中的难题，为考虑存在信息差异时的资产定价提供了一个更为现实和可行的解决方案。

最后，本章扩展了对噪声理性预期均衡的讨论，特别是在涉及多种风险资产的情况下。我们根据阿德买提（1985）的研究构建了一个包含多样化和不对称私人信息的投资者模型，并推导了均衡价格。在这个模型中，投资者需要综合自己的私人信息和市场的均衡价格来作出投资决策。我们详细分析了在这种复杂情况下，投资者是如何根据他们掌握的私人信息和市场信号来调整自己的预期和投资组合的。这一模型不仅揭示了在多重资产环境中，不同信息信号是如何共同作用于市场均衡价格的形成，还为理解金融市场中数据资产估值的复杂性提供了重要的理论支持。

本章的论述结构设计旨在逐步引导读者理解数据估值的复杂性，并提供必要的理论工具，以帮助金融市场的参与者更好地评估和利用数据资产。我们期望通过本研究，为金融市场的决策者提供一个全面的理论框架，帮助他们更有效地进行数据驱动的决策。通过对这些理论的系统梳理和深入分析，本章不仅为理解金融市场中数据估值的复杂性提供了理论基础，也为金融市场的参与者提供了一个更为清晰的数据估值框架。我们期望本研究为金融市场的决策者提供一个全面的理论工具，帮助他们更好地理解和利用数据资产，从而在竞争激烈的市场中获得优势。本章的结论部分将总结数据估值的关键发现，并讨论其对金融市场实践的潜在影响。附录部分提供了数学基础、部分模型的推导步骤，以及对无噪声时理性预期均衡的简化理解，为读者提供了进一步深入研究的参考。

第二节　贝叶斯信息更新

数据存在价值的原因在于数据的使用者基于数据更新他们的预期，以更好地预测收益、降低不确定性。本节通过介绍贝叶斯学习（Bayesian learning）阐述数据使用者的信息更新过程（information updating）。

一、信息更新

本部分分别用贝叶斯信息更新（Bayesian information updating）和卡尔曼滤波（Kalman filter）分析静态模型和动态模型下的信息更新。

（一）贝叶斯更新

首先介绍静态的贝叶斯信息更新。用 A 和 B 代表两个事件，假设事件 A 发生的概率是 Pr(A)，事件 B 发生的概率是 Pr(B)。根据条件概率的定义，已知事件 B 发生的情况下，事件 A 发生的概率是：

$$Pr(A \mid B) = \frac{Pr(A \cap B)}{Pr(B)} \tag{2.1}$$

又根据全概率公式（law of total probability）：

$$Pr(A \cap B) = Pr(A)Pr(B \mid A) \tag{2.2}$$

我们可以得到贝叶斯法则（Bayes'law）：

$$Pr(A \mid B) = \frac{Pr(A)Pr(B \mid A)}{Pr(B)} \tag{2.3}$$

其中，假设事件 B 发生的概率不为零，即 $Pr(B) \neq 0$。

下面，我们考虑正态分布变量的贝叶斯法则。假设存在一个未知的随机变量 p。根据代理人（agent）的事前信念（prior），其服从的分布是：

$$p \sim N(\mu_p, \ \tau_p^{-1}) \tag{2.4}$$

其中，$\tau_p = \dfrac{1}{\sigma_p^2}$，$\sigma_p^2$ 是 p 的方差，τ_p 反映了信念的精度（precision）。式（2.4）的含意是在观测到任何的额外信息前，代理人（agent）相信 p 的平均值是 μ_p，且认为这一信念的精度是 τ_p。

假设代理人通过分析处理数据获得一个反映核心变量 p 的可观测信号 s，即：

$$s = p + v, \ v \sim N(0, \ \tau_s^{-1}) \tag{2.5}$$

其中，s 是关于 p 的无偏信号，即 $E(s) = p$，其精度是 τ_s，且与 $\mu_p - p$ 条件独立（conditionally independent）。这意味着信号 s 和事前信念的相关性完全源自它们同时包含有关 p 的信息，但它们的误差项是相互独立的，即 $E[(\mu_p - p)(s - p)] = 0$。

给定事前信息和信号，代理人通过贝叶斯法则形成一个关于 p 的事后信念，即：

$$Pr(p \mid s) \propto Pr(p)Pr(s \mid p) \tag{2.6}$$

可以看出，事后信念可以分解成无信号时的事前信念 $Pr(p)$ 和信号的条件概率。为了理解信号如何成为事后信念的一部分，我们将式（2.6）进行分解，可以得到：

$$Pr(p)Pr(s \mid p) \propto e^{-\frac{\left(p - \frac{\mu_p \sigma_s^2 + s \sigma_p^2}{\sigma_s^2 + \sigma_p^2}\right)^2}{2\sigma_p^2 \sigma_s^2 / (\sigma_s^2 + \sigma_p^2)}} \tag{2.7}$$

附录 B1 给出了具体的推导过程。由式（2.7）可以得到 p 的事后期望[①]：

$$E(p \mid s) = \frac{\mu_p \tau_p + s\tau_s}{\tau_p + \tau_s} \tag{2.8}$$

可以看出，在正态分布的条件下，事后信念是事前信念和信号的加权平均，其中，权重是二者的精度。如果一个信号 s 不包含关于 p 的信息，它的精度就是 0。这种情况下，事后信念和事前信念相同，即 $\hat{p} = E(p \mid s) = \mu_p$。

相应地，事后精度等于事前精度加上信号精度，即：

$$Var(p \mid s)^{-1} = \tau_p + \tau_s \tag{2.9}$$

其中，τ_s 越大，$Var(p \mid s)^{-1}$ 越大。如果信号精度随着数据量的增加而提高，则式（2.9）的经济含义是可以通过对数据的分析处理提高估计的精度。

以金融市场投资者为例，投资者对数据的使用本质是将其转化为辅助其投资决策的信号。假设投资者的投资目标是未来财富最大化，则数据改变了其对未来财富概率分布的认知（式（2.7））。具体来说，投资者基于数据更新了其对未来财富的预期（式（2.8）），并提高了这种预期的精度（式（2.9））。

（二）卡尔曼滤波器

下面我们通过卡尔曼滤波器（Kalman filter）考虑动态的信息更新。卡尔曼滤波器是正态变量的贝叶斯信息更新在动态模型上的应用。当投资者知道变量的分布但是关注变量的实际实现值（realization）时，我们使用这种学习过程。

用 p_{t+1} 表示需要预测的变量，其遵循一阶马尔可夫过程（Markov process）：

$$p_{t+1} = \rho p_t + \epsilon_{t+1} \tag{2.10}$$

其中，ρ 是一个已知的自相关系数，ϵ_{t+1} 是一个正态分布变量[②]，其方差是 τ_ϵ^{-1}。ϵ_{t+1} 的分布是：

[①] $E(p \mid s) = \int p Pr(p \mid s) ds = \dfrac{\mu_p \sigma_s^2 + s\sigma_p^2}{\sigma_s^2 + \sigma_p^2} = \dfrac{\dfrac{\mu_p}{\sigma_p^2} + \dfrac{s}{\sigma_s^2}}{\dfrac{1}{\sigma_p^2} + \dfrac{1}{\sigma_s^2}} = \dfrac{\mu_p \tau_p + s\tau_s}{\tau_p + \tau_s}$；$Var(p \mid s) = \dfrac{\sigma_p^2 \sigma_s^2}{(\sigma_s^2 + \sigma_p^2)} =$

$\dfrac{1}{\dfrac{1}{\sigma_p^2} + \dfrac{1}{\sigma_s^2}} = \dfrac{1}{\tau_p + \tau_s}$

[②] 当然，假设价格的变化服从正态分布并不合理，这里我们为了分析的简便作此假设。这一假设并不影响本部分所阐述的核心论点。实际应用时可以假设现金流服从正态分布。

$$\epsilon_{t+1} \sim N(0, \tau_\epsilon^{-1}) \tag{2.11}$$

式 (2.10) 是卡尔曼滤波中关于隐藏状态 (hidden state) 的状态公式 (state equation),其反映的含义是 p_{t+1} 动态变化过程的形式已知,但具体参数未知。

卡尔曼滤波中的另一个公式是关于隐藏状态的有噪声观测值 (noisy observation),被称作观测公式 (observation equation):

$$s_t = p_{t+1} + v_t \tag{2.12}$$

为了在数据估值的情境下阐述卡尔曼滤波器的基本技术原理,这里我们将 s_t 设定为投资者通过分析处理数据获得的关于 p_{t+1} 的无偏信号。时刻 t 的信号 s_t 包含有关变量 p 在时刻 $t+1$ 的实现值的信息。v_t 是数据 s_t 中的噪声,其分布是:

$$v_t \sim N(0, \tau_s^{-1}) \tag{2.13}$$

其中,τ_s 是信号的精度。

两个冲击 ϵ_{t+1} 和 v_t 相互独立且各自在时间序列上服从独立同分布 (independent and identical distribution)。参数 ρ、τ_p 和 τ_s 的值已知。关于 p_t 初始值的事前信念 (prior belief) 是:

$$p_0 \sim N(\hat{p}_0, \hat{\sigma}_{p,0}^2) \tag{2.14}$$

对于所有的 $t > 0$,用 $\hat{p}_{t+1}$ 代表基于所有截止时间 t 的信号对 p_{t+1} 的期望,即:

$$\hat{p}_{t+1|t} = E(p_{t+1} \mid s_0, s_1, \cdots, s_t) = E(p_{t+1} \mid s_t) \tag{2.15}$$

同时,设定 p_{t+1} 的条件方差为:

$$\hat{\sigma}_{p,t+1|t}^2 = Var(p_{t+1} \mid s_t) = E[(p_{t+1} - \hat{p}_{t+1|t})^2] \tag{2.16}$$

下面的两个递归公式 (recursive formula) 描述了如何对 p_{t+1} 的均值和方差进行更新。p_{t+1} 的均值更新公式是:

$$\hat{p}_{t+1|t} = \hat{p}_{t+1|t-1} + \kappa_t(s_t - \hat{p}_{t+1|t-1}) \tag{2.17}$$

$\hat{p}_{t+1|t-1}$ 是投资者在观测到数据 s_t 前对 p_{t+1} 的估计值。κ_t 是时期 t 的卡尔曼收益 (Kalman gain),代表了形成事后信念 $\hat{p}_{t+1|t}$ 时,新信息 $(s_t - \hat{p}_{t+1|t-1})$ 相对于事前信念 $\hat{p}_{t+1|t-1}$ 所收到的权重。信号的精度 τ_s 越高,进行信息更新时新数据被分配的权重就越高:

$$\kappa_t = \frac{\tau_s}{(\hat{\sigma}_{p,t+1|t-1}^2)^{-1} + \tau_s} \tag{2.18}$$

卡尔曼收益是静态贝叶斯更新中 $\frac{\tau_s}{\tau_p + \tau_s}$ 项的类比。

p_{t+1} 的方差更新公式是：

$$(\hat{\sigma}^2_{p,t+1|t})^{-1} = (\hat{\sigma}^2_{p,t+1|t-1})^{-1} + \tau_s = (\rho^2\hat{\sigma}^2_{p,t|t-1} + \tau_\epsilon^{-1})^{-1} + \tau_s \qquad (2.19)$$

条件方差 $\hat{\sigma}^2_{p,t+1|t}$ 可以被理解成是贝叶斯事后方差更新（式（2.9））的递归类比，其倒数反映了事后信念的精度，等于事前信念精度和信号精度之和。事后信念的精度随着信号精度的增加而提高。

二、信息更新与数据价值

接下来，我们具体阐释在数据估值情境下贝叶斯信息更新和卡尔曼滤波器的经济含义。

（一）数据与信息更新

基于前述贝叶斯信息更新在数据估值中的核心作用框架，本部分阐释数据如何反映在投资者更新的信息中。假设投资者的原始数据是 $\bar{\Xi}_t$，其经过数据的分析处理将数据转化成对状态变量未来值有预测作用的信号，即：

$$\bar{\Xi}_t \Rightarrow s_t \qquad (2.20)$$

其中，用 s_t 综合性地反映了投资者对数据进行分析处理的结果。投资者用 s_t 预测 p_{t+1}。p_{t+1} 服从一阶自相关过程，$p_{t+1} = \rho p_t + \epsilon_{t+1}$，$\epsilon_{t+1} \sim N(0, \sigma_\epsilon^2)$。在数据 s_t 下 p_{t+1} 的预测值是 $E(p_{t+1}|s_t)$，条件方差是 $Var(p_{t+1}|s_t)$。

以股票市场投资为例，投资者预测未来的股票价格并进行相应的投资选择。p_{t+1} 表示在 t 时刻无法观测到的未来真实股价，s_t 是反映 p_{t+1} 信息的信号。注意，这里我们用 s_t 表示所有截止至时刻 t 的信号，即 $\{s_0, s_1, \cdots, s_t\}$。

用 $\hat{p}_t$ 表示经济主体在时刻 $t-1$ 对 p_t 的预测，预测值是：

$$\hat{p}_{t|t-1} = E(p_t|s_{t-1}) \qquad (2.21)$$

预测的误差是：

$$\tau_{\hat{p},t|t-1}^{-1} = \hat{\sigma}^2_{p,t|t-1} = E(p_t - \hat{p}_{t|t-1})^2 \qquad (2.22)$$

在观测到数据 s_t 之前，基于数据 s_{t-1} 对 p_{t+1} 的预测是：

$$\hat{p}_{t+1|t-1} = E(p_{t+1}|s_{t-1}) = E(\rho p_t + \epsilon_{t+1}|s_{t-1}) = \rho\hat{p}_{t|t-1} \qquad (2.23)$$

相应的预测误差是：

$$\tau_{\hat{p},t+1|t-1}^{-1} = \hat{\sigma}^2_{p,t+1|t-1} = Var(p_{t+1}|s_{t-1}) = E[p_{t+1} - E(p_{t+1}|s_{t-1})]^2 \qquad (2.24)$$

接下来，我们考虑在时刻 t 对 p_{t+1} 的预测，用 $\hat{p}_{t+1}$ 表示。这一预测值应该是旧信息和新信息的组合，即：

$$\hat{p}_{t+1|t} = E(p_{t+1} \mid s_{t-1}) + \kappa_t[s_t - E(p_{t+1} \mid s_{t-1})] = \rho\hat{p}_{t|t-1} + \kappa_t(s_t - \rho\hat{p}_{t|t-1})$$

(2.25)

其中，$\rho\hat{p}_{t|t-1}$ 是旧信息，$s_t - \rho\hat{p}_{t|t-1}$ 是投资者基于时刻 t 的数据 s_t 提取的新信息，κ_t 反映新旧信息的权重。

投资者进行预测的目标是最小化预测误差，其中预测误差被定义为误差项的二阶矩之和，即投资者的目标是：

$$\min_{|K_t|} L = \min_{|K_t|} E(p_{t+1} - \hat{p}_{t+1|t})^2$$
$$= \min_{|K_t|} E[p_{t+1} - \rho\hat{p}_{t|t-1} - K_t(s_t - \rho\hat{p}_{t|t-1})]^2 \quad (2.26)$$

下面通过一阶条件进行求解[①]，将 L 对 κ_t 的一阶导数设定为零，即：

$$\frac{dL}{d\kappa_t} = -2E[(p_{t+1} - \rho\hat{p}_{t|t-1})(s_t - \rho\hat{p}_{t|t-1})] + 2\kappa_t E(s_t - \rho\hat{p}_{t|t-1})^2 = 0 \quad (2.27)$$

可以得到新信息的权重为[②]：

$$\kappa_t = \frac{E[(p_{t+1} - \rho\hat{p}_{t|t-1})(s_t - \rho\hat{p}_{t|t-1})]}{E(s_t - \rho\hat{p}_{t|t-1})^2}$$
$$= \frac{E\{[p_{t+1} - E(p_{t+1} \mid s_{t-1})][s_t - E(p_{t+1} \mid s_{t-1})]\}}{E[s_t - E(p_{t+1} \mid s_{t-1})]^2} \quad (2.28)$$

根据 $E[(p_{t+1} - \rho\hat{p}_{t|t-1})(s_t - \rho\hat{p}_{t|t-1})]$ 和 $E(s_t - \rho\hat{p}_{t|t-1})^2$ 的表达式可以得到[③]：

$$\kappa_t = \frac{\tau_{\hat{p},t+1|t-1}^{-1}}{\tau_{\hat{p},t+1|t-1}^{-1} + \tau_s^{-1}} = \frac{\tau_s}{\tau_{\hat{p},t+1|t-1} + \tau_s} \quad (2.29)$$

综上所述，在最优化条件预测误差的情况下，投资者根据如下法则动态进行信息更新：

$$\hat{p}_{t+1|t} = \hat{p}_{t+1|t-1} + \frac{\tau_s}{\tau_{\hat{p},t+1|t-1} + \tau_s}(s_t - \hat{p}_{t+1|t-1}) \quad (2.30)$$

---

① $E[p_{t+1} - \rho\hat{p}_{t|t-1} - K_t(s_t - \rho\hat{p}_{t|t-1})]^2 = E(p_{t+1} - \rho\hat{p}_{t|t-1})^2 - 2E[(p_{t+1} - \rho\hat{p}_{t|t-1})K_t(s_t - \rho\hat{p}_{t|t-1})] + \kappa_t^2 E(s_t - \rho\hat{p}_{t|t-1})^2$

② 卡尔曼收益也可以表示为 $\kappa_t = \frac{E\{[p_{t+1} - E(p_{t+1} \mid s_{t-1})][s_t - E(p_{t+1} \mid s_{t-1})]\}}{E[s_t - E(p_{t+1} \mid s_{t-1})]^2}$。这一公式反映贝叶斯更新回归（Bayesian updating regression）的系数。

③ $E[(p_{t+1} - \rho\hat{p}_{t|t-1})(s_t - \rho\hat{p}_{t|t-1})] = E[(\rho p_t + \epsilon_{t+1} - \rho\hat{p}_{t|t-1})(\rho p_t + \epsilon_{t+1} + v_t - \rho\hat{p}_{t|t-1})]$
$= E[(\rho p_t - \rho\hat{p}_{t|t-1} + \epsilon_{t+1})^2] = \rho^2 E(p_t - \hat{p}_{t|t-1})^2 + E(\epsilon_{t+1})^2$
$E(s_t - \rho\hat{p}_{t|t-1})^2 = E(p_{t+1} + v_t - \rho\hat{p}_{t|t-1})^2 = E(\rho p_t + \epsilon_{t+1} + v_t - \rho\hat{p}_{t|t-1})^2 = \rho^2 E(p_t - \hat{p}_{t|t-1})^2 + E(\epsilon_{t+1})^2 + E(v_t)^2$

其中，$\hat{p}_{t+1|t-1} = \rho\hat{p}_{t|t-1}$ 反映未观测到数据 s_t 时投资者对 p_{t+1} 的最优预测。由该信息更新公式可以看出，当数据的精度越高，即 τ_s 越大，投资者进行信息更新时分配给新信息 $s_t - \hat{p}_{t+1|t-1}$ 的权重越大。

（二）数据与不确性减少

接下来我们分析数据的核心作用——减少不确定性（reducing uncertainty）。我们分别推导在观测到信号 s_t 之前的预测误差以及观测到信号 s_t 之后的预测误差，通过对二者进行比较来阐释数据的作用。在观测到 s_t 前所依据的数据是：

$$s_{t-1} = p_t + v_{t-1}, \quad v_t \sim N(0, \tau_s^{-1}) \qquad (2.31)$$

用 $\hat{p}_{t|t-1}$ 表示经济主体在时刻 $t-1$ 对 p_t 的预测，$\hat{p}_{t|t-1} = E(p_t|s_{t-1})$，用 $\tau_{\hat{p},t|t-1}$ 表示相应的预测精度，其满足：

$$\tau_{\hat{p},t|t-1}^{-1} = \hat{\sigma}_{p,t|t-1}^2 = E(p_t - \hat{p}_{t|t-1})^2 \qquad (2.32)$$

在得到 $\hat{p}_{t|t-1}$ 后，可以进一步对 p_{t+1} 进行预测。用 $\hat{p}_{t+1|t-1}$ 表示经济主体在时刻 $t-1$ 对 p_{t+1} 的预测（即在观测到数据 s_t 之前，对 p_{t+1} 的预测），$\hat{p}_{t+1|t-1} = E(p_{t+1}|s_{t-1}) = E(\rho p_t + \epsilon_{t+1}|s_{t-1}) = \rho\hat{p}_{t|t-1}$，相应的预测误差是[1]：

$$\tau_{\hat{p},t+1|t-1}^{-1} = \hat{\sigma}_{p,t+1|t-1}^2 = \rho^2\tau_{\hat{p},t|t-1}^{-1} + E(\epsilon_{t+1})^2 \qquad (2.33)$$

最后，我们考虑基于数据 s_t 预测 p_{t+1} 时的预测精度：

$$\tau_{\hat{p},t+1|t}^{-1} = Var(p_{t+1}|s_t) = E[p_{t+1} - E(p_{t+1}|s_t)]^2 \qquad (2.34)$$

通过推导可知[2]，在获取数据 s_t 后，预测精度变为：

$$\tau_{\hat{p},t+1|t} = \tau_{\hat{p},t+1|t-1} + \tau_s \qquad (2.35)$$

可以看出，与数据的质量越高，即 τ_s 的值越大，对 p_{t+1} 的预测精度的提高就

---

① $\tau_{\hat{p},t+1|t-1}^{-1} = \hat{\sigma}_{p,t+1|t-1}^2 = Var(p_{t+1}|s_{t-1}) = E[p_{t+1} - E(p_{t+1}|s_{t-1})]^2 = E(\rho p_t + \epsilon_{t+1} - \rho\hat{p}_{t|t-1})^2$
$= \rho^2 E(p_t - \hat{p}_{t|t-1})^2 + E(\epsilon_{t+1})^2 = \rho^2\tau_{\hat{p},t|t-1}^{-1} + E(\epsilon_{t+1})^2$

② $\tau_{\hat{p},t+1|t}^{-1} = E[p_{t+1} - E(p_{t+1}|s_t)]^2 = E\left[p_{t+1} - \hat{p}_{t+1|t-1} - \dfrac{\tau_s}{\tau_{\hat{p},t+1|t-1} + \tau_s}(s_t - \hat{p}_{t+1|t-1})\right]^2$

$= E\left[p_{t+1} - \hat{p}_{t+1|t-1} - \dfrac{\tau_s}{\tau_{\hat{p},t+1|t-1} + \tau_s}(p_{t+1} + v_t - \hat{p}_{t+1|t-1})\right]^2 = E\left[\dfrac{\tau_{\hat{p},t+1|t-1}}{\tau_{\hat{p},t+1|t-1} + \tau_s}(p_{t+1} - \hat{p}_{t+1|t-1})\right.$

$\left. - \dfrac{\tau_s}{\tau_{\hat{p},t+1|t-1} + \tau_s}v_t\right]^2 = \left(\dfrac{\tau_{\hat{p},t+1|t-1}}{\tau_{\hat{p},t+1|t-1} + \tau_s}\right)^2 E[(p_{t+1} - \hat{p}_{t+1|t-1})]^2 + \left(\dfrac{\tau_s}{\tau_{\hat{p},t+1|t-1} + \tau_s}\right)^2 E(v_t)^2$

$= \left(\dfrac{\tau_{\hat{p},t+1|t-1}}{\tau_{\hat{p},t+1|t-1} + \tau_s}\right)^2 \tau_{\hat{p},t+1|t-1}^{-1} + \left(\dfrac{\tau_s}{\tau_{\hat{p},t+1|t-1} + \tau_s}\right)^2 \tau_s^{-1}$

越大。因此，预测精度的变化 $\tau_{\hat{p},t+1|t} - \tau_{\hat{p},t+1|t-1}$ 反映了数据的价值（既可以理解为反映数据的量也可以理解为反映数据的货币价值）。随着所获取的数据的增多，预测的精度不断提高，相应地，预测的不确定性随之不断减少。

第三节　存在信息差异时的市场均衡

数据具有价值的前提是市场参与者具有信息差异。在这种情况下，具有信息劣势的市场参与者为了进行更好的决策，愿意为数据支付合适的价格。本节介绍噪声理性预期模型（noisy rational expectation model），并通过这一模型初步了解分析处理数据所带来的信息精度提升如何反映在市场均衡价格上。具体来说，我们分析市场参与者关于风险资产未来收益的私人信息如何影响其对一个资产的需求，以及由此导致的均衡资产价格。

一、模型设定

（一）模型设定

基本设定：一个单时期的投资组合选择问题。期初存在 H 个不同的市场参与者，每个市场参与者用 i 表示，$i = 1，2，\cdots，H$，其只存在一期，对风险资产的需求是基于对期末财富最优化的结果，因而只取决于期末的资产价格。

资产：存在一个无风险资产和一个风险资产。风险资产的期初价格是 p_0，期末的价格是 p_1，p_1 是一个随机变量，其无条件分布服从正态分布，即：

$$p_1 \sim N(\mu_p，\sigma_p^2) \tag{2.36}$$

无风险资产的价格是 1，其在期末支付一个固定的收益 $1 + r_f$。风险资产的总供给是 $\bar{q}$，无风险资产的总供给具有完全弹性（perfectly elastic）。

投资者的信息：每一期的期初，第 i 个市场参与者观测到风险资产期末价值的噪声信号 s_i：

$$s_i = p_1 + \epsilon_i，\epsilon_i \sim N(0，\sigma_{si}^2) \tag{2.37}$$

其中，ϵ_i 是信号的噪声，独立于风险资产的收益 p_1，即 $Cov(p_1，\epsilon_i) = 0$。

偏好和投资组合选择：第 i 个市场参与者的期初财富是 W_{0i}，其目标是最大化期末收益 W_{1i}。每一个市场参与者具有恒定的完全风险厌恶效用（Constant Absolute Risk Aversion Utility，CARA）[①]。市场参与者的效用函数遵从如下形式：

$$U_i(W_{1i}) = -e^{-\lambda_i W_{1i}} \tag{2.38}$$

其中，λ_i 表示市场参与者 i 的风险厌恶程度，λ_i 为正，反映市场参与者厌恶风险。

（二）市场参与者的资产需求

我们分别用 q_{fi} 和 q_i 代表市场参与者 i 在期初对无风险资产和风险资产的投资，其约束条件是：

$$W_{0i} = q_{fi} + q_i p_0 \tag{2.39}$$

相应地，则其期末财富是：

$$W_{1i} = R_f W_{0i} + (p_1 - R_f p_0) Y_i \tag{2.40}$$

我们用 I_i 代表市场参与者 i 在期初时所拥有的信息，则该市场参与者的最大化问题可以表示为：

$$\max_{Y_i} E[U_i(W_{1i}) \mid I_i] = \max_{q_i} E[-e^{-\lambda_i W_{1i}} \mid I_i] \tag{2.41}$$

即市场参与者最大化从期末财富中得到的预期效用。

在期末财富 W_{1i} 的各个成分中，只有 p_1 是随机变量且其服从正态分布，因此，W_{1i} 也服从正态分布，根据正态分布的矩生成函数的性质，市场参与者 i 的最优化问题可以表示为：

$$\max_{Y_i} \left\{ E(W_{1i} \mid I_i) - \frac{1}{2}\lambda_i \mathrm{Var}(W_{1i} \mid I_i) \right\}$$
$$= \max_{|q_i|} \left\{ q_i[E(p_1 \mid I_i) - R_f p_0] - \frac{1}{2}\lambda_i q_i^2 \mathrm{Var}(p_1 \mid I_i) \right\} \tag{2.42}$$

根据关于 q_i 的一阶条件我们可以得出市场参与者 i 持有风险资产的最优份额：

$$q_i = \frac{E(p_1 \mid I_i) - R_f p_0}{\lambda_i \mathrm{Var}(p_1 \mid I_i)} \tag{2.43}$$

[①] 将市场参与者的效用函数设定为 CARA 的目的是让其对风险资产的需求不受其财富的影响。这种设定可以简化对风险资产均衡价格的推导。

这一公式表明市场参与者对风险资产的需求 q_i 随风险资产预期收益 $E(p_1 \mid I_i)$ 的提高而增加，风险资产收益的方差 $Var(p_1 \mid I_i)$ 和市场参与者的风险厌恶 λ_i 反向影响市场参与者对风险资产的需求。

二、市场均衡

接下来，我们介绍在存在数据的情况下的三种市场均衡（market equilibrium）。第一种是完全竞争均衡（competitive equilibrium），即市场参与者完全依赖自己的数据进行决策（Robinson，1934；Makowski and Ostroy，1992；Khan，1989）。第二种是理性预期均衡（rational expectation equilibrium），考虑市场参与者的价格发现，本质上相当于市场参与者可以从价格中完全推测出其他市场参与者的数据（Radner，1979；Blume and Easley，1984；Condie and Ganguli，2011）。第三种是噪声理性预期均衡（noisy rational expectation equilibrium），在均衡过程中加入扰动项，以使市场参与者无法从价格中完全推断出其他市场参与者的数据（Grossman and Stiglitz，1980；Admati，1985；Chabakauri，Yuan and Zachariadis，2022）。

（一）完全竞争均衡

在市场出清（market clearing）的情况下，市场参与者对风险资产的总需求等于风险资产的供给：

$$\bar{q} = \sum_{i=1}^{H} q_i = \sum_{i=1}^{H} \frac{E(p_1 \mid s_i) - R_f p_0}{\lambda_i Var(p_1 \mid s_i)} \tag{2.44}$$

首先，我们考虑每个市场参与者使用 $p_1 \sim N(\mu_p, \sigma_p^2)$ 和 s_i 两组信息时的均衡。$p_1 \sim N(\mu_p, \sigma_p^2)$ 代表风险资产的无条件分布，s_i 代表市场参与者的私人信息。在这一设定下，市场参与者 i 所具有的信息可以表示为：

$$I_i = \{s_i\} \tag{2.45}$$

此时，市场参与者的资产需求是：

$$Y_i = \frac{E(p_1 \mid s_i) - R_f p_0}{\lambda_i Var(p_1 \mid s_i)} \tag{2.46}$$

在信息集 $I_i = \{s_i\}$ 下，根据贝叶斯法则以及 p_1 和 s_i 服从共同正态分布这一事实可知，市场参与者 i 对于 p_1 的均值的条件期望是：

$$E(p_1 \mid s_i) = \mu_p + \kappa_i(s_i - \mu_p) \qquad (2.47)$$

相对应的条件方差是：

$$Var(p_1 \mid s_i) = (1 - \kappa_i)\sigma_p^2 \qquad (2.48)$$

其中，$\kappa_i = \dfrac{\sigma_p^2}{\sigma_p^2 + \sigma_{s_i}^2} = \dfrac{\tau_{s_i}}{\tau_p + \tau_{s_i}}$ 反映市场参与者在更新对 p_1 的信息时分配给新信息的权重，私人信号的精度 τ_{s_i} 越大，κ_i 越大，分配给新信息的权重越高。

将这两个公式代入市场参与者的风险资产需求中（式（2.44）），可以得到需求的决定因素：

$$q_i = \frac{\mu_p + \kappa_i(s_i - \mu_p) - R_f p_0}{\lambda_i \sigma_p^2 (1 - \kappa_i)} \qquad (2.49)$$

可以看出，当市场参与者 i 对风险资产的信号精度越高，即 κ_i 越大，其对风险资产的需求越大。

最后，我们通过汇总个体市场参与者的风险资产需求。在市场出清（market clearing）的情况下，对风险资产的总需求等于风险资产的供给：

$$\bar{q} = \sum_{i=1}^H q_i = \sum_{i=1}^H \frac{\mu_p + \kappa_i(s_i - \mu_p)}{\lambda_i \sigma_p^2 (1 - \kappa_i)} - \sum_{i=1}^H \frac{R_f p_0}{\lambda_i \sigma_p^2 (1 - \kappa_i)} \qquad (2.50)$$

因此，均衡条件下的风险资产价格是[①]：

$$p_0 = \frac{1}{R_f}\left[\mu_p + \frac{\sum_{i=1}^H \dfrac{\kappa_i(s_i - \mu_p)}{\lambda_i(1 - \kappa_i)}}{\sum_{i=1}^H \dfrac{1}{\lambda_i(1 - \kappa_i)}} - \frac{\sigma_p^2}{\sum_{i=1}^H \dfrac{1}{\lambda_i(1 - \kappa_i)}}\bar{q}\right] \qquad (2.51)$$

可以看出，均衡价格受到所有市场参与者的私人信息 $\kappa_i(s_i - \mu_p)$ 的加权平均值的影响，权重是 $\dfrac{1}{\lambda_i Var(p_1 \mid I_i)} \Big/ \sum_{i=1}^H \dfrac{1}{\lambda_i Var(p_1 \mid I_i)}$。一个市场参与者的风险厌恶越小或者信息精度越高，则其私人信息对均衡价格的影响越大。同时，均衡价格也受到风险资产供给 $\bar{q}$ 的负向影响。

---

① $p_0 = \dfrac{1}{R_f}\dfrac{\left[\sum\limits_{i=1}^H \dfrac{E(p_1 \mid I_i)}{\lambda_i Var(p_1 \mid I_i)} - \bar{q}\right]}{\sum\limits_{i=1}^H \dfrac{1}{\lambda_i Var(p_1 \mid I_i)}} = \dfrac{1}{R_f}\dfrac{\left[\sum\limits_{i=1}^H \dfrac{\mu_p + \kappa_i(s_i - \mu_p)}{\lambda_i \sigma_p^2 (1 - \kappa_i)} - \bar{q}\right]}{\sum\limits_{i=1}^H \dfrac{1}{\gamma_i \sigma_p^2 (1 - \kappa_i)}}$

这一均衡价格被称作完全竞争均衡，即每个市场参与者只使用自己的私人信息，且在均衡情况下将风险资产的价格当作是给定，进而决定其对风险资产的需求。需要指出的是，这一均衡条件忽略了市场参与者的价格发现（price discovery）的可能性，即一个市场参与者可以从均衡价格中获得信息，这一信息反映其他市场参与者所拥有的私人信息。这种局限意味着完全竞争均衡并不是理性预期均衡。这是因为在所有投资者仅基于个人信息决定其风险资产需求且这种需求决定风险资产价格后，一个投资者可以根据所观测到的价格推测出其他投资者所观测到的信号。这种情况下，该投资者有动机对其风险资产需求进行相应的改变。

（二）理性预期均衡

我们基于格罗斯曼（Grossman，1976）模型进行阐释。为了得到理性预期均衡，我们需要考虑市场参与者的价格发现。具体来说，需要在模型设定时允许一个投资者的信息集不仅包含其私人信息，也包含均衡价格本身，即：

$$I_i = \{s_i, p_0(s)\}, \quad s = (s_1, s_2, \cdots, s_H) \tag{2.52}$$

其中，$p_0(s)$ 是理性预期均衡条件下的价格，接下来我们用 p_0 简化表示。在这一设定下，市场出清的条件是：

$$\bar{q} = \sum_{i=1}^{H} q_i = \sum_{i=1}^{H} \frac{E(p_1 \mid s_i, p_0) - R_f p_0}{\lambda_i Var(p_1 \mid s_i, p_0)} \tag{2.53}$$

为了推导出这一均衡下价格的具体表达形式，我们使用标准的猜测—证实（guess-and-verify）过程。这一方法在理性预期均衡文献中被广泛使用，其具体思路是推测价格函数遵从线性形式，然后求解相应的系数。具体步骤如下。

首先，类比在格罗斯曼（1976）模型中理性预期均衡价格是 $\bar{s}$ 和 $\bar{q}$ 的线性函数，我们猜测均衡价格遵从线性形式，即所有信息反映在价格猜测中。为了猜测均衡价格的具体线性表达形式，我们从市场参与者的均衡需求出发进行猜测。市场参与者依据其所能观察到的信息决定其风险资产需求。在本部分的设定中，市场参与者能观察到当期价格 p_0 以及私人信号 s_i，因此，其风险资产需求是：

$$q_i = \alpha + \alpha_s s_i - \alpha_{p_0} p_0 \tag{2.54}$$

这里，我们假设需求函数中的系数对所有市场参与者相同。相应地，我们可以猜测出价格的线性形式（所有信息反映在价格猜测中）[①]：

$$\bar{q} = \frac{1}{H} \sum_{i=1}^{H} q_t^i = \frac{1}{H} \sum_{i=1}^{H} (\alpha + \alpha_s s_i - \alpha_{p0} p_0)$$

$$= \alpha + \frac{1}{H} \sum_{i=1}^{H} \alpha_s s_i - \frac{1}{H} \sum_{i=1}^{H} \alpha_{p0} p_0 = \alpha + \alpha_s \bar{s} - \alpha_{p0} p_0 \qquad (2.55)$$

通过整理式（2.55）可以得到当前价格 p_0 的表达形式：

$$p_0 = \frac{\alpha}{\alpha_{p0}} + \frac{\alpha_s}{\alpha_{p0}} \bar{s} - \frac{1}{\alpha_{p0}} \bar{q} \qquad (2.56)$$

因此，我们猜测均衡价格的形式是：

$$p_0 = A + B\bar{s} + C\bar{q} \qquad (2.57)$$

其中，$\bar{s}$ 是市场平均信号：

$$\bar{s} = \frac{1}{H} \sum_{i=1}^{H} s_i = p_1 + \frac{1}{H} \sum_{i=1}^{H} \epsilon_i, \ \epsilon_i \sim N(0, \sigma_{si}^2) \qquad (2.58)$$

其次，根据这一猜测推导出 $E(p_1 \mid s_i, p_0)$ 和 $Var(p_1 \mid s_i, p_0)$。根据贝叶斯法则，期末价格的后验概率分布是[②]：

$$\Pr(p_1 \mid s_i, p_0) \propto \Pr(p_1) \Pr(s_i \mid p_1) \Pr(p_0 \mid p_1) \qquad (2.59)$$

根据价格猜测（式（2.55）），我们可以知道其条件预期和方差 $E(p_0 \mid p_1)$ 和 $Var(p_0 \mid p_1)$，从而得到后验概率的表达式：

$$\Pr(p_1 \mid s_i, p_0) \propto e^{-\frac{1}{2} \left\{ \frac{(p_1 - \mu_p)^2}{\sigma_p^2} + \sum_{i=1}^{H} \frac{(s_i - p_1)^2}{\sigma_{si}^2} + \frac{[p_0 - E(p_0 \mid p_1)]^2}{Var(p_0 \mid p_1)} \right\}} \qquad (2.60)$$

进一步简化式（2.60）指数部分的表达形式，可以得到贝叶斯定理的条件期望和方差。对于投资者 i 来说，二者分别是：

$$E_i(p_1 \mid s_i, p_0) = \frac{\left(\dfrac{\mu_p}{\sigma_p^2} + \dfrac{s_i}{\sigma_s^2} + \dfrac{\bar{s}}{\sigma_{si}^2 / H} \right)}{\left(\dfrac{1}{\sigma_p^2} + \dfrac{1}{\sigma_s^2} + \dfrac{1}{\sigma_{si}^2 / H} \right)} \qquad (2.61)$$

[①] 也可以将价格表示成 p_1 的函数，即

$$\bar{q} = \frac{1}{H} \sum_{i=1}^{H} q_t^i = \frac{1}{H} \sum_{i=1}^{H} (\alpha + \alpha_s s_i - \alpha_{p0} p_0) = \alpha + \frac{1}{H} \sum_{i=1}^{H} \alpha_s (p_1 + \epsilon_i) - \frac{1}{H} \sum_{i=1}^{H} \alpha_{p0} p_0$$

$$= \alpha + \frac{1}{H} \sum_{i=1}^{H} \alpha_s p_1 + \frac{1}{H} \sum_{i=1}^{H} \alpha_s \epsilon_i - \frac{1}{H} \sum_{i=1}^{H} \alpha_{p0} p_0 = \alpha + \left(\frac{1}{H} \sum_{i=1}^{H} \alpha_s \right) p_1 - \alpha_{p0} p_0$$

相应地，猜测价格公式的形式为 $p_0 = A + Bp_1 + C\bar{q}$。

[②] 根据贝叶斯法则，一个变量的后验概率可以分解为：$\Pr(\theta \mid y_1, y_2) = \Pr(\theta) \Pr(y_1, y_2 \mid \theta) = \Pr(\theta) \Pr(y_1 \mid \theta) \Pr(y_2 \mid \theta)$。

$$\text{Var}_i(p_1 \mid s_i, \ p_0) = 1 \Big/ \left(\frac{1}{\sigma_p^2} + \frac{1}{\sigma_s^2} + \frac{1}{\sigma_{si}^2/H} \right) \tag{2.62}$$

附录 B2 给出了式（2.59）到式（2.62）的具体推导过程。可以看出，与完全竞争均衡不同，投资者 i 对资产未来价格的预期不仅取决于其私人信号 s_i，也取决于其从该资产的市场价格中观测到的市场平均信号 $\bar{s}$。

最后，根据式（2.61）和式（2.62）匹配市场出清公式（2.53）的两侧：

$$\bar{q} = \sum_{i=1}^{H} q_i = \sum_{i=1}^{H} \frac{\dfrac{\left(\dfrac{\mu_p}{\sigma_p^2} + \dfrac{s_i}{\sigma_s^2} + \dfrac{\bar{s}}{\sigma_{si}^2/H} \right)}{\left(\dfrac{1}{\sigma_p^2} + \dfrac{1}{\sigma_s^2} + \dfrac{1}{\sigma_{si}^2/H} \right)} - R_f(A + B\bar{s} + C\bar{q})}{\dfrac{\lambda_i}{\left(\dfrac{1}{\sigma_p^2} + \dfrac{1}{\sigma_s^2} + \dfrac{1}{\sigma_{si}^2/H} \right)}} \tag{2.63}$$

整理式（2.63）可得[①]：

$$R_f(A + B\bar{s} + C\bar{q}) \left(\frac{1}{\sigma_p^2} + \frac{1}{\sigma_s^2} + \frac{1}{\sigma_{si}^2/H} \right) = \frac{\mu_p}{\sigma_p^2} + \left(\frac{H}{\sigma_{si}^2} + \frac{1}{\sigma_s^2} \right)\bar{s} - \frac{1}{\sum\limits_{i=1}^{H} \dfrac{1}{\lambda_i}} \bar{q} \tag{2.64}$$

均衡条件下，等式两边的系数相等：

$$\begin{cases} \left(\dfrac{1}{\sigma_p^2} + \dfrac{1}{\sigma_s^2} + \dfrac{1}{\sigma_{si}^2/H} \right) R_f A = \dfrac{\mu_p}{\sigma_p^2} \\[3mm] \left(\dfrac{1}{\sigma_p^2} + \dfrac{1}{\sigma_s^2} + \dfrac{1}{\sigma_{si}^2/H} \right) R_f B = \left(\dfrac{H}{\sigma_{si}^2} + \dfrac{1}{\sigma_s^2} \right) \\[3mm] \left(\dfrac{1}{\sigma_p^2} + \dfrac{1}{\sigma_s^2} + \dfrac{1}{\sigma_{si}^2/H} \right) R_f C = - \dfrac{1}{\sum\limits_{i=1}^{H} \dfrac{1}{\lambda_i}} \end{cases} \tag{2.65}$$

[①]　整理式（2.61）可得 $R_f(A + B\bar{s} + C\bar{q}) \left(\dfrac{1}{\sigma_p^2} + \dfrac{1}{\sigma_s^2} + \dfrac{1}{\sigma_{si}^2/H} \right) = \dfrac{\sum\limits_{i=1}^{H} \dfrac{(\mu_p/\sigma_p^2 + H\bar{s}/\sigma_{si}^2)}{\lambda_i}}{\sum\limits_{i=1}^{H} \dfrac{1}{\lambda_i}} + \dfrac{1}{\sigma_s^2} \dfrac{\sum\limits_{i=1}^{H} \dfrac{s_i}{\lambda_i}}{\sum\limits_{i=1}^{H} \dfrac{1}{\lambda_i}} - $

$\dfrac{\bar{q}}{\sum\limits_{i=1}^{H} \dfrac{1}{\lambda_i}}$，然后，根据 $\dfrac{\sum\limits_{i=1}^{H} \dfrac{s_i}{\lambda_i}}{\sum\limits_{i=1}^{H} \dfrac{1}{\lambda_i}} = \dfrac{E\left(s_i \times \dfrac{1}{\lambda_i} \right)}{E\left(\dfrac{1}{\lambda_i} \right)} = \dfrac{E(s_i)E\left(\dfrac{1}{\lambda_i} \right) + \text{Cov}\left(s_i, \dfrac{1}{\lambda_i} \right)}{E\left(\dfrac{1}{\lambda_i} \right)} = \xrightarrow{\text{Cov}\left(s_i, \dfrac{1}{\lambda_i} \right) = 0} E(s_i) = $

$\bar{s}$ 进一步简化。

对这一联立公式求解可得：

$$A = \frac{\frac{\mu_p}{\sigma_p^2}}{\left(\frac{1}{\sigma_p^2} + \frac{1}{\sigma_s^2} + \frac{1}{\sigma_{si}^2/H}\right)R_f} ; \quad B = \frac{\frac{H}{\sigma_{si}^2} + \frac{1}{\sigma_s^2}}{\left(\frac{1}{\sigma_p^2} + \frac{1}{\sigma_s^2} + \frac{1}{\sigma_{si}^2/H}\right)R_f} ; \quad C = -\frac{\frac{1}{\sum_{i=1}^{H}\frac{1}{\lambda_i}}}{\left(\frac{1}{\sigma_p^2} + \frac{1}{\sigma_s^2} + \frac{1}{\sigma_{si}^2/H}\right)R_f}$$

$$(2.66)$$

因此，均衡价格是[①]：

$$p_0 = \frac{1}{R_f}\left[\mu_p + \kappa(\bar{s} - \mu_p) - \frac{\sigma_p^2(1-\kappa)}{\sum_{i=1}^{H}\frac{1}{\lambda_i}}\bar{q}\right] \qquad (2.67)$$

其中，κ 的表达式是：

$$\kappa = \frac{\sigma_p^2}{\sigma_p^2 + \sigma_s^2/H} = \frac{\sigma_p^2}{\sigma_p^2 + \sigma_{\bar{s}}^2} = \frac{1/\sigma_{\bar{s}}^2}{1/\sigma_{\bar{s}}^2 + 1/\sigma_p^2} = \frac{\tau_{\bar{s}}}{\tau_{\bar{s}} + \tau_p} \qquad (2.68)$$

可以看出，资产当期均衡价格等于市场参与者对未来价格的预期的折现值。市场参与者对未来价格的预期由价格的无条件期望 μ_p、新信息（$\bar{s} - \mu_p$）以及风险资产供给 $\bar{q}$ 构成。新信息的权重 κ 中，$\tau_{\bar{s}}$ 表示市场平均信号精度，$\tau_{\bar{s}}$ 越大，信号精度越大，数据越有价值，相应地，新信息（$\bar{s} - \mu_p$）会被分配更多的权重 κ。如果数据没有价值，信号精度为零，则市场参与者会依据价格的无条件期望值决定当前价格。风险资产供给对均衡价格有负面影响，这与供需关系对价格的影响一致。

---

① $p_0 = \dfrac{1}{R_f} \dfrac{\frac{\mu_p}{\sigma_p^2} + \frac{H+1}{\sigma_s^2}\bar{s} - \frac{1}{\sum_{i=1}^{H}\frac{1}{\lambda_i}}\bar{q}}{\left(\frac{1}{\sigma_p^2} + \frac{H+1}{\sigma_s^2}\right)} = \dfrac{1}{R_f} \dfrac{\frac{\mu_p}{\sigma_p^2} + \frac{H}{\sigma_s^2}\bar{s} - \frac{1}{\sum_{i=1}^{H}\frac{1}{\lambda_i}}\bar{q}}{\frac{1}{\sigma_p^2} + \frac{H}{\sigma_s^2}}$。定义 $\kappa = \dfrac{\sigma_p^2}{\sigma_p^2 + \sigma_s^2/H}$，可得

$p_0 = \dfrac{1}{R_f}\left(\dfrac{\mu_p}{\sigma_p^2} + \dfrac{H}{\sigma_s^2}\bar{s} - \dfrac{1}{\sum_{i=1}^{H}\frac{1}{\lambda_i}}\bar{q}\right) \times \dfrac{\sigma_p^2\sigma_s^2/H}{\sigma_p^2 + \sigma_s^2/H} = \dfrac{1}{R_f}\left(\dfrac{\mu_p}{\sigma_p^2}\dfrac{\sigma_p^2\sigma_s^2/H}{\sigma_p^2 + \sigma_s^2/H} + \dfrac{H}{\sigma_s^2}\dfrac{\sigma_p^2\sigma_s^2/H}{\sigma_p^2 + \sigma_s^2/H}\bar{s} - \dfrac{\sigma_p^2\sigma_s^2/H}{\sigma_p^2 + \sigma_s^2/H}\dfrac{1}{\sum_{i=1}^{H}\frac{1}{\lambda_i}}\bar{q}\right)$

$= \dfrac{1}{R_f}\left[\mu_p\left(1 - \dfrac{\sigma_p^2}{\sigma_p^2 + \sigma_s^2/H}\right) + \dfrac{\sigma_p^2}{\sigma_p^2 + \sigma_s^2/H}\bar{s} - \sigma_p^2\left(1 - \dfrac{\sigma_p^2}{\sigma_p^2 + \sigma_s^2/H}\right)\dfrac{1}{\sum_{i=1}^{H}\frac{1}{\lambda_i}}\bar{q}\right]$。

需要指出 $\bar{s}$ 是所有信息的充分统计量（sufficient statistic）。$\bar{s}$ 是比任何个体投资者的私人信号 s_i 更高级的信息。$\bar{s}$ 使任何个体信号 s_i 的信息多余，如果将每个投资者的信号换成 $\bar{s} \sim N\left(p_1, \dfrac{\sigma_s^2}{H}\right)$，则会得到相同的均衡条件（见附录 C）。可以看出，$p_0(s)$ 是 $\bar{s}$ 的线性函数，其系数是 $\dfrac{\kappa}{R_f}$。因此，如果一个知道模型结构的市场参与者观测到 $p_0(s)$，其可以倒导出 $\bar{s}$。因此，式（2.67）给出了风险资产的理性预期均衡价格。

然而，格罗斯曼、斯蒂格利茨（1980）指出上述完全显示均衡（fully-revealing equilibrium）并不稳健，对模型假设进行小的改动就可能会改变均衡状态。例如，假设每一个投资者都需要支付一个小的成本 c_i 来获取其私人信号 s_i，那么将不会有投资者想要付费来获取信号。其原因在于投资者可以通过观测资产价格来获得有关 $\bar{s}$ 的信息，故而知道 s_i 并不带来额外的好处。

三、噪声理性预期均衡

格罗斯曼、斯蒂格利茨（1980）的研究指出，为了让个体市场参与者从获取信息中得到好处，需要存在额外的不确定性来增加个体信号中的噪声，以使一个市场参与者不能完美地推断出其他市场参与者的私人信号中的信息，即需要在模型中加入噪声以使市场参与者有意愿获取信息。换句话说，需要在价格中引入一些噪声源以解释为什么一些市场参与者知道其他市场参与者不知道的信息。通常有三种途径加入噪声，其一，在风险资产供给中加入扰动项；其二，假定经济体中存在噪声投资者（noisy traders）以使风险资产需求中存在扰动项；其三，通过投资者情绪加入噪声，即通过投资者对资产回报信息的异质性先验信念（heterogeneous prior beliefs）来引入噪声。

（一）在风险资产供给中加入噪声

我们首先推导在风险资产供给中加入噪声的情形。格伦迪、麦克尼科尔斯（Grundy and McNichols，1989）讨论了风险资产供给是随机变量的经济情境。假设每一个市场参与者 i 期初拥有随机份额的风险资产，用 δ_i 表示，因而其期初禀

赋是 $W_{0i} = \delta_i p_0$。每个市场参与者 i 都知道 δ_i 的实现值。在所有市场参与者之间，δ_i 服从正态分布，均值是 μ_q，方差是 $\sigma_q^2 H$。假设有很多市场参与者，即 H 的值很大。如果将 q 定义为风险资产的人均供给（per capita supply），那么当 H 变成无穷大时，根据中心极限定理，q 是一个服从正态分布 $N(\mu_q, \sigma_q^2)$ 的随机变量。且当 $H \to \infty$ 时，$Cov(q, \delta_i) = 0$，即每一个市场参与者不能根据自身的禀赋 δ_i 推断出风险资产供给 q。

基于上述经济情景，假设风险资产的总供给是随机变量：

$$\tilde{q} \sim N(\bar{q}, \sigma_q^2) \tag{2.69}$$

在这一设定下，市场出清的条件是：

$$\tilde{q} = \sum_{i=1}^{H} q_i = \sum_{i=1}^{H} \frac{E(p_1 \mid s_i, p_0) - R_f p_0}{\lambda_i Var(p_1 \mid s_i, p_0)} \tag{2.70}$$

通过推导，可以得到均衡价格的初步表达形式[①]：

$$p_0 = \frac{1}{R_f} \frac{\sum_{i=1}^{H} \frac{E(p_1 \mid s_i, p_0)}{\lambda_i Var(p_1 \mid s_i, p_0)} - \tilde{q}}{\sum_{i=1}^{H} \frac{1}{\lambda_i Var(p_1 \mid s_i, p_0)}} \tag{2.71}$$

我们依然使用标准的猜测—证实（guess-and-verify）过程推导出这一均衡下价格的具体表达形式。

首先，我们猜测在有噪声的设定下均衡价格依然遵从线性形式。为了明确价格的具体形式，我们从投资者的均衡需求出发进行猜测。投资者依据其所能观察到的信息决定其风险资产需求。在有噪声的设定下，投资者所能观察到的信息不变，依然是当期价格 p_0 以及私人信号 s_i，因此，其风险资产需求是：

$$q_i = \frac{\alpha_0 + \alpha_s s_i - \alpha_{p_0} p_0}{\lambda_i} \tag{2.72}$$

这里我们假设需求函数中的系数对所有投资者相同。式（2.72）的含义是，当数据 s_i 表明股票未来价格越高或者当前价格 p_0 越低时，市场参与者投资于风险资产的份额越高；市场参与者的风险厌恶系数 λ_i 越高时，其对风险资产的投

---

① $\tilde{q} = \frac{1}{H} \sum_{i=1}^{H} q_t^i = \frac{1}{H} \sum_{i=1}^{H} (\alpha + \alpha_s s_i - \alpha_{p0} p_0) = \alpha + \frac{1}{H} \sum_{i=1}^{H} \alpha_s s_i - \frac{1}{H} \sum_{i=1}^{H} \alpha_{p0} p_0 = \alpha + \alpha_s \bar{s} - \alpha_{p0} p_0$

资越低。相应地,现期价格可以表达为[①]:

$$p_0 = \frac{\alpha}{\alpha_{p0} \sum\limits_{i=1}^{H} \frac{1}{\lambda_i}} + \frac{\alpha_s}{\alpha_{p0}} \frac{\sum\limits_{i=1}^{H} \frac{s_i}{\lambda_i}}{\sum\limits_{i=1}^{H} \frac{1}{\lambda_i}} - \frac{1}{\alpha_{p0} \sum\limits_{i=1}^{H} \frac{1}{\lambda_i}} \tilde{q} \qquad (2.73)$$

可以看出,风险资产的实际供给 $\tilde{q}$ 越多,均衡价格 p_0 越低。我们猜测均衡价格的形式是:

$$p_0 = A + B\bar{s} + C\tilde{q} \qquad (2.74)$$

其中, $\bar{s} = \dfrac{\sum\limits_{i=1}^{H} \dfrac{s_i}{\lambda_i}}{\sum\limits_{i=1}^{H} \dfrac{1}{\lambda_i}} = p_1 + \dfrac{\sum\limits_{i=1}^{H} \dfrac{\epsilon_i}{\lambda_i}}{\sum\limits_{i=1}^{H} \dfrac{1}{\lambda_i}}$, $\epsilon_i \sim N(0, \sigma_{si}^2)$, $\tilde{q} \sim N(\bar{q}, \sigma_q^2)$ 。

其次,根据这一猜测推导出 $E(p_1 \mid s_i, p_0)$ 和 $Var(p_1 \mid s_i, p_0)$ 。根据贝叶斯法则,期末价格的后验条件概率分布是:

$$Pr(p_1 \mid s_i, p_0) \propto e^{-\frac{1}{2}\left\{\frac{(p_1-\mu_p)^2}{\sigma_p^2} + \sum\limits_{i=1}^{H}\frac{(s_i-p_1)^2}{\sigma_{si}^2} + \frac{[p_0-E(p_0\mid p_1)]^2}{Var(p_0\mid p_1)}\right\}} \qquad (2.75)$$

可以看出,与无噪声时的理性预期均衡情形相比,在存在噪声的情形下 $Pr(p_0 \mid p_1) \neq 1$,即已知期末价格 p_1 的条件下并不能精确推断出 p_0 。我们进一步简化式(2.75)指数部分的表达形式,可以得到投资者 i 对期末价格的条件期望和方差:

$$E(p_1 \mid s_i, p_0) = \frac{\left(\dfrac{\mu_p}{\sigma_p^2} + \dfrac{s_i}{\sigma_s^2} + \dfrac{B^2}{C^2}\dfrac{\bar{s}}{\sigma_q^2} + \dfrac{B}{C}\dfrac{(\tilde{q}-\bar{q})}{\sigma_q^2}\right)}{\left(\dfrac{1}{\sigma_p^2} + \dfrac{1}{\sigma_s^2} + \dfrac{B^2}{C^2}\dfrac{1}{\sigma_q^2}\right)} \qquad (2.76)$$

$$Var(p_1 \mid s_i, p_0) = 1 \Big/ \left(\dfrac{1}{\sigma_p^2} + \dfrac{1}{\sigma_s^2} + \dfrac{B^2}{C^2}\dfrac{1}{\sigma_q^2}\right) \qquad (2.77)$$

---

① 也可以将价格表示成 p_1 的函数,即

$$\tilde{q} = \sum_{i=1}^{H} q_t^i = \sum \frac{\alpha_0 + \alpha_s s_i - \alpha_{p0} p_0}{\lambda_i} = \alpha_0 \sum_{i=1}^{H} \frac{1}{\lambda_i} + \alpha_s \sum_{i=1}^{H} \frac{(p_1 + \epsilon_i)}{\lambda_i} - \alpha_{p0} p_0 \sum_{i=1}^{H} \frac{1}{\lambda_i}$$

$$= \alpha \sum_{i=1}^{H} \frac{1}{\lambda_i} + \alpha_s p_1 \sum_{i=1}^{H} \frac{1}{\lambda_i} + \alpha_s \sum_{i=1}^{H} \frac{\epsilon_i}{\lambda_i} - \alpha_{p0} p_0 \sum_{i=1}^{H} \frac{1}{\lambda_i}$$

相应地,猜测价格公式的形式为 $p_0 = A + Bp_1 + C\tilde{q}$ 。

可以看出，投资者的事后信念不仅受到市场平均信号的影响，同时也受到风险资产的噪声供给的影响。

最后，匹配市场出清公式的两侧：

$$\tilde{q} = \sum_{i=1}^{H} q_i = \sum_{i=1}^{H} \frac{\dfrac{\left(\dfrac{\mu_p}{\sigma_p^2} + \dfrac{s_i}{\sigma_s^2} + \dfrac{B^2}{C^2}\dfrac{\bar{s}}{\sigma_q^2} + \dfrac{B}{C}\dfrac{(\tilde{q} - \bar{q})}{\sigma_q^2}\right)}{\left(\dfrac{1}{\sigma_p^2} + \dfrac{1}{\sigma_s^2} + \dfrac{B^2}{C^2}\dfrac{1}{\sigma_q^2}\right)} - R_f(A + B\bar{s} + C\tilde{q})}{\dfrac{\lambda_i}{\left(\dfrac{1}{\sigma_p^2} + \dfrac{1}{\sigma_s^2} + \dfrac{B^2}{C^2}\dfrac{1}{\sigma_q^2}\right)}}$$

(2.78)

整理这个公式可得：

$$\left(\frac{1}{\sigma_p^2} + \frac{1}{\sigma_s^2} + \frac{B^2}{C^2}\frac{1}{\sigma_q^2}\right)R_f(A + B\bar{s} + C\tilde{q})$$

$$= \frac{\mu_p}{\sigma_p^2} - \frac{B}{C}\frac{\bar{q}}{\sigma_q^2} + \left(\frac{1}{\sigma_s^2} + \frac{B^2}{C^2}\frac{1}{\sigma_q^2}\right)\bar{s} + \left(\frac{B}{C}\frac{1}{\sigma_q^2} - \frac{1}{\sum_{i=1}^{H}\frac{1}{\lambda_i}}\right)\tilde{q}$$

(2.79)

均衡条件下，等式两边的系数相等：

$$\begin{cases} \left(\dfrac{1}{\sigma_p^2} + \dfrac{1}{\sigma_s^2} + \dfrac{B^2}{C^2}\dfrac{1}{\sigma_q^2}\right)R_fA = \dfrac{\mu_p}{\sigma_p^2} - \dfrac{B}{C}\dfrac{\bar{q}}{\sigma_q^2} \\[2mm] \left(\dfrac{1}{\sigma_p^2} + \dfrac{1}{\sigma_s^2} + \dfrac{B^2}{C^2}\dfrac{1}{\sigma_q^2}\right)R_fB = \dfrac{1}{\sigma_s^2} + \dfrac{B^2}{C^2}\dfrac{1}{\sigma_q^2} \\[2mm] \left(\dfrac{1}{\sigma_p^2} + \dfrac{1}{\sigma_s^2} + \dfrac{B^2}{C^2}\dfrac{1}{\sigma_q^2}\right)R_fC = \left(\dfrac{B}{C}\dfrac{1}{\sigma_q^2} - \dfrac{1}{\sum\limits_{i=1}^{H}\dfrac{1}{\lambda_i}}\right) \end{cases}$$

(2.80)

对这一联立公式求解：根据式（2.80）中的第二、三个子公式，可知 $\dfrac{B}{C} =$

$-\dfrac{\sum\limits_{i=1}^{H}\dfrac{1}{\lambda_i}}{\sigma_s^2}$，代入式（2.80）中的第二个子公式可得 B，进一步可得 A 和 C：

$$
\begin{cases}
A = \dfrac{1}{R_f} \dfrac{\dfrac{\mu_p}{\sigma_p^2} + \dfrac{\sum\limits_{i=1}^{H}\dfrac{1}{\lambda_i}}{\sigma_s^2} \dfrac{\bar{q}}{\sigma_q^2}}{\dfrac{1}{\sigma_p^2} + \dfrac{1}{\sigma_s^2} + \left(\dfrac{\sum\limits_{i=1}^{H}\dfrac{1}{\lambda_i}}{\sigma_s^2}\right)^2 \dfrac{1}{\sigma_q^2}} \\[40pt]
B = \dfrac{1}{R_f} \dfrac{\dfrac{1}{\sigma_s^2} + \left(\dfrac{\sum\limits_{i=1}^{H}\dfrac{1}{\lambda_i}}{\sigma_s^2}\right)^2 \dfrac{1}{\sigma_q^2}}{\dfrac{1}{\sigma_p^2} + \dfrac{1}{\sigma_s^2} + \left(\dfrac{\sum\limits_{i=1}^{H}\dfrac{1}{\lambda_i}}{\sigma_s^2}\right)^2 \dfrac{1}{\sigma_q^2}} \\[40pt]
C = -\dfrac{1}{R_f} \dfrac{\dfrac{1}{\sigma_s^2} + \left(\dfrac{\sum\limits_{i=1}^{H}\dfrac{1}{\lambda_i}}{\sigma_s^2}\right)^2 \dfrac{1}{\sigma_q^2}}{\dfrac{1}{\sigma_p^2} + \dfrac{1}{\sigma_s^2} + \left(\dfrac{\sum\limits_{i=1}^{H}\dfrac{1}{\lambda_i}}{\sigma_s^2}\right)^2 \dfrac{1}{\sigma_q^2}} \dfrac{\sigma_s^2}{\sum\limits_{i=1}^{H}\dfrac{1}{\lambda_i}}
\end{cases}
\tag{2.81}
$$

因此，均衡价格是：

$$
p_0 = \frac{1}{R_f}\left[\mu_p - \frac{1}{\dfrac{1}{\sigma_p^2} + \dfrac{1}{\sigma_s^2} + \left(\dfrac{\sum\limits_{i=1}^{H}\dfrac{1}{\lambda_i}}{\sigma_s^2}\right)^2 \dfrac{1}{\sigma_q^2}} \frac{\bar{q}}{\sum\limits_{i=1}^{H}\dfrac{1}{\lambda_i}} + \kappa(\bar{s} - \mu_p) - \kappa \frac{\sigma_s^2}{\sum\limits_{i=1}^{H}\dfrac{1}{\lambda_i}}(\tilde{q} - \bar{q}) \right]
$$

$$
\tag{2.82}
$$

其中，$\kappa = \dfrac{\dfrac{1}{\sigma_s^2} + \left(\dfrac{\sum\limits_{i=1}^{H}\dfrac{1}{\lambda_i}}{\sigma_s^2}\right)^2 \dfrac{1}{\sigma_q^2}}{\dfrac{1}{\sigma_p^2} + \dfrac{1}{\sigma_s^2} + \left(\dfrac{\sum\limits_{i=1}^{H}\dfrac{1}{\lambda_i}}{\sigma_s^2}\right)^2 \dfrac{1}{\sigma_q^2}}$ 反映市场参与者形成预期时分配给新信息的权重。

可以看出，与不考虑噪声时的理性预期均衡不同，在存在噪声的情况下，由于噪声项 $\tilde{q}$ 的存在，市场参与者无法从市场价格中完全推断出平均信号 $\bar{s}$。这给了市场参与者在金融市场获取以及处理数据的动机。

(二) 在风险资产需求中加入噪声

下面我们分析在风险资产需求中加入噪声的情形。我们假设经济中存在噪声投资者 (noise traders)，噪声可能来自对冲动机、估计误差、认知错误或者情绪。噪声投资者购买 $\tilde{x}$ 单位的风险资产：

$$\tilde{x} \sim N(0, \sigma_x^2) \tag{2.83}$$

$\tilde{x}$ 独立于模型中的其他冲击且时间序列独立 (independent over time)。

在市场出清的条件下，总需求等于总供给，即：

$$\bar{q} = \sum_{i=1}^{H} q_i + \tilde{x} = \sum_{i=1}^{H} \frac{E(p_1 \mid s_i, p_0) - R_f p_0}{\lambda_i \mathrm{Var}(p_1 \mid s_i, p_0)} \tag{2.84}$$

由此可以得到均衡价格的初步表达形式[①]：

$$p_0 = \frac{1}{R_f} \frac{\sum_{i=1}^{H} \dfrac{E(p_1 \mid s_i, p_0)}{\lambda_i \mathrm{Var}(p_1 \mid s_i, p_0)} - \bar{q} + \tilde{x}}{\sum_{i=1}^{H} \dfrac{1}{\lambda_i \mathrm{Var}(p_1 \mid s_i, p_0)}} \tag{2.85}$$

我们依旧使用标准的猜测—证实过程推导这一均衡下价格的具体表达形式。

首先，设定市场参与者的风险资产需求以猜测价格的线性形式。市场参与者依据其所能观察到的信息决定其风险资产需求。在本部分的设定中，市场参与者能观察到当期价格 p_0 以及私人信号 s_i，因此，其风险资产需求是[②]：

$$q_i = \frac{\alpha_0 + \alpha_s s_i - \alpha_{p0} p_0}{\lambda_i} \tag{2.86}$$

这一猜测的含义是，数据 s_i 表明股票未来价格越高，或者当前价格 p_0 越低，市场参与者投资于风险资产的份额越高。同时，市场参与者的风险厌恶系数 λ_i 越高，其对风险资产的投资越低。相应地，我们可以猜测出价格的线性形式（所有信息反映在价格猜测中）：

[①] $\bar{q} = \sum_{i=1}^{H} q_i + \tilde{x} = \sum_{i=1}^{H} \frac{E(p_1 \mid s_i, p_0) - R_f p_0}{\lambda_i \mathrm{Var}(p_1 \mid s_i, p_0)} + \tilde{x} = \sum_{i=1}^{H} \frac{E(p_1 \mid s_i, p_0)}{\lambda_i \mathrm{Var}(p_1 \mid s_i, p_0)} - R_f p_0 \sum_{i=1}^{H} \frac{1}{\lambda_i \mathrm{Var}(p_1 \mid s_i, p_0)} + \tilde{x}$

[②] 此处，我们对风险资产需求公式进行了更合理的设定，将需求设定为与投资者的风险厌恶程度成反比。

$$\bar{q} = \sum_{i=1}^{H} q_i + \tilde{x} = \sum_{i=1}^{H} \frac{\alpha_0}{\lambda_i} + \alpha_s \sum_{i=1}^{H} \frac{s_i}{\lambda_i} - p_0 \alpha_{p_0} \sum_{i=1}^{H} \frac{1}{\lambda_i} + \tilde{x} \qquad (2.87)$$

通过整理式（2.87）可以得到 p_0 的表达形式：

$$p_0 = \frac{\alpha}{\alpha_{p_0}} - \frac{1}{\alpha_{p_0} \frac{1}{H} \sum_{i=1}^{H} \frac{1}{\lambda_i}} \bar{q} + \frac{\alpha_s}{\alpha_{p_0}} \frac{\sum_{i=1}^{H} \frac{s_i}{\lambda_i}}{\sum_{i=1}^{H} \frac{1}{\lambda_i}} + \frac{1}{\alpha_{p_0} \frac{1}{H} \sum_{i=1}^{H} \frac{1}{\lambda_i}} \tilde{x} \qquad (2.88)$$

因此，我们猜测均衡价格的形式是：

$$p_0 = A + B\bar{s} + C\tilde{x} \qquad (2.89)$$

其中，$\bar{s} = \dfrac{\sum_{i=1}^{H} \frac{s_i}{\lambda_i}}{\sum_{i=1}^{H} \frac{1}{\lambda_i}} = p_1 + \dfrac{\sum_{i=1}^{H} \frac{\epsilon_i}{\lambda_i}}{\sum_{i=1}^{H} \frac{1}{\lambda_i}}$，$\epsilon_i \sim N(0, \sigma_{si}^2)$。A、B 和 C 是对所有投资者都相同的系数。

其次，根据这一猜测推导出 $E(p_1 \mid s_i, p_0)$ 和 $Var(p_1 \mid s_i, p_0)$。根据贝叶斯法则，期末价格的条件概率分布是[1]：

$$Pr(p_1 \mid s_i, p_0) \propto e^{-\frac{1}{2} \left\{ \frac{(p_1 - \mu_p)^2}{\sigma_p^2} + \sum_{i=1}^{H} \frac{(s_i - p_1)^2}{\sigma_{si}^2} + \frac{[p_0 - E(p_0 \mid p_1)]^2}{Var(p_0 \mid p_1)} \right\}} \qquad (2.90)$$

在存在噪声的情形下 $Pr(p_0 \mid p_1) \neq 1$，即已知期末价格 p_1 的条件下并不能精确推断出 p_0，这是与无噪声时的理性预期均衡情形相比的主要区别。我们进一步

---

[1]　期末价格的条件概率分布是 $Pr(p_1 \mid s_i, p_0) \propto Pr(p_1) Pr(s_i \mid p_1) Pr(p_0 \mid p_1)$

● $E(p_0 \mid p_1) = E[A + B\bar{s} + Cx \mid p_1] = A + BE\left(p_1 + \dfrac{\sum_{i=1}^{H} \frac{\epsilon_i}{\lambda_i}}{\sum_{i=1}^{H} \frac{1}{\lambda_i}} \,\middle|\, p_1 \right) + CE(\tilde{x} \mid p_1) = A + Bp_1$

● $p_0 - E(p_0 \mid p_1) = [A + B\bar{s} + Cx] - (A + Bp_1) = B(\bar{s} - p_1) + C\tilde{x} = B \dfrac{\sum_{i=1}^{H} \frac{\epsilon_i}{\lambda_i}}{\sum_{i=1}^{H} \frac{1}{\lambda_i}} + C\tilde{x}$

● $Var(p_0 \mid p_1) = E[p_0 - E(p_0 \mid p_1)]^2 = E[A + B\bar{s} + C\tilde{x} - (A + Bp_1)]^2 = B^2 E(\bar{s} - p_1)^2 + C^2 \sigma_x^2 = B^2 \dfrac{\sigma_{si}^2}{H} +$

$C^2 \sigma_x^2 \xrightarrow{H \to \infty} C^2 \sigma_x^2 = \dfrac{1}{\sqrt{2\pi}\sigma_p} e^{-\frac{(p_1 - \mu_p)^2}{2\sigma_p^2}} \times \prod_{i=1}^{H} \dfrac{1}{\sqrt{2\pi}\sigma_{si}} e^{-\frac{(s_i - p_1)^2}{2 \times \sigma_{si}^2}} \times \dfrac{1}{\sqrt{2\pi} \sqrt{Var(p_0 \mid p_1)}} e^{-\frac{[p_0 - E(p_0 \mid p_1)]^2}{2Var(p_0 \mid p_1)}}$

简化式（2.90）指数部分的表达形式①。根据贝叶斯定理，对于投资者 i 来说，期末价格的条件期望和方差分别是：

$$E(p_1 \mid s_i,\ p_0) = \frac{\left(\dfrac{\mu_p}{\sigma_p^2} + \dfrac{s_i}{\sigma_s^2} + \dfrac{B^2 \bar{s}}{C^2 \sigma_x^2} + \dfrac{B\tilde{x}}{C\sigma_x^2}\right)}{\left(\dfrac{1}{\sigma_p^2} + \dfrac{1}{\sigma_s^2} + \dfrac{B^2}{C^2 \sigma_x^2}\right)} \tag{2.91}$$

$$\mathrm{Var}(p_1 \mid s_i,\ p_0) = 1 / \left(\frac{1}{\sigma_p^2} + \frac{1}{\sigma_s^2} + \frac{B^2}{C^2 \sigma_x^2}\right) \tag{2.92}$$

最后，匹配市场出清公式的两侧：

$$\bar{q} = \sum_{i=1}^{H} \frac{\dfrac{\left(\dfrac{\mu_p}{\sigma_p^2} + \dfrac{s_i}{\sigma_s^2} + \dfrac{B^2 \bar{s}}{C^2 \sigma_x^2} + \dfrac{Bx}{C\sigma_x^2}\right)}{\left(\dfrac{1}{\sigma_p^2} + \dfrac{1}{\sigma_s^2} + \dfrac{B^2}{C^2 \sigma_x^2}\right)} - R_f(A + B\bar{s} + Cx)}{\dfrac{\lambda_i}{\left(\dfrac{1}{\sigma_p^2} + \dfrac{1}{\sigma_s^2} + \dfrac{B^2}{C^2 \sigma_x^2}\right)}} + \tilde{x} \tag{2.93}$$

整理式（2.93）可得②：

---

① $\dfrac{(p_1 - \mu_p)^2}{\sigma_p^2} + \dfrac{(s_i - p_1)^2}{\sigma_{s_i}^2} + \dfrac{[p_0 - E(p_0 \mid p_1)]^2}{2\mathrm{Var}(p_0 \mid p_1)} = \dfrac{(p_1 - \mu_p)^2}{\sigma_p^2} + \dfrac{(s_i - p_1)^2}{\sigma_{s_i}^2} + \dfrac{[B(\bar{s} - p_1) + C\tilde{x}]^2}{C^2 \sigma_x^2} =$

$\dfrac{p_1^2 - 2\mu_p p_1 + \mu_p^2}{\sigma_p^2} + \dfrac{p_1^2 - 2p_1 s_i + s_i^2}{\sigma_s^2} + \dfrac{B^2(\bar{s} - p_1)^2 + 2BC(\bar{s} - p_1)\tilde{x} + C^2 \tilde{x}^2}{C^2 \sigma_x^2} = \dfrac{p_1^2 - 2\mu_p p_1}{\sigma_p^2} + \dfrac{p_1^2 - 2p_1 s_i}{\sigma_s^2} +$

$\dfrac{B^2 p_1^2 - 2B^2 \bar{s} p_1 - 2BC\tilde{x} p_1}{C^2 \sigma_x^2} + \cdots = \left(\dfrac{1}{\sigma_p^2} + \dfrac{1}{\sigma_s^2} + \dfrac{B^2}{C^2 \sigma_x^2}\right) p_1^2 - 2\left(\dfrac{\mu_p}{\sigma_p^2} + \dfrac{s_i}{\sigma_s^2} + \dfrac{B^2 \bar{s} + BC\tilde{x}}{C^2 \sigma_x^2}\right) p_1 + \cdots =$

$\dfrac{\left[p_1 - \dfrac{\left(\dfrac{\mu_p}{\sigma_p^2} + \dfrac{s_i}{\sigma_s^2} + \dfrac{B^2 \bar{s}}{C^2 \sigma_x^2} + \dfrac{B\tilde{x}}{C\sigma_x^2}\right)}{\left(\dfrac{1}{\sigma_p^2} + \dfrac{1}{\sigma_s^2} + \dfrac{B^2}{C^2 \sigma_x^2}\right)}\right]^2}{1 / \left(\dfrac{1}{\sigma_p^2} + \dfrac{1}{\sigma_s^2} + \dfrac{B^2}{C^2 \sigma_x^2}\right)} + \cdots$

② $R_f(A + B\bar{s} + Cx)\left(\dfrac{1}{\sigma_p^2} + \dfrac{1}{\sigma_s^2} + \dfrac{B^2}{C^2 \sigma_x^2}\right) = \dfrac{\mu_p}{\sigma_p^2} - \dfrac{\bar{q}}{\displaystyle\sum_{i=1}^{H} \dfrac{1}{\lambda_i}} + \dfrac{B^2 \bar{s}}{C^2 \sigma_x^2} + \dfrac{\displaystyle\sum_{i=1}^{H} \dfrac{s_i}{\sigma_s^2}}{\displaystyle\sum_{i=1}^{H} \dfrac{1}{\lambda_i}} + \dfrac{B\tilde{x}}{C\sigma_x^2} + \dfrac{\tilde{x}}{\displaystyle\sum_{i=1}^{H} \dfrac{1}{\lambda_i}}$；

根据 $\dfrac{\displaystyle\sum_{i=1}^{H} \dfrac{s_i}{\sigma_s^2 \lambda_i}}{\displaystyle\sum_{i=1}^{H} \dfrac{1}{\lambda_i}} = \dfrac{1}{\sigma_s^2} \dfrac{\displaystyle\sum_{i=1}^{H} \dfrac{s_i}{\lambda_i}}{\displaystyle\sum_{i=1}^{H} \dfrac{1}{\lambda_i}} = \dfrac{\bar{s}}{\sigma_s^2}$ 进一步简化，可得式（2.94）。

$$R_f(A + B\bar{s} + C\tilde{x})\left(\frac{1}{\sigma_p^2} + \frac{1}{\sigma_s^2} + \frac{B^2}{C^2\sigma_x^2}\right)$$

$$= \left(\frac{\mu_p}{\sigma_p^2} - \frac{\bar{q}}{\sum\limits_{i=1}^{H}\frac{1}{\lambda_i}}\right) + \left(\frac{B^2}{C^2\sigma_x^2} + \frac{1}{\sigma_s^2}\right)\bar{s} + \left(\frac{B}{C\sigma_x^2} + \frac{1}{\sum\limits_{i=1}^{H}\frac{1}{\lambda_i}}\right)\tilde{x} \qquad (2.94)$$

均衡条件下，等式两边的系数相等：

$$\begin{cases} \left(\frac{1}{\sigma_p^2} + \frac{1}{\sigma_s^2} + \frac{B^2}{C^2\sigma_x^2}\right)R_f A = \frac{\mu_p}{\sigma_p^2} - \frac{\bar{q}}{\sum\limits_{i=1}^{H}\frac{1}{\lambda_i}} \\[4mm] \left(\frac{1}{\sigma_p^2} + \frac{1}{\sigma_s^2} + \frac{B^2}{C^2\sigma_x^2}\right)R_f B = \frac{B^2}{C^2\sigma_x^2} + \frac{1}{\sigma_s^2} \\[4mm] \left(\frac{1}{\sigma_p^2} + \frac{1}{\sigma_s^2} + \frac{B^2}{C^2\sigma_x^2}\right)R_f C = \frac{B}{C\sigma_x^2} + \frac{1}{\sum\limits_{i=1}^{H}\frac{1}{\lambda_i}} \end{cases} \qquad (2.95)$$

对这一联立公式求解。根据式（2.95）中的第二、三个子公式，可知 $\dfrac{B}{C} = \dfrac{\sum\limits_{i=1}^{H}\frac{1}{\lambda_i}}{\sigma_s^2}$，代入式（2.95）中的第二个子公式可得 B，进一步可以得到 C 和 A：

$$\begin{cases} A = \frac{1}{R_f}\dfrac{\dfrac{\mu_p}{\sigma_p^2} - \dfrac{\bar{q}}{\sum\limits_{i=1}^{H}\frac{1}{\lambda_i}}}{\dfrac{1}{\sigma_p^2} + \dfrac{1}{\sigma_s^2} + \left(\dfrac{\sum\limits_{i=1}^{H}\frac{1}{\lambda_i}}{\sigma_s^2}\right)^2\dfrac{1}{\sigma_x^2}} \\[10mm] B = \frac{1}{R_f}\dfrac{\dfrac{1}{\sigma_s^2} + \left(\dfrac{\sum\limits_{i=1}^{H}\frac{1}{\lambda_i}}{\sigma_s^2}\right)^2\dfrac{1}{\sigma_x^2}}{\dfrac{1}{\sigma_p^2} + \dfrac{1}{\sigma_s^2} + \left(\dfrac{\sum\limits_{i=1}^{H}\frac{1}{\lambda_i}}{\sigma_s^2}\right)^2\dfrac{1}{\sigma_x^2}} \\[10mm] C = \frac{1}{R_f}\dfrac{\dfrac{1}{\sigma_s^2} + \left(\dfrac{\sum\limits_{i=1}^{H}\frac{1}{\lambda_i}}{\sigma_s^2}\right)^2\dfrac{1}{\sigma_x^2}}{\dfrac{1}{\sigma_p^2} + \dfrac{1}{\sigma_s^2} + \left(\dfrac{\sum\limits_{i=1}^{H}\frac{1}{\lambda_i}}{\sigma_s^2}\right)^2\dfrac{1}{\sigma_x^2}}\dfrac{\sigma_s^2}{\sum\limits_{i=1}^{H}\frac{1}{\lambda_i}} \end{cases} \qquad (2.96)$$

因此，均衡价格是：

$$p_0 = \frac{1}{R_f}\left[\mu_p - \frac{1}{\frac{1}{\sigma_p^2} + \frac{1}{\sigma_s^2} + \left(\frac{\sum\limits_{i=1}^{H}\frac{1}{\lambda_i}}{\sigma_s^2}\right)^2\frac{1}{\sigma_x^2}}\cdot\frac{\bar{q}}{\sum\limits_{i=1}^{H}\frac{1}{\lambda_i}} + \kappa(\bar{s} - \mu_p) + \kappa\frac{\frac{\sigma_s^2}{\sum\limits_{i=1}^{H}\frac{1}{\lambda_i}}}{}\tilde{x}\right]$$

$$(2.97)$$

其中，

$$\kappa = \frac{\frac{1}{\sigma_s^2} + \left(\frac{\sum\limits_{i=1}^{H}\frac{1}{\lambda_i}}{\sigma_s^2}\right)^2\frac{1}{\sigma_x^2}}{\frac{1}{\sigma_p^2} + \frac{1}{\sigma_s^2} + \left(\frac{\sum\limits_{i=1}^{H}\frac{1}{\lambda_i}}{\sigma_s^2}\right)^2\frac{1}{\sigma_x^2}}$$

$$(2.98)$$

κ 是投资者分配给新信息权重。可以看出，与不考虑噪声时的理性预期均衡不同，在存在噪声投资者的情况下，由于噪声项 $\tilde{x}$ 的存在，投资者无法从市场价格中完全推断出平均信号 $\bar{s}$。因此，在风险资产需求存在噪声时市场参与者也具有在金融市场获取处理数据的动机。

（三）加入市场整体噪声

我们分析加入市场整体噪声的情形。假设个体市场参与者收到的信号除了包括个体特定的误差外，还包括一个共同的误差项：

$$s_i = p_1 + \phi_i\epsilon + \epsilon_i \qquad (2.99)$$

其中，$\epsilon_i \sim N(0, \sigma_{si}^2)$。共同误差项的分布是：

$$\epsilon \sim N(\tilde{\mu}_\epsilon, \sigma_\epsilon^2) \qquad (2.100)$$

需要指出的是，$\tilde{\mu}_\epsilon$ 是市场参与者无法准确观测的变量，服从如下分布：

$$\tilde{\mu}_\epsilon \sim N(\bar{\mu}_\epsilon, \sigma_{\tilde{\mu}_\epsilon}^2) \qquad (2.101)$$

$\tilde{\mu}_\epsilon$ 可以是市场整体的系统性投资者情绪，这种设定下，ϕ_i 为负值，ϵ 反映了投资者情绪如何影响市场参与者对数据的解读。同样的数据 s_i，投资者情绪越高，市场参与者从 s_i 中推断出的价格越高。

在市场出清的条件下，总需求等于总供给，即：

$$\bar{q} = \sum_{i=1}^{H}q_i = \sum_{i=1}^{H}\frac{E(p_1 \mid s_i, p_0) - R_f p_0}{\lambda_i Var(p_1 \mid s_i, p_0)} \qquad (2.102)$$

通过推导，可以得到均衡价格的初步表达形式：

$$p_0 = \frac{1}{R_f} \frac{\sum\limits_{i=1}^{H} \dfrac{E(p_1 \mid s_i, p_0)}{\lambda_i Var(p_1 \mid s_i, p_0)} - \bar{q}}{\sum\limits_{i=1}^{H} \dfrac{1}{\lambda_i Var(p_1 \mid s_i, p_0)}} \tag{2.103}$$

我们使用标准的猜测—证实过程推导这一均衡下价格的具体表达形式，具体步骤如下。

首先，猜测均衡价格的具体线性表达形式。我们从市场参与者的均衡需求出发进行猜测。市场参与者依据其所能观察到的信息决定其风险资产需求。在存在共同误差项的情况下，市场参与者能观察到当期价格 p_0 以及私人信号 s_i，因此其风险资产需求是：

$$q_i = \frac{\alpha_0 + \alpha_s s_i - \alpha_{p0} p_0}{\lambda_i} \tag{2.104}$$

这一猜测的含义是，数据 s_i 表明股票未来价格越高，或者当前价格 p_0 越低，市场参与者投资于风险资产的份额越高。同时，市场参与者的风险厌恶系数 λ_i 越高，其对风险资产的投资越低。相应地，我们可以得到 p_0 的表达形式[①]：

$$p_0 = \frac{\alpha}{\alpha_{p0}} - \frac{1}{\alpha_{p0} \dfrac{1}{H} \sum\limits_{i=1}^{H} \dfrac{1}{\lambda_i}} \bar{q} + \frac{\alpha_s}{\alpha_{p0}} \frac{\sum\limits_{i=1}^{H} \dfrac{s_i}{\lambda_i}}{\sum\limits_{i=1}^{H} \dfrac{1}{\lambda_i}} \tag{2.105}$$

因此，我们猜测均衡价格的形式是：

$$p_0 = A + B\bar{s} \tag{2.106}$$

其中，A 和 B 是对所有市场参与者都相同的系数。$\bar{s}$ 是市场平均信号[②]：

[①] $\bar{q} = \dfrac{1}{H} \sum\limits_{i=1}^{H} q_i = \dfrac{1}{H} \sum\limits_{i=1}^{H} \dfrac{\alpha_0 + \alpha_s s_i - \alpha_{p0} p_0}{\lambda_i} = \dfrac{1}{H} \sum\limits_{i=1}^{H} \dfrac{\alpha_0}{\lambda_i} + \alpha_s \dfrac{1}{H} \sum\limits_{i=1}^{H} \dfrac{s_i}{\lambda_i} - p_0 \alpha_{p0} \dfrac{1}{H} \sum\limits_{i=1}^{H} \dfrac{1}{\lambda_i}$

$p_0 = \dfrac{\dfrac{1}{H} \sum\limits_{i=1}^{H} \dfrac{\alpha_0}{\lambda_i}}{\alpha_{p0} \dfrac{1}{H} \sum\limits_{i=1}^{H} \dfrac{1}{\lambda_i}} + \dfrac{\alpha_s}{\alpha_{p0}} \dfrac{\dfrac{1}{H} \sum\limits_{i=1}^{H} \dfrac{s_i}{\lambda_i}}{\dfrac{1}{H} \sum\limits_{i=1}^{H} \dfrac{1}{\lambda_i}} - \dfrac{\bar{q}}{\alpha_{p0} \dfrac{1}{H} \sum\limits_{i=1}^{H} \dfrac{1}{\lambda_i}} = \dfrac{\alpha}{\alpha_{p0}} - \dfrac{1}{\alpha_{p0} \dfrac{1}{H} \sum\limits_{i=1}^{H} \dfrac{1}{\lambda_i}} \bar{q} + \dfrac{\alpha_s}{\alpha_{p0}} \dfrac{\sum\limits_{i=1}^{H} \dfrac{s_i}{\lambda_i}}{\sum\limits_{i=1}^{H} \dfrac{1}{\lambda_i}}$

[②] $\bar{s} = \dfrac{\sum\limits_{i=1}^{H} \dfrac{s_i}{\lambda_i}}{\sum\limits_{i=1}^{H} \dfrac{1}{\lambda_i}} = \dfrac{\sum\limits_{i=1}^{H} \dfrac{(p_1 + \phi_i \epsilon + \epsilon_i)}{\lambda_i}}{\sum\limits_{i=1}^{H} \dfrac{1}{\lambda_i}} = p_1 + \dfrac{\sum\limits_{i=1}^{H} \dfrac{\phi_i}{\lambda_i}}{\sum\limits_{i=1}^{H} \dfrac{1}{\lambda_i}} \epsilon + \dfrac{\sum\limits_{i=1}^{H} \dfrac{\epsilon_i}{\lambda_i}}{\sum\limits_{i=1}^{H} \dfrac{1}{\lambda_i}}$

$$\bar{s} = \frac{\sum\limits_{i=1}^{H} \dfrac{s_i}{\lambda_i}}{\sum\limits_{i=1}^{H} \dfrac{1}{\lambda_i}} = p_1 + \phi\epsilon + \frac{\sum\limits_{i=1}^{H} \dfrac{\epsilon_i}{\lambda_i}}{\sum\limits_{i=1}^{H} \dfrac{1}{\lambda_i}} \qquad (2.107)$$

信号噪声部分的分布是 $\epsilon \sim N(\widetilde{\mu}_\epsilon,\ \sigma_\epsilon^2)$ 和 $\epsilon_i \sim N(0,\ \sigma_{si}^2)$。

其次，根据这一猜测推导出 $E(p_1 \mid s_i,\ p_0)$ 和 $Var(p_1 \mid s_i,\ p_0)$。根据贝叶斯法则，期末价格的条件概率分布是：

$$Pr(p_1 \mid s_i,\ p_0) \propto e^{-\frac{1}{2}\left\{\frac{(p_1-\mu_p)^2}{\sigma_p^2}+\sum\limits_{i=1}^{H}\frac{(s_i-p_1)^2}{\sigma_{si}^2}+\frac{[p_0-E(p_0\mid p_1)]^2}{Var(p_0\mid p_1)}\right\}} \qquad (2.108)$$

我们进一步简化式（2.108）指数部分的表达形式。根据贝叶斯定理，对于投资者 i 来说，期末价格的条件期望和方差分别是：

$$E(p_1 \mid s_i,\ p_0) = \frac{\left(\dfrac{\mu_p}{\sigma_p^2} + \dfrac{s_i}{\sigma_s^2} + \dfrac{B^2(\bar{s}-\phi\widetilde{\mu}_\epsilon)}{C^2\sigma_\epsilon^2}\right)}{\left(\dfrac{1}{\sigma_p^2} + \dfrac{1}{\sigma_s^2} + \dfrac{B^2}{C^2\sigma_\epsilon^2}\right)} \qquad (2.109)$$

$$Var(p_1 \mid s_i,\ p_0) = 1 \Big/ \left(\dfrac{1}{\sigma_p^2} + \dfrac{1}{\sigma_s^2} + \dfrac{B^2}{C^2\sigma_\epsilon^2}\right) \qquad (2.110)$$

最后，匹配市场出清式的两侧：

$$\bar{q} = \sum_{i=1}^{H} \frac{\dfrac{\left(\dfrac{\mu_p}{\sigma_p^2} + \dfrac{s_i}{\sigma_s^2} + \dfrac{B^2(\bar{s}-\phi\widetilde{\mu}_\epsilon)}{C^2\sigma_\epsilon^2}\right)}{\left(\dfrac{1}{\sigma_p^2} + \dfrac{1}{\sigma_s^2} + \dfrac{B^2}{C^2\sigma_\epsilon^2}\right)} - R_f(A+B\bar{s})}{\dfrac{\lambda_i}{\left(\dfrac{1}{\sigma_p^2} + \dfrac{1}{\sigma_s^2} + \dfrac{B^2}{C^2\sigma_\epsilon^2}\right)}} \qquad (2.111)$$

整理这个公式，可得：

$$R_f(A+B\bar{s})\left(\dfrac{1}{\sigma_p^2} + \dfrac{1}{\sigma_s^2} + \dfrac{B^2}{C^2\sigma_\epsilon^2}\right) = \left(\dfrac{\mu_p}{\sigma_p^2} - \dfrac{\bar{q}}{\sum\limits_{i=1}^{H}\dfrac{1}{\lambda_i}}\right) + \left(\dfrac{B^2}{C^2\sigma_\epsilon^2} + \dfrac{1}{\sigma_s^2}\right)\bar{s} - \dfrac{B^2\phi\widetilde{\mu}_\epsilon}{C^2\sigma_\epsilon^2}$$

$$(2.112)$$

均衡条件下，等式两边的系数相等：

$$\begin{cases} \left(\dfrac{1}{\sigma_p^2} + \dfrac{1}{\sigma_s^2} + \dfrac{B^2}{C^2\sigma_\epsilon^2}\right)R_f A = \dfrac{\mu_p}{\sigma_p^2} - \dfrac{\bar{q}}{\displaystyle\sum_{i=1}^{H}\dfrac{1}{\lambda_i}} - \dfrac{B^2\phi\tilde{\mu}_\epsilon}{C^2\sigma_\epsilon^2} \\[4mm] \left(\dfrac{1}{\sigma_p^2} + \dfrac{1}{\sigma_s^2} + \dfrac{B^2}{C^2\sigma_\epsilon^2}\right)R_f B = \dfrac{B^2}{C^2\sigma_\epsilon^2} + \dfrac{1}{\sigma_s^2} \end{cases} \tag{2.113}$$

根据式（2.113）中的第一个子公式和公式 $C = B\phi$ 可得 A，根据式（2.113）中第二个子公式和公式 $C = B\phi$ 可得 B：

$$\begin{cases} A = \dfrac{\dfrac{\mu_p}{\sigma_p^2} - \dfrac{\bar{q}}{\displaystyle\sum_{i=1}^{H}\dfrac{1}{\lambda_i}} - \dfrac{\tilde{\mu}_\epsilon}{\phi\sigma_\epsilon^2}}{\left(\dfrac{1}{\sigma_p^2} + \dfrac{1}{\sigma_s^2} + \dfrac{1}{\phi^2\sigma_\epsilon^2}\right)R_f} \\[6mm] B = \dfrac{\dfrac{1}{\phi^2\sigma_\epsilon^2} + \dfrac{1}{\sigma_s^2}}{\left(\dfrac{1}{\sigma_p^2} + \dfrac{1}{\sigma_s^2} + \dfrac{1}{\phi^2\sigma_\epsilon^2}\right)R_f} \end{cases} \tag{2.114}$$

因此，均衡价格是：

$$p_0 = \dfrac{1}{R_f}\left[\mu_p - \dfrac{1}{\left(\dfrac{1}{\sigma_p^2} + \dfrac{1}{\sigma_s^2} + \dfrac{1}{\phi^2\sigma_\epsilon^2}\right)}\dfrac{\bar{q}}{\displaystyle\sum_{i=1}^{H}\dfrac{1}{\lambda_i}} + \kappa(\bar{s} - \mu_p) - \dfrac{1}{\left(\dfrac{1}{\sigma_p^2} + \dfrac{1}{\sigma_s^2} + \dfrac{1}{\phi^2\sigma_\epsilon^2}\right)}\dfrac{\tilde{\mu}_\epsilon}{\phi\sigma_\epsilon^2}\right] \tag{2.115}$$

其中，κ 反映市场参与者分配给新信息的权重：

$$\kappa = \dfrac{\dfrac{1}{\phi^2\sigma_\epsilon^2} + \dfrac{1}{\sigma_s^2}}{\left(\dfrac{1}{\sigma_p^2} + \dfrac{1}{\sigma_s^2} + \dfrac{1}{\phi^2\sigma_\epsilon^2}\right)} \tag{2.116}$$

如前面所讨论的，如果 $\tilde{\mu}_\epsilon$ 反映系统性投资者情绪，则 ϕ 为负值。根据价格式（2.115）可以看出，市场参与者情绪越高，价格越高。与不考虑噪声时的理性预期均衡不同，在存在市场整体噪声的情况下，由于噪声项 $\tilde{\mu}_\epsilon$ 的存在，市场参与者无法从市场价格中完全推断出平均信号 $\bar{s}$。这给了市场参与者在金融股市场获取、处理以及分析数据的动机。

第四节 多重资产下的噪声理性预期均衡

本节分析存在多种风险资产情况下的有噪声理性预期均衡。我们基于阿德买提（1985）的研究构建模型进行阐述。该模型具有以下特点：有大量拥有多样化和不对称私人信息的市场参与者。这些市场参与者的信息通过均衡价格被汇集并部分揭示，与私人信息一起，形成了市场参与者在均衡状态下所拥有的信息。市场参与者的风险态度和私人信息的精确度可以不同。风险资产的收益之间存在普遍的相关性。模型不对风险资产收益、供应或每个信息信号中的误差项的方差—协方差结构做出任何假设。多种风险资产的多样性创造了在单一风险资产模型中一般并不出现的现象。下面我们具体介绍模型的设定和均衡价格的推导。

一、模型设定

（一）模型设定

基本设定：一个单时期的投资组合选择问题。存在 H 个不同的市场参与者，每个投资者用 i 表示，i = 1，2，…，H。市场参与者在期初进行投资组合选择，在期末进行消费。市场参与者对风险资产的需求是基于对期末财富最优化的结果，因而只取决于期末的均衡价格。

资产：存在一个无风险资产和 N 个风险资产，每个风险资产用 n 表示，n = 1，2，…，N。风险资产的期初价格是 p_{0n}，期末的价格是 p_{1n}，p_{1n} 是一个随机变量，$p_1 = [p_{11}, \cdots, p_{1n}, \cdots, p_{1N}]'$ 是所有资产期末价格的向量，其无条件分布服从正态分布，即：

$$p_1 \sim N(\bar{p}_1, \Omega_P) \tag{2.117}$$

无风险资产的价格是 1，其在期末支付一个固定的收益 R_f。无风险资产的总供给具有完全弹性（perfectly elastic），风险资产的总供给是 $\tilde{q} = [\tilde{q}_1, \cdots, \tilde{q}_n, \cdots, \tilde{q}_N]'$。$\tilde{q}$ 是一个随机向量，其分布是：

$$\tilde{q} \sim N(\bar{q}, \Omega_q) \tag{2.118}$$

其中，$\bar{q} = [\bar{q}_1, \cdots, \bar{q}_n, \cdots, \bar{q}_N]'$。由于风险资产供给是随机的，市场参与者无法从价格中推断出数据的完整信息，这一点确保了市场参与者由动机获取数据。

投资者的信息：每一期的期初，第 i 个市场参与者观测到风险资产期末价值的噪声信号 s_i：

$$s_i = p_1 + \epsilon_i \tag{2.119}$$

其中，$s_i = [s_{i1}, \cdots, s_{in}, \cdots, s_{iN}]'$ 是投资者 i 所拥有的关于所有资产期末价格的数据的向量。$\epsilon_i = [\epsilon_{i1}, \cdots, \epsilon_{in}, \cdots, \epsilon_{iN}]$ 是数据的噪声，独立于风险资产的收益 p_1，即 $Cov(p_1, \epsilon_i) = 0$，其分布是 $\epsilon_i \sim N(0, \Omega_{si})$。

偏好和投资组合选择：第 i 个市场参与者的期初财富是 W_{0i}，其目标是最大化期末收益 W_{1i}。每一个市场参与者具有恒定的完全风险厌恶效用（Constant Absolute Risk Aversion Utility，CARA）。市场参与者的效用函数具有如下形式：

$$U_i(W_{1i}) = -e^{-\lambda_i W_{1i}} \tag{2.120}$$

不同市场参与者的风险厌恶程度可能不同，用 λ_i 表示，λ_i 的值为正，即市场参与者厌恶风险。

（二）市场参与者的资产需求

我们用向量 $q_i = [q_{i1}, \cdots, q_{in}, \cdots, q_{iN}]$ 表示市场参与者 i 期初的风险资产选择，其对无风险资产的投资是 $W_{0i} - q_i'1$，其中 l 是一个维度为 $N \times 1$ 的因素全为 1 的向量。

市场参与者 i 的期末财富是：

$$W_{1i} = R_f W_{0i} + q_i'(p_1 - R_f p_0) \tag{2.121}$$

其中，$p_0 = [p_{01}, \cdots, p_{0n}, \cdots, p_{0N}]'$ 是一个包含风险资产期初价格的向量。

我们用 I_i 代表市场参与者 i 在期初时所拥有的信息，$I_i = \{s_i, p_0\}$，则其效用最大化问题可以表示为：

$$\max_{q_i} E[U_i(W_{1i}) \mid I_i] = \max_{q_i} E[-e^{-\lambda_i W_{1i}} \mid I_i] \tag{2.122}$$

在 W_{1i} 的各个成分中，只有 p_1 是随机变量且服从正态分布，因此，W_{1i} 也服从正态分布，根据正态分布的矩生成函数的性质，市场参与者 i 的最优化问题可以表示为：

$$\max_{Y_i}\left\{E(W_{1i}\mid I_i) - \frac{1}{2}\lambda_i Var(W_{1i}\mid I_i)\right\} \tag{2.123}$$

$$= \max_{|q_i|}\left\{q_i'[E(p_1\mid I_i) - R_f p_0] - \frac{1}{2}\lambda_i q_i' Var(p_1\mid I_i)q_i\right\}$$

根据关于 q_i 的一阶条件我们可以得出市场参与者 i 持有风险资产的最优份额：

$$q_i = \frac{1}{\lambda_i}Var(p_1\mid I_i)^{-1}[E(p_1\mid I_i) - R_f p_0] \tag{2.124}$$

这一公式表明市场参与者对风险资产的需求随风险资产预期收益的提高而增加，风险资产的方差和市场参与者的风险厌恶反向影响市场参与者对风险资产的需求。

二、市场均衡

接下来我们分析多重资产情形下的市场均衡。市场出清的条件是：

$$\tilde{q} = \sum_{i=1}^{H} q_i = \sum_{i=1}^{H}\frac{1}{\lambda_i}Var(p_1\mid I_i)^{-1}[E(p_1\mid I_i) - R_f p_0] \tag{2.125}$$

通过推导，可以得到均衡价格的初步表达形式：

$$p_0 = \frac{1}{R_f}\left(\sum_{i=1}^{H}\frac{1}{\lambda_i}Var(p_1\mid I_i)^{-1}\right)^{-1}\left[\sum_{i=1}^{H}\frac{1}{\lambda_i}Var(p_1\mid I_i)^{-1}E(p_1\mid I_i) - \tilde{q}\right]$$

$$\tag{2.126}$$

我们使用标准的猜测—证实过程推导出这一均衡下价格的具体表达形式，具体步骤如下。

首先，从投资者的均衡需求出发猜测在有噪声的设定下均衡价格的线性形式。投资者依据其所能观察到的信息决定其风险资产需求，由于其能观察到当期价格 p_0 以及私人信号 s_i，因此，其风险资产需求是：

$$q_i = \frac{1}{\lambda_i}(\alpha_0 + \alpha_s' s_i - \alpha_{p_0}' p_0) \tag{2.127}$$

这里我们假设需求函数中的系数对所有投资者相同。相应地，我们可以猜测出价格的线性形式[①]：

---

① $\tilde{q} = \frac{1}{H}\sum_{i=1}^{H}q_i = \frac{1}{H}\sum_{i=1}^{H}\frac{1}{\lambda_i}(\alpha_0 + \alpha_s' s_i - \alpha_{p_0}' p_0) = \frac{1}{H}\sum_{i=1}^{H}\frac{1}{\lambda_i}\alpha_0 + \frac{1}{H}\sum_{i=1}^{H}\frac{1}{\lambda_i}\alpha_s' s_i - \frac{1}{H}\sum_{i=1}^{H}\frac{1}{\lambda_i}\alpha_{p_0}' p_0$

$$p_0 = A + B\bar{s} - C\tilde{q} \tag{2.128}$$

其中，B 和 C 均是 $N \times N$ 的矩阵。$\bar{s}$ 表示市场平均信号：

$$\bar{s} = \frac{\sum_{i=1}^{H} \frac{1}{\lambda_i} s_i}{\sum_{i=1}^{H} \frac{1}{\lambda_i}} = p_1 + \frac{\sum_{i=1}^{H} \frac{1}{\lambda_i} \epsilon_i}{\sum_{i=1}^{H} \frac{1}{\lambda_i}} \tag{2.129}$$

其次，根据这一猜测推导出 $E(p_1 \mid s_i, p_0)$ 和 $Var(p_1 \mid s_i, p_0)$。根据贝叶斯法则，期末价格的条件概率分布是：

$$Pr(p_1 \mid s_i, p_0)$$

$$\propto e^{-\frac{1}{2}\{(p_1 - \bar{p}_1)'\Omega_p^{-1}(p_1 - \bar{p}_1) + (s_i - p_1)'\Omega_s^{-1}(s_i - p_1) + [p_0 - E(p_0 \mid p_1)]'Var(p_0 \mid p_1)^{-1}[p_0 - E(p_0 \mid p_1)]\}} \tag{2.130}$$

我们进一步简化式（2.130）指数部分的表达形式：

$$Pr(p_1 \mid s_i, p_0) \propto p_1'[\Omega_p^{-1} + \Omega_s^{-1} + BVar(p_0 \mid p_1)^{-1}B]p_1 - 2[\bar{p}_1'\Omega_p^{-1} + s_i'\Omega_s^{-1} +$$

$$\bar{s}'BVar(p_0 \mid p_1)^{-1}B - (\tilde{q} - \bar{q})'CVar(p_0 \mid p_1)^{-1}B]p_1 + \cdots \tag{2.131}$$

根据贝叶斯定理，对于市场参与者 i 来说，期末价格的条件期望和方差分别是：

$$E(p_1 \mid s_i, p_0) = [\Omega_p^{-1} + \Omega_s^{-1} + BVar(p_0 \mid p_1)^{-1}B]^{-1}[\bar{p}_1'\Omega_p^{-1} + s_i'\Omega_s^{-1}$$

$$+ \bar{s}'BVar(p_0 \mid p_1)^{-1}B - (\tilde{q} - \bar{q})'CVar(p_0 \mid p_1)^{-1}B]' \tag{2.132}$$

$$Var(p_1 \mid s_i, p_0) = [\Omega_p^{-1} + \Omega_s^{-1} + BVar(p_0 \mid p_1)^{-1}B]^{-1} \tag{2.133}$$

又已知 $Var(p_0 \mid p_1)^{-1} = C^{-1}\Omega_q^{-1}C^{-1}$，价格的条件期望和方差可以进一步表示为：

$$E(p_1 \mid s_i, p_0) = [\Omega_p^{-1} + \Omega_s^{-1} + (C^{-1}B)'\Omega_q^{-1}C^{-1}B]^{-1}[\bar{p}_1'\Omega_p^{-1} + s_i'\Omega_s^{-1}$$

$$+ \bar{s}'(C^{-1}B)'\Omega_q^{-1}C^{-1}B - (\tilde{q} - \bar{q})'\Omega_q^{-1}C^{-1}B]' \tag{2.134}$$

$$Var(p_1 \mid s_i, p_0) = [\Omega_p^{-1} + \Omega_s^{-1} + (C^{-1}B)'\Omega_q^{-1}C^{-1}B]^{-1} \tag{2.135}$$

最后，匹配市场出清公式的两侧：

$$\tilde{q} = \sum_{i=1}^{H} q_i = \sum_{i=1}^{H} \frac{1}{\lambda_i}[\Omega_p^{-1} + \Omega_s^{-1} + (C^{-1}B)'\Omega_q^{-1}C^{-1}B]\{[\Omega_p^{-1} + \Omega_s^{-1}$$

$$+ (C^{-1}B)'\Omega_q^{-1}C^{-1}B]^{-1}[\bar{p}_1'\Omega_p^{-1} + s_i'\Omega_s^{-1}$$

$$+ \bar{s}' (C^{-1}B)' \Omega_q^{-1} C^{-1} B - (\tilde{q} - \bar{q})' \Omega_q^{-1} C^{-1} B]' - R_f p_0 \}$$

$$(2.136)$$

整理这个公式可得：

$$[\Omega_p^{-1} + \Omega_s^{-1} + (C^{-1}B)' \Omega_q^{-1} C^{-1} B] R_f (A + B\bar{s} - C\tilde{q}) = (\bar{p}_1' \Omega_p^{-1} + \bar{q}' \Omega_q^{-1} C^{-1} B)' +$$

$$[(C^{-1}B)' \Omega_q^{-1} C^{-1} B + \Omega_s^{-1}]' \bar{s} - \left(\Omega_q^{-1} C^{-1} B + \frac{1}{\sum_{i=1}^{H} \frac{1}{\lambda_i}} \right)' \tilde{q}$$

$$(2.137)$$

均衡条件下，等式两边的系数相等：

$$\begin{cases} [\Omega_p^{-1} + \Omega_s^{-1} + (C^{-1}B)' \Omega_q^{-1} C^{-1} B] R_f A = (\bar{p}_1' \Omega_p^{-1} + \bar{q}' \Omega_q^{-1} C^{-1} B)' \\[2mm] [\Omega_p^{-1} + \Omega_s^{-1} + (C^{-1}B)' \Omega_q^{-1} C^{-1} B] R_f B = [(C^{-1}B)' \Omega_q^{-1} C^{-1} B + \Omega_s^{-1}]' \\[2mm] [\Omega_p^{-1} + \Omega_s^{-1} + (C^{-1}B)' \Omega_q^{-1} C^{-1} B] R_f C = \left(\Omega_q^{-1} C^{-1} B + \frac{1}{\sum_{i=1}^{H} \frac{1}{\lambda_i}} \right)' \end{cases}$$

$$(2.138)$$

对这一联立公式求解可得：

根据式（2.138）中的第2、第3个子公式，可知 $C^{-1}B = \Omega_s^{-1} \sum_{i=1}^{H} \frac{1}{\lambda_i}$，代入第2个子公式可得B，由B可得C，最后得到A，因此：

$$\begin{cases} B = \frac{1}{R_f} \left[\Omega_p^{-1} + \Omega_s^{-1} + \left(\sum_{i=1}^{H} \frac{1}{\lambda_i} \right)^2 \Omega_s^{-1} \Omega_q^{-1} \Omega_s^{-1} \right]^{-1} \left[\left(\sum_{i=1}^{H} \frac{1}{\lambda_i} \right)^2 \Omega_s^{-1} \Omega_q^{-1} \Omega_s^{-1} + \Omega_s^{-1} \right]' \\[4mm] C = \frac{1}{R_f} \left[\Omega_p^{-1} + \Omega_s^{-1} + \left(\sum_{i=1}^{H} \frac{1}{\lambda_i} \right)^2 \Omega_s^{-1} \Omega_q^{-1} \Omega_s^{-1} \right]^{-1} \left[\left(\sum_{i=1}^{H} \frac{1}{\lambda_i} \right)^2 \Omega_s^{-1} \Omega_q^{-1} \Omega_s^{-1} + \Omega_s^{-1} \right]' \frac{\Omega_s}{\sum_{i=1}^{H} \frac{1}{\lambda_i}} \\[4mm] A = \frac{1}{R_f} \left[\Omega_p^{-1} + \Omega_s^{-1} + \left(\sum_{i=1}^{H} \frac{1}{\lambda_i} \right)^2 \Omega_s^{-1} \Omega_q^{-1} \Omega_s^{-1} \right]^{-1} \left(\bar{p}_1' \Omega_p^{-1} + \bar{q}' \Omega_q^{-1} \Omega_s^{-1} \sum_{i=1}^{H} \frac{1}{\lambda_i} \right)' \end{cases}$$

$$(2.139)$$

定义 $K = \mathrm{Var}(p_1 \mid s_i, p_0) \left[\left(\sum_{i=1}^{H} \frac{1}{\lambda_i} \right)^2 \Omega_s^{-1} \Omega_q^{-1} \Omega_s^{-1} + \Omega_s^{-1} \right]'$，可以得到：

$$p_0 = \bar{p}_1 - \frac{1}{\sum_{i=1}^{H} \frac{1}{\lambda_i}} \mathrm{Var}(p_1 \mid s_i, p_0) \bar{q} + K(\bar{s} - \bar{p}_1) - \frac{1}{\sum_{i=1}^{H} \frac{1}{\lambda_i}} K \Omega_s (\tilde{q} - \bar{q})$$

$$(2.140)$$

可以看出，风险资产的实际供给 q̄ 越多，均衡价格 p_0 越低。与不考虑噪声时的理性预期均衡不同，在存在噪声的情况下，由于噪声项 q̃ 的存在，市场参与者无法从市场价格中完全推断出平均信号 s̄。这给了市场参与者在金融市场获取以及处理数据的动机。

第五节　结　　论

本章对金融市场数据估值所涉及的背景理论进行了全面的探索，重点研究了贝叶斯信息更新理论和噪声理性预期模型。在对贝叶斯信息更新理论的介绍中，我们分别讨论了静态和动态条件下的信息更新过程。在对市场均衡的分析中，我们循序渐进地讨论了三种不同的均衡状态：完全竞争均衡、理性预期均衡和噪声理性预期均衡。在完全竞争均衡中，市场参与者仅使用私人信息，而理性预期均衡考虑了市场参与者的价格发现能力，市场价格反映了所有市场参与者的私人信息。噪声理性预期均衡则引入了额外的不确定性，解释了市场参与者在面对市场价格时获取和处理私人信息的动机。通过这些理论框架，我们深入理解了数据在减少不确定性和提升投资者决策效用方面的作用，这两个方面构成了基于金融市场进行数据估值的基础。

首先，本章通过介绍贝叶斯信息更新的过程揭示了市场参与者如何融合他们的先验信念与新获得的数据，以此调整对资产未来收益的预期。我们分别通过静态模型和动态模型描述了这一过程，阐释了数据在其中发挥的重要作用。贝叶斯法则为市场参与者提供了一种强有力的工具，使他们能够系统地结合观测数据与先验知识，从而更新对未知变量的估计。而卡尔曼滤波器则将这一概念进一步扩展到动态环境中，允许市场参与者在连续的时间序列中不断优化他们的预测。

其次，本章以此介绍了完全竞争均衡和理性预期均衡两种简化设定下的市场均衡状态。在完全竞争均衡下市场参与者完全依赖自己的数据进行决策，而在理性预期均衡下市场参与者可以从价格中完全推测出其他市场参与者的数据。这两种均衡简化了对金融市场如何汇集分散信息以形成价格共识的理解。但是，正如格罗斯曼、斯蒂格利茨（1980）指出的，这一均衡并不稳健，对模型假设进行小的改动就可能会改变均衡状态。例如，假设每一个市场参与者都需要支付一个小的成本来获取其私人数据，那么将不会有投资者想要进行付费，因为其可以通过观测资产价格来获得有关该数据的充分信息。因此，在完全理性预期这一简化的设定下，市场参与者并没有获取数据的动机。

鉴于完全竞争均衡与理性预期均衡并不符合实际，本章接下来介绍噪声理性预期均衡，即在理性预期均衡的基础上加入无法消除的噪声。噪声理性预期模型则阐释了在信息不对称的市场中，市场参与者如何利用含有噪声的数据进行决策。由于市场噪声的存在，市场参与者无法从市场价格中完全提取所有相关信息，因此其有动机付出成本获取新的数据并将其转化成指导其投资决策的信号，这一点对于数据的估值至关重要。进一步地，通过推导有噪声设定下的均衡市场价格，可以明确价格对于数据的反映。总之，噪声理性预期均衡通过引入额外的不确定性，阐释了市场参与者在面对市场价格时获取和处理私人数据的动机。

在对噪声理性预期模型进行阐述时，本章考虑了三种加入噪声的途径，其一，在风险资产供给中加入扰动项；其二，假定经济体中存在噪声投资者（noisy traders）以使风险资产需求中存在扰动项；其三，通过投资者情绪加入噪声，即通过投资者对资产回报信息的异质性先验信念（heterogeneous prior beliefs）来引入噪声。这种全面的考虑有助于理解数据如何转化成指导投资决策的信号，并最终反映在市场价格中。此外，本章还探讨了在多种风险资产情况下的噪声理性预期均衡，分析了市场参与者如何基于多样化和不对称的私人信息，以及风险资产之间的相关性来作出投资决策。

总之，本章为理解金融市场中数据的作用提供了坚实的理论基础，而且为通过金融市场信息进行数据估值初步指引了方向。本章从数据的角度对这些背景理论的阐述有助于思考如何更好地评估数据的价值，优化决策过程，并推动金融市场的发展和创新。通过贝叶斯更新和噪声理性预期模型的应用，市场参与者能够更有效地应对市场的不确定性，作出更加明智的投资选择，从而在竞争激烈的金融市场中获得优势。因此，本章的分析不仅加深了我们对金融市场数据估值理论的理解，也为未来的研究和实践指明了方向。随着金融市场的不断发展和变革，对数据的深入理解和有效利用将成为推动市场创新和增长的关键因素，这一点在当今数字化时代尤为重要。

附 录

本附录补充本章正文部分的理论。

A. 数学基础

从纯粹的数学和统计角度，迭代期望定律和全方差定律可以部分地反映数据的价值。

A1. 迭代期望定律

首先从数据的角度介绍无条件和条件期望相关概念。用 X 代表一个随机变量，Ξ 代表数据，则 X 的无条件均值和条件均值之间的关系是：

$$E(X) = E[E(X \mid \Xi)] \tag{A-1}$$

其中，$E(X)$ 是变量 X 的事前预期均值（prior mean），$E(X \mid \Xi)$ 是变量 X 的事后预期均值，即给定数据 Ξ 的情况下对变量 X 的均值的预期。根据这一关系，变量 X 的事前均值等于给定数据 Ξ 的情况下变量 X 的事后均值的平均，这就是迭代期望定律（law of iterated expectation）[1]。

我们知道，数学期望值是随机变量与其概率的乘积之和。假设 X 是离散变量，则无条件期望是：

$$E(X) = \sum_{i=1}^{N} x_i \Pr(X = x_i) \tag{A-2}$$

其中，x_i 是随机变量 X 的取值，$\Pr(X = x_i)$ 是 X 取值为 x_i 的概率。假设 X 指代股票收益率，x_i 是不同市场状态 i 下的实现收益率（realized return），$\Pr(X = x_i)$ 是市场状态 i 出现的概率，则 $E(X)$ 给出了股票的无条件预期收益率。

无条件均值仅基于变量的概率分布，提供了随机变量 X 所有可能结果的总体平均，反映了在不考虑任何其他信息或条件的情况下，我们对 X 平均结果的预期。无条件期望对应贝叶斯统计中的先验均值，即在观察数据之前，对参数 X 先验分布的期望值，概括了在考虑任何证据之前关于 X 的先验知识或信念，它是贝

---

[1] $E[E(X \mid Y)] = \sum_y E(X \mid Y = y) \Pr(Y = y) = \sum_y \sum_x x \Pr(X = x \mid Y = y) \Pr(Y = y) = \sum_y \sum_x x \Pr(Y = y \mid X = x) \Pr(X = x) = \sum_y \sum_x x \Pr(X = x) \Pr(Y = y \mid X = x) = \sum_y \Pr(Y = y \mid X = x) \sum_x x \Pr(X = x)$。因为 $\sum_y \Pr(Y = y \mid X = x) = 1$，我们得到 $E[E(X \mid Y)] = E(X)$。

叶斯推断中更新信念的核心部分，通过结合新数据来调整对 X 的信念。无条件均值和先验均值的侧重点不同，无条件均值处理一般意义上的随机变量，通常用于描述性统计和概率建模。相比之下，先验均值特别适用于贝叶斯推断，基于先验知识和新证据更新对参数的信念。

条件预期均值的表达式是：

$$E(X \mid \Xi) = \sum_{i=1}^{N} x_i Pr(X = x_i \mid \Xi) \qquad (A-3)$$

其中，$Pr(X = x_i \mid \Xi)$ 表示给定数据 Ξ 的情况下取值为 x_i 的概率。可以看出，在存在数据的情况下经济主体对概率会有新的判断，$E(X \mid \Xi)$ 反映了这种更新的预期。条件期望是指在给定某些信息或条件下，对一个随机变量的期望值进行预测。它基于已知信息来估计未来或未知的变量，是一种条件概率的表达形式。条件均值对应贝叶斯统计中的后验均值。后验期望考虑了先验分布和似然函数，通过贝叶斯定理来更新我们对参数的信念。

根据迭代期望定律，条件期望 $E(X \mid \Xi)$ 是在给定 Ξ 的条件下对 X 的最佳预测。这意味着，使用条件数据 X 可以优化我们对 X 的预期，而这种优化在没有 Ξ 的信息时是不可能的。因此，迭代期望定律说明，即使面对不确定性，我们也可以通过已知的部分信息（即使 Ξ 是随机变量）来计算另一个变量（如 X）的期望。这反映了信息整合的过程，其中条件信息 Ξ 被用来改进对 X 的预期。如果数据有预测功能，会促进一个更准确的预期形成。这反映了数据对经济决策的影响。

迭代期望定律在经济学中的应用非常广泛，它提供了一种在不确定性和风险条件下评估经济变量预期值的方法。在统计学中，迭代期望定律是推断未知变量分布的基础。通过分析条件分布，研究者可以学习到关于总体分布的更多信息。在风险管理和经济决策中，迭代期望定律允许决策者在给定某些条件或信息的情况下，评估不同决策路径的预期结果。这种信息的使用可以指导更明智的决策，从而增加价值。在经济学中，收集和处理信息都有成本。迭代期望定律说明了使用信息可以改进预期，并可能导致经济利益的增加。这强调了信息收集的潜在价值，即使这需要付出成本。在存在不确定性的情况下，迭代期望定律提供了一种使用可用信息进行预测的方法。这种方法反映了信息对于减少不确定性和改进预测的重要性。该定律还揭示了信息不对称的情况，即不同的经济主体可能拥有不同程度的信息。拥有更多信息的主体可能会作出更好的预测和决策，从而在市场上获得优势。在构建经济模型时，迭代期望定律帮助分析信息如何影响个体的行为和整个经济的运行。它强调了信息流动对于市场效率和经济稳定的重要性。政府和中央银行在制定经济政策时，可以使用迭代期望定律来评估在不同经济条件下政策的潜在影响。这有助于他们设计出更加有效的政策。在构建经济模型时，迭代期望定律常被用作建模工具，以捕捉经济变量之间的依赖关系和动态行为。总之，通过迭代期望定律，经济学家能够更好地理解和分析经济现象，为经济决策提供科学依据（DeMarzo and Skiadas, 1999；Brunnermeier and Parker, 2005；Hansen, 2007）。

A2. 全方差定律

下面我们根据全方差定律（law of total variance）理解数据的作用，其数学表达式是：

$$Var(X) = E[Var(X \mid \Xi)] + Var[E(X \mid \Xi)] \qquad (A-4)$$

其中，X 是待估计的变量，Ξ 是数据。$E[Var(X \mid \Xi)]$ 量化了在数据子集 Ξ 内 X 的平均方差，它衡量了在给定数据下 X 的波动率。$Var[E(X \mid \Xi)]$ 量化了在不同数据集 Ξ 上 X 的期望值的方差，反映了数据变化如何影响预期结果。我们从频率学派（frequentist）和贝叶斯（Bayesian）的角度分别理解全方差公式。

从频率学派的角度，我们可以根据一个关于股价估计的例子来理解。假设我们正在分析一个股票投资组合 X 的回报率的波动性（方差）。我们希望了解投资组合总方差有多少是由市场条件 Y（例如，在牛市与熊市期间）解释的。这涉及两个概念：一是组内方差 $E[Var(X \mid Y)]$，代表了每种市场条件下股票回报的预期方差。对于每种市场条件（牛市或熊市），计算那些时期的股票回报的方差。这个方差捕捉了在每种市场类型中股票回报围绕其均值的波动程度。然后将这些方差在不同的市场条件下取平均。这可以让我们了解投资组合在稳定市场条件与波动市场条件下的典型波动性。二是组间方差 $Var(E[X \mid Y])$，代表了不同市场条件下平均回报的方差。首先计算投资组合在牛市期间的平均回报，然后计算熊市期间的平均回报。这两个均值之间的方差显示了投资组合的平均回报如何根据市场条件的变化而变化。它捕捉了市场条件变化对投资组合预期回报的影响。

从贝叶斯学派的角度，全方差公式可以帮助我们具体了解新数据如何影响对参数或预测的不确定性。我们通过结合贝叶斯推理和全方差公式来阐述这一点。

假设 X 是我们感兴趣的随机变量（例如，一个参数的估计值），三代表数据。下面我们分析数据如何减少不确定性。该分析同样涉及两个概念：一是组内方差 E[Var(X|三)]，代表在给定数据三后 X 的条件方差，反映了在已知数据的情况下 X 的不确定性。在贝叶斯更新中，这通常表示参数或预测后验分布的不确定性。随着数据量的增加，我们通常观察到该项方差减小，因为新的证据三增强了我们对 X 的了解。二是组间方差 Var(E[X|Y])，代表 X 在不同数据三下的期望值的方差，反映了不同数据集可能导致的 X 期望值的变化。在多数据集的条件下，这个方差揭示了数据本身如何引导我们对 X 的整体预期产生变化。数据越能够显著影响对 X 的预期，这部分方差就越大。

总之，全方差公式提供了一种用于分析数据如何系统性地减少对参数或预测结果的不确定性的强有力的工具。这种分析不仅帮助我们理解数据如何改进估计，还揭示了数据集之间可能存在的差异对整体估计的影响。这对于数据驱动的决策制定至关重要，尤其是在资源配置、政策制定或科学分析中具有重要地位。

B. 部分模型推导步骤

本附录提供部分公式的推导步骤。

B1. 补充推导 1

我们将式（2.6）进行分解。已知 p 的概率密度函数是 $\Pr(p) = \dfrac{1}{\sqrt{2\pi}\sigma_p}e^{-\frac{(p-\mu_p)^2}{2\sigma_p^2}}$，s 的概率密度函数是 $\Pr(s) = \dfrac{1}{\sqrt{2\pi}\sqrt{\sigma_p^2+\sigma_s^2}}e^{-\frac{[s-(\mu_p+\mu_v)]^2}{2(\sigma_p^2+\sigma_s^2)}}$，其条件概率密度函数是 $\Pr(s|p) = \dfrac{1}{\sqrt{2\pi}\sigma_s}e^{-\frac{(s-p)^2}{2\sigma_s^2}}$，可以得到：

$$\Pr(p)\Pr(s|p) \propto \frac{1}{\sqrt{2\pi}\sigma_p}\frac{1}{\sqrt{2\pi}\sigma_s}e^{-\frac{(p-\mu_p)^2}{2\sigma_p^2}-\frac{(s-p)^2}{2\sigma_s^2}} \qquad (B-1)$$

对指数部分进行整理，可以得到：

$$-\frac{(p-\mu_p)^2}{2\sigma_p^2}-\frac{(s-p)^2}{2\sigma_s^2} = -\frac{\sigma_s^2(p^2-2p\mu_p+\mu_p^2)+\sigma_p^2(s^2-2sp+p^2)}{2\sigma_p^2\sigma_s^2}$$

$$= -\frac{(\sigma_s^2+\sigma_p^2)p^2-2p(\mu_p\sigma_s^2+s\sigma_p^2)+\sigma_s^2\mu_p^2+\sigma_p^2s^2}{2\sigma_p^2\sigma_s^2}$$

$$= -\frac{p^2 - \dfrac{2p(\mu_p\sigma_s^2 + s\sigma_p^2)}{(\sigma_s^2 + \sigma_p^2)} + \dfrac{\sigma_s^2\mu_p^2 + \sigma_p^2 s^2}{(\sigma_s^2 + \sigma_p^2)}}{\dfrac{2\sigma_p^2\sigma_s^2}{(\sigma_s^2 + \sigma_p^2)}}$$

$$= -\frac{\left[p - \dfrac{\mu_p\sigma_s^2 + s\sigma_p^2}{\sigma_s^2 + \sigma_p^2}\right]^2 + \dfrac{\sigma_s^2\sigma_p^2 s^2 + \sigma_s^2\sigma_p^2\mu_p^2 - 2\mu_p s\sigma_s^2\sigma_p^2}{(\sigma_s^2 + \sigma_p^2)^2}}{\dfrac{2\sigma_p^2\sigma_s^2}{(\sigma_s^2 + \sigma_p^2)}}$$

$$(B-2)$$

因此，式（B-1）可以表示为：

$$\mathrm{Pr}(p)\mathrm{Pr}(s\mid p) \propto e^{-\frac{\left[p - \frac{\mu_p\sigma_s^2 + s\sigma_p^2}{\sigma_s^2 + \sigma_p^2}\right]^2}{2\sigma_p^2\sigma_s^2/(\sigma_s^2 + \sigma_p^2)}} \qquad (B-3)$$

由此，我们可以得到 p 的事后概率和方差。

B2. 补充推导2

本附录推导以私人信号 s_i 和市场价格 p_0 为条件的未来价格 p_1 的事后条件概率分布：

$$\mathrm{Pr}(p_1\mid s_i,\ p_0) \propto \mathrm{Pr}(p_1)\mathrm{Pr}(s_i\mid p_1)\mathrm{Pr}(p_0\mid p_1) \qquad (B-4)$$

- $E(p_0\mid p_1) = E(A + B\bar{s} + C\bar{q}\mid p_1) = A + BE\left(\dfrac{1}{H}\sum\limits_{i=1}^{H} s_i\mid p_1\right) + C\bar{q} = A + BE\left(\dfrac{1}{H}\sum\limits_{i=1}^{H}(p_1 + \epsilon_i)\mid p_1\right) + C\bar{q} = A + Bp_1 + C\bar{q}$

- $p_0 - E(p_0\mid p_1) = (A + B\bar{s} + C\bar{q}) - (A + Bp_1 + C\bar{q}) = B(\bar{s} - p_1) = B\dfrac{\sum\limits_{i=1}^{H}\epsilon_i}{H}$

- $\mathrm{Var}(p_0\mid p_1) = E[p_0 - E(p_0\mid p_1)]^2 = E\left[B\dfrac{\sum\limits_{i=1}^{H}\epsilon_i}{H}\right]^2 = B^2 E(\bar{s} - p_1)^2 = B^2\dfrac{\sigma_{si}^2}{H}$

因此，式（B-4）可以表示为：

$$\frac{1}{\sqrt{2\pi}\sigma_p}e^{-\frac{(p_1-\mu_p)^2}{2\sigma_p^2}} \times \frac{1}{\sqrt{2\pi}\sigma_{s_i}}e^{-\frac{(s_i-p_1)^2}{2\times\sigma_{s_i}^2}} \times \frac{1}{\sqrt{2\pi}\sqrt{\mathrm{Var}(p_0\mid p_1)}}e^{-\frac{[p_0-E(p_0\mid p_1)]^2}{2\mathrm{Var}(p_0\mid p_1)}}$$

$$\propto e^{-\frac{1}{2}\left\{\frac{(p_1-\mu_p)^2}{\sigma_p^2} + \sum\limits_{i=1}^{H}\frac{(s_i-p_1)^2}{\sigma_{s_i}^2} + \frac{[p_0-E(p_0\mid p_1)]^2}{\mathrm{Var}(p_0\mid p_1)}\right\}}$$

$$(B-5)$$

我们进一步简化式（B-5）指数部分的表达形式：

$$\frac{(p_1-\mu_p)^2}{\sigma_p^2}+\frac{(s_i-p_1)^2}{\sigma_{s_i}^2}+\frac{[p_0-E(p_0\mid p_1)]^2}{2\,Var(p_0\mid p_1)}$$

$$=\frac{(p_1-\mu_p)^2}{\sigma_p^2}+\frac{(s_i-p_1)^2}{\sigma_{s_i}^2}+\frac{[B(\bar s-p_1)]^2}{B^2\dfrac{\sigma_{si}^2}{H}}$$

$$=\frac{p_1^2-2\mu_p p_1+\mu_p^2}{\sigma_p^2}+\frac{p_1^2-2p_1 s_i+s_i^2}{\sigma_s^2}+\frac{(\bar s-p_1)^2}{\dfrac{\sigma_{si}^2}{H}}$$

$$=\frac{p_1^2-2\mu_p p_1}{\sigma_p^2}+\frac{p_1^2-2p_1 s_i}{\sigma_s^2}+\frac{-2\bar s p_1+p_1^2}{\dfrac{\sigma_{si}^2}{H}}+\cdots$$

$$=\left(\frac{1}{\sigma_p^2}+\frac{1}{\sigma_s^2}+\frac{1}{\sigma_{si}^2/H}\right)p_1^2-2\left(\frac{\mu_p}{\sigma_p^2}+\frac{s_i}{\sigma_s^2}+\frac{\bar s}{\sigma_{si}^2/H}\right)p_1+\cdots$$

$$=\frac{\left[p_1-\dfrac{\left(\dfrac{\mu_p}{\sigma_p^2}+\dfrac{s_i}{\sigma_s^2}+\dfrac{\bar s}{\sigma_{si}^2/H}\right)}{\left(\dfrac{1}{\sigma_p^2}+\dfrac{1}{\sigma_s^2}+\dfrac{1}{\sigma_{si}^2/H}\right)}\right]^2}{1\Big/\left(\dfrac{1}{\sigma_p^2}+\dfrac{1}{\sigma_s^2}+\dfrac{1}{\sigma_{si}^2/H}\right)}+\cdots \qquad (B-6)$$

C. 简化理解无噪声时的理性预期均衡

在结束本章之前，我们尝试通过另一种方法理解理性预期均衡。已知一个市场参与者的信息集不仅包含其私人信息，也包含均衡价格本身，即：

$$I_i=\{s_i,\ p_0(s)\},\ s=(s_1,\ s_2,\ \cdots,\ s_H) \qquad (C-1)$$

其中，$p_0(s)$ 是理性预期均衡条件下的价格，接下来我们用 p_0 简化表示。我们可以简化表达市场参与者所拥有的信息。可以合理猜测均衡价格是所有市场参与者所拥有的平均信号以及风险资产公司的线性函数，即：

$$p_0=A+B\bar s+C\bar q \qquad (C-2)$$

由该价格公式可以看出，一旦市场参与者观测到市场价格 p_0，其可以倒推出 $\bar s$。因此，理性预期均衡本质上相当于一个市场参与者可以观测到其他市场参与者的信号，即：

$$I_i=\{s_i,\ p_0(s)\}=\{s_i\}_{i=1}^{H} \qquad (C-3)$$

在这种情况下，市场参与者进行信号汇总可以完全消除信号中的误差。

在均衡条件下，对风险资产的总需求等于其总供给，即：

$$\bar{q} = \sum_{i=1}^{H} q_i = \sum_{i=1}^{H} \frac{E(p_1 \mid \{s_i\}_{i=1}^{H}) - R_f p_0}{\lambda_i \operatorname{Var}(p_1 \mid \{s_i\}_{i=1}^{H})} \qquad (C-4)$$

则均衡资产价格可以表示为：

$$p_0 = \sum_{i=1}^{H} q_i = \frac{1}{R_f}\left[E(p_1 \mid \{s_i\}_{i=1}^{H}) - \frac{\operatorname{Var}(p_1 \mid \{s_i\}_{i=1}^{H})}{\sum_{i=1}^{H} \frac{1}{\lambda_i}} \tilde{q} \right] \qquad (C-5)$$

假设市场参与者的信号精度相同，即 $\sigma_{si}^2 = \sigma_s^2 \text{ for } \forall i$，可以通过推导得出理性预期均衡下的风险资产价格。为了解决这一均衡，我们需要通过贝叶斯定理得到期末价格的条件期望和方差，即需要明确 $E(p_1 \mid s_i, p_0)$ 和 $\operatorname{Var}(p_1 \mid s_i, p_0)$ 的表达式。首先我们进行贝叶斯法则的推导。根据贝叶斯信息法则：

$$\Pr(\theta \mid y_1, y_2) = \Pr(\theta)\Pr(y_1, y_2 \mid \theta) = \Pr(\theta)\Pr(y_1 \mid \theta)\Pr(y_2 \mid \theta) \qquad (C-6)$$

期末价格的条件概率分布是：

$$\Pr(p_1 \mid \{s_i\}_{i=1}^{H}) \propto \Pr(p_1)\prod_{i=1}^{H}\Pr(s_i \mid p_1)$$

$$= \frac{1}{\sqrt{2\pi}\sigma_p}e^{-\frac{(p_1-\mu_p)^2}{2\sigma_p^2}} \times \prod_{i=1}^{H}\frac{1}{\sqrt{2\pi}\sigma_{s_i}}e^{-\frac{(s_i-p_1)^2}{2\times\sigma_{s_i}^2}} \propto e^{-\frac{1}{2}\left\{\frac{(p_1-\mu_p)^2}{\sigma_p^2}+\sum_{i=1}^{H}\frac{(s_i-p_1)^2}{\sigma_{s_i}^2}\right\}}$$

$$(C-7)$$

我们进一步简化指数部分的表达形式：

$$\frac{(p_1-\mu_p)^2}{\sigma_p^2} + \sum_{i=1}^{H}\frac{(s_i-p_1)^2}{\sigma_{s_i}^2} = \frac{(p_1-\mu_p)^2}{\sigma_p^2} + \frac{\sum_{i=1}^{H}(s_i-p_1)^2}{\sigma_s^2} = \frac{p_1^2-2\mu_p p_1+\mu_p^2}{\sigma_p^2}$$

$$+ \frac{Hp_1^2-2p_1\sum_{i=1}^{H}s_i+\sum_{i=1}^{H}s_i^2}{\sigma_s^2} = \left(\frac{1}{\sigma_p^2}+\frac{H}{\sigma_s^2}\right)p_1^2$$

$$- 2\left(\frac{\mu_p}{\sigma_p^2}+\frac{\sum_{i=1}^{H}s_i}{\sigma_s^2}\right)p_1 + \frac{\mu_p^2}{\sigma_p^2}+\frac{\sum_{i=1}^{H}s_i^2}{\sigma_s^2}$$

$$\propto \left(\frac{1}{\sigma_p^2} + \frac{H}{\sigma_s^2}\right)\left[p_1^2 - 2\frac{\left(\frac{\mu_p}{\sigma_p^2} + \frac{\sum\limits_{i=1}^{H} s_i}{\sigma_s^2}\right)}{\left(\frac{1}{\sigma_p^2} + \frac{H}{\sigma_s^2}\right)}p_1\right]$$

$$\propto \frac{\left[p_1 - \frac{\left(\frac{\mu_p}{\sigma_p^2} + \frac{\sum\limits_{i=1}^{H} s_i}{\sigma_s^2}\right)}{\left(\frac{1}{\sigma_p^2} + \frac{H}{\sigma_s^2}\right)}\right]^2}{1\Big/\left(\frac{1}{\sigma_p^2} + \frac{H}{\sigma_s^2}\right)} \qquad (C-8)$$

根据贝叶斯定理，期末价格的条件期望和方差分别是：

$$E(p_1 \mid s_i,\ p_0) = \frac{\left(\frac{\mu_p}{\sigma_p^2} + \frac{\sum\limits_{i=1}^{H} s_i}{\sigma_s^2}\right)}{\left(\frac{1}{\sigma_p^2} + \frac{H}{\sigma_s^2}\right)} = \frac{\left(\frac{\mu_p}{\sigma_p^2} + \frac{\bar{s}}{\sigma_s^2/H}\right)}{\left(\frac{1}{\sigma_p^2} + \frac{H}{\sigma_s^2}\right)} = \frac{(\tau_p\mu_p + H\tau_s\bar{s})}{\tau_p + H\tau_s} \qquad (C-9)$$

$$\mathrm{Var}(p_1 \mid s_i,\ p_0) = \frac{1}{\left(\frac{1}{\sigma_p^2} + \frac{H}{\sigma_s^2}\right)} = \frac{1}{\tau_p + H\tau_s} \qquad (C-10)$$

因此，均衡价格是：

$$p_0 = \frac{1}{R_f}\frac{\left(\frac{\mu_p}{\sigma_p^2} + \frac{\bar{s}}{\sigma_s^2/H}\right)\sum\limits_{i=1}^{H}\frac{1}{\lambda_i} - \bar{q}}{\left(\frac{1}{\sigma_p^2} + \frac{H}{\sigma_s^2}\right)\sum\limits_{i=1}^{H}\frac{1}{\lambda_i}} = \frac{1}{R_f}\left[\mu_p\bar{q} + \kappa(\bar{s} - \mu_p) - \frac{\sigma_p^2(1-\kappa)}{\sum\limits_{i=1}^{H}\frac{1}{\lambda_i}}\right]$$

$$(C-11)$$

其中，$\bar{s} = \frac{1}{H}\sum\limits_{i=1}^{H} s_i$，$\kappa = \dfrac{\sigma_p^2}{\sigma_p^2 + \sigma_s^2/H}$。可以看出，这里我们得到与式（2.67）相同的均衡价格表达形式。

参考文献

［1］ Admati，A. R. A noisy rational expectations equilibrium for multi-asset securities markets [J]. Econometrica: Journal of the Econometric Society, 1985, 53 (3): 629 – 657.

[2] Anderson, R. M., Sonnenschein, H. On the existence of rational expectations equilibrium [J]. Journal of Economic Theory, 1982, 26 (2): 261 – 278.

[3] Beja, A. Imperfect equilibrium [J]. Games and Economic Behavior, 1992, 4 (1): 18 – 36.

[4] Blume, L. E., Easley, D. Rational expectations equilibrium: An alternative approach [J]. Journal of Economic Theory, 1984, 34 (1): 116 – 129.

[5] Brunnermeier, M. K., Parker, J. A. Optimal expectations [J]. American Economic Review, 2005, 95 (4): 1092 – 1118.

[6] Chabakauri, G., Yuan, K., Zachariadis, K. E. Multi-asset noisy rational expectations equilibrium with contingent claims [J]. The Review of Economic Studies, 2022, 89 (5): 2445 – 2490.

[7] Ciuriak, D. The economics of data: implications for the data-driven economy [R]. 2018.

[8] Condie, S., Ganguli, J. V. Ambiguity and rational expectations equilibria [J]. The Review of Economic Studies, 2011, 78 (3): 821 – 845.

[9] Curley, M., Salmelin, B. Data-driven innovation [M]. In Open Innovation 2.0: The New Mode of Digital Innovation for Prosperity and Sustainability, 2018: 123 – 127.

[10] DeMarzo, P., Skiadas, C. On the uniqueness of fully informative rational expectations equilibria [J]. Economic Theory, 1999 (13): 1 – 24.

[11] Fitzgerald, M., Kruschwitz, N., Bonnet, D., et al. Embracing digital technology: A new strategic imperative [J]. MIT Sloan Management Review, 2014, 55 (2): 1 – 21.

[12] Fleckenstein, M., Fellows, L. Valuing Data As an Asset [M]. In Modern Data Strategy, 2018: 11 – 14.

[13] Grossman, S. On the efficiency of competitive stock markets where trades have diverse information [J]. The Journal of Finance, 1976, 31 (2): 573 – 585.

[14] Grossman, S. J. An introduction to the theory of rational expectations under

asymmetric information [J]. The Review of Economic Studies, 1981, 48 (4): 541 – 559.

[15] Grossman, S. J. , Stiglitz, J. E. On the impossibility of informationally efficient markets [J]. The American Economic Review, 1980, 70 (3): 393 –408.

[16] Grossman, Sanford J. An introduction to the Theory of Rational Expectations Under Asymmetric Information [J]. Review of Economic Studies, 1981, 48 (4): 541 –559.

[17] Grundy, B. D. , McNichols, M. Trade and the revelation of information through prices and direct disclosure [J]. The Review of Financial Studies, 1989, 2 (4): 495 –526.

[18] Günther, W. A. , Mehrizi, M. H. R. , Huysman, M. , et al. Debating big data: A literature review on realizing value from big data [J]. The Journal of Strategic Information Systems, 2017, 26 (3): 191 –209.

[19] Hansen, B. E. Least squares model averaging [J]. Econometrica, 2007, 75 (4): 1175 –1189.

[20] Hansen, L. P. Beliefs, doubts and learning: Valuing macroeconomic risk [J]. American Economic Review, 2007, 97 (2): 1 –30.

[21] Jones, C. I. , Tonetti, C. Nonrivalry and the Economics of Data [J]. American Economic Review, 2020, 110 (9): 2819 –2858.

[22] Khan, M. A. Perfect competition [M]. London: Palgrave Macmillan UK, 1989.

[23] Veldkamp, L. Valuing Data as an Asset [J]. Review of Finance, 2023, 27 (5): 1545 –1562.

[24] Makowski, L. , & Ostroy, J. M. The existence of perfectly competitive equilibrium à la Wicksteed [J]. UCLA Economics Working Paper No. 606, UCLA Department of Economics.

[25] Milgrom, P. R. Rational expectations, information acquisition, and competitive bidding [J]. Econometrica: Journal of the Econometric Society, 1981, 49 (6): 921 –943.

[26] Miller, K. S. On the inverse of the sum of matrices [J]. Mathematics Maga-

zine, 1981, 54 (2): 67 - 72.

[27] Radner, R. Rational expectations equilibrium: Generic existence and the information revealed by prices [J]. Econometrica: Journal of the Econometric Society, 1979, 47 (4): 655 - 678.

[28] Robinson, J. What is perfect competition? [J]. The Quarterly Journal of Economics, 1934, 49 (1): 104 - 120.

[29] Van Dijck, J. Datafication, dataism and dataveillance: Big Data between scientific paradigm and ideology [J]. Surveillance & Society, 2014, 12 (2): 197 - 208.

[30] Varian, H. R., Farrell, J., Shapiro, C. The economics of information technology: An introduction [M]. Cambridge: Cambridge University Press, 2004.

[31] Verrecchia, R. E. Information acquisition in a noisy rational expectations economy [J]. Econometrica: Journal of the Econometric Society, 1982, 50 (6): 1415 - 1430.

[32] Welch, G., Bishop, G. An introduction to the Kalman filter [J]. Department of Computer Science, University of North Carolina at Chapel Hill, Nc 27559 - 3175, USA.

[33] West, S. M. Data capitalism: Redefining the logics of surveillance and privacy [J]. Business & Society, 2019, 58 (1): 20 - 41.

第三章

基于金融市场数据量的数据估值

本章提出一种基于金融市场数据量的数据估值方法。数据量是指市场参与者针对某一资产处理了多少数据。由于投资者根据数据所能带来的价值决定其对数据的获取、处理和分析，数据量直接反映了数据的价值。本章首先通过包含数据处理的均衡模型厘清均衡市场价格对数据的反映，同时确定数据量和数据价值的等同性。其次，结合均衡市场价格和价格信息效率这一常用指标，推导出数据量的度量公式。最后，本章通过生产端模型揭示了预测价格信息效率与经济基本面的联系，为理解金融市场信息效率与实体经济效率之间的相互作用提供理论支撑。本章所构建的数据量指标可以回答有关金融市场数据量和信息效率的问题。

第一节 引 言

在数字经济时代，数据已成为企业最宝贵的资产之一，其价值的准确评估不仅对企业的战略规划和决策至关重要，更是衡量企业乃至整个经济体系竞争力和市场地位的关键指标（Deighton and Johnson，2013；Pentland，Lipton and Hardjono，2021；Veldkamp，2023）。随着数据驱动决策的日益普及，数据估值的重要性已经引起了越来越多的重视。研究数据估值不仅能够帮助企业更好地理解和利用其数据资产，促进创新和增长，还能够在激烈的市场竞争中为企业赢得先机，实现数据资产的最大化利用和价值转化。此外，数据估值的研究和应用，对于促进经济结构的优化升级，推动经济体向更高效、更智能的方向发展具有深远的影响。因此，深入研究数据估值在数字经济时代显得尤为重要，它不仅关系到企业个体的发展，更是推动整个经济体持续健康发展的迫切需要。

数据资产具有有别于传统有形或者无形资产的独特特征，阻碍了对其估值的研究。不同于传统资产通过有计划的成本投入产生，数据往往是经济活动中的副产品（Varian，Farrell and Shapiro，2004；Van Dijck，2014；West，2019）。这一特征意味着难以对数据资产产生的成本进行有效估算。数据具有非竞争性，其在给特定所有者带来价值的同时，不影响其他个体从相同数据中获取价值（Ciuri-ak，2018；Curley and Salmelin，2018；Jones and Tonetti，2020）。这一特征意味着通过其给特定使用者带来的收益难以全面衡量其价值。本书第一章还发现，数据的价值形成也有别于传统资产，传统资产的价值在其生产出来之时通常已经确认，而数据的价值在其使用者对数据的分析处理过程中逐渐形成。这一特征意味着难以对数据带来的总价值进行直接测量。此外，数据资产还具有正反馈循环、私人价值属性等特征。这些特征导致传统的市场法、成本法、收益法等估值方法难以直接应用于数据资产。这些特征是进行数据估值的难点所在，导致了当前对数据估值的理解和应用仍存在诸多不足，这不仅限制了企业对数据资产潜力的挖掘，也在一定程度上阻碍了经济体向更高效、更智能的数字经济方向发展。

针对数据资产的特征对其估值的影响，本章提出使用金融市场构建数据量指标，进而衡量数据价值。基于金融市场进行数据量度量的核心原理在于市场参与者获取、处理、分析的数据最终反映在资产的均衡市场价格上，因此可以从资产的市场价格中提取出数据量信息。数据量与数据价值的等同性在于数据的特殊价值形成过程。由于数据的最终价值在其使用过程中随着使用者对数据的处理分析而逐渐形成，而使用者根据数据所能带来的价值决定其对数据的获取、处理、分析程度，因而原始数据量以及使用者分析处理的数据量同时也反映数据的价值。相应地，基于金融市场的数据量分析所回答的问题是：市场参与者针对特定金融资产获取、处理、分析的数据量是多少，并以此衡量该金融资产对应的数据价值。进一步地，基于金融市场的数据量分析也从数据的视角回答有关金融市场信息效率的问题。

本章专注于理论分析，通过金融市场投资者选择模型构建度量数据量的结构模型。为了构建度量数据量的结构模型，首先需要明确金融市场均衡价格对数据的反映。为此，我们基于噪声理性预期模型，构建了市场参与者使用数据辅助决策的多重资产选择模型。在这一模型下，投资者获取、分析、处理数据，将其转化成辅助投资决策的信号。例如，投资目标是未来收益最大化的投资者将数据处理成关于资产未来收益的无偏信号。该信号可以减少投资者对风险资产未来收益的不确定性，因而投资者进行资产选择时会将其作为重要依据，相应地，该信号会反映在投资者选择中。同时，一个市场参与者也可以通过市场价格观察到其他市场参与者对同类数据的使用，并融入到自身的选择中，相应地，市场参与者对这部分数据的处理也构成了数据量的一部分。由于市场参与者的选择是均衡市场价格的重要决定因素，数据所转化的信号会反映在均衡市场价格中，因此，均衡市场价格包含了有关数据量的信息。且由于市场参与者对数据的获取、分析、处理取决于数据所能带来的价值，因此均衡市场价格中的数据量信息同时也反映数据价值。

那么，如何从市场价格中提取出数据量度量？由于数据是数字化的信息，股价中有关数据量的信息应该包含在股价信息量指标中。我们使用预测价格效率（forecasting price efficiency）这一指标来提取股价信息含量。预测价格效率反映了金融市场对分散信息的汇集（Hayek，1945）。邦德、埃德曼斯和戈尔德斯坦（2012）正式提出这一概念，将其定义为市场价格对未来现金流的预测能力。基于这一定义，白、菲利普蓬和萨沃夫（2016）构建了预测价格信息量的实证度量。基于预测价格信息效率的经济含义以及由本章理论模型得到的均衡市场价格，我们发现当期价格与未来收益的协方差中包含了有关数据量的信息。进一步地，我们发现预测价格效率由四个部分构成：第一部分是金融市场中价格的波动率，在以往文献中被广泛用作信息含量的实证度量指标。第二部分是企业现金流的波动率相对于价格波动率的比值，反映了金融市场的定价效率。第三部分是企业的增长率，反映了企业特征。第四部分是投资者通过获取、处理、分析数据所带来的不确定性的减少，反映了数据量与数据价值。这一分解表明，可以从预测价格效率这一价格信息量指标中提取数据量。为了有效地估计数据量，需要移除价格信息效率度量中的波动率、资本市场效率以及企业增长率等成分。

本质上讲，数据及其价值在企业生产过程中产生，反映经济的核心信息。市场参与者在需求端利用数据的投资选择是利用基本面信息的过程。那么，基于需求端构建的金融市场数据量指标为什么能够度量经济中的核心信息？为了回答这一问题，我们基于托宾的 Q（Tobin，1969）理论框架深入探讨了预测价格效率与经济中核心信息的关联。具体来说，在托宾的 Q 理论框架下阐述了金融市场与实体经济之间的反馈作用（feedback effect），即市场参与者根据企业最优投资决策的预期现金流来决定股票价格，而企业管理者从股票价格中提取信息进行投资决策。在此基础上，我们阐明了预测价格效率这一指标对经济中核心信息的直接反映。

本章提出了基于金融市场数据量进行数据价值估计，并相应地构建了从股价中提取出数据量的结构模型。本章的分析与已有文献的研究成果存在广泛的联系。基于市场价格与未来收益的关系提取数据量这一思路首先由法布迪、马特雷、维尔德坎普和文卡特斯瓦兰（2022）提出，本章在此基础上进行分析。相比于法布迪等的研究，本章的创新点如下：第一，提出三阶段的数据价值形成过程并以此论述了数据量与数据价值的等同性，为通过数据量度量数据价值提供了理论依据；第二，建立了数据量指标与预测价格效率这一指标的联系，二者之间的联系是数据量指标反映经济价值的本质原因；第三，明确了价格信息量的四个组成成分，包括市场波动率、定价效率、公司特征以及数据，而以往研究或是将预测价格信息量这一度量等于如市场效率（Bai，Philippon and Savov，2016；Carpenter，Lu and Whitelaw，2021）或是没有明确波动率和定价效率对价格信息量的影响（Farboodi，Matray，Veldkamp and Venkateswaran，2022）。此外，以往相关研究多关注企业特定信息（Beaver，1968；Fama，Fisher，Jensen and Roll，1969；Chari and Henry，2008；杨竹清和张超林，2015；梁秀霞，2018）。与之相对，本章既关注企业特定部分的信息又关注系统性部分的信息，即关注所有需要预测的信息。这一设定具有更高的合理性，其隐含假设是，即使企业收益存在系统性成分，市场参与者并不明确企业对系统性因子的暴露，因此同样需要使用数据预测这一部分。有关资本资产定价模型（CAPM）的研究充分论述了度量系统性风险的难度。根据 CAPM，资产的收益应该与其系统性风险成正比。然而，实证中由于 beta 估计值的误差，已有研究并未发现一个正向的符合理论的风险收益关系（Friend and Blume，1970；Brennan，1971；Jensen，Black and Scholes，1972；Fama and MacBeth，1973；Fama and French，2004；Frazzini and Pedersen，2014；Bali，Brown and Tang，2017）。

本章剩余部分的结构如下：第二节基于噪声理性预期模型构建了市场参与者处理数据进行决策的选择模型，并推导了相应的市场均衡价格。模型阐释了数据价值的形成过程，数据量与数据价值的等同性，以及数据在均衡价格中的反映，为从金融市场价格中提取数据量指标提供了理论基础。第三节分析了市场均衡价格如何反映数据，并构建了数据量度量指标。通过分析均衡价格与数据的关系，提出了数据量与股价信息含量之间的联系，并探讨了如何从市场价格中提取数据量信息。第四节建立了预测价格效率与经济核心信息之间的联系，分析了预测价格效率如何反映经济中的核心信息，以及金融市场信息效率与实体经济效率之间的联系。第五节总结了数据资产在现代经济中的作用，以及如何通过科学的评估方法来释放数据资产的潜力。提出了一系列政策建议，旨在促进数据资产的有效评估和利用。

第二节　考虑到数据的市场均衡

本章基于阿德买提（1985）、范·尼乌维尔堡和维尔德坎普（Van Nieuwerburgh and Veldkamp，2009）以及法布迪、马特雷、维尔德坎普和文卡特斯瓦兰（2022）等的噪声理性预期模型设定，构建考虑到数据的投资者选择模型，并推导相应的市场均衡价格。该模型阐释了数据价值形成过程、数据量与数据价值的等同性以及数据在均衡价格中的反映等问题，为从金融市场价格中提取数据量指标铺垫理论基础。本章在股票市场投资的情境下进行阐释。

一、模型设定

基本设定：一个多时期的投资组合选择问题。在每一时期 t 有若干个代际重合的投资者，每个投资者交易多种资产。投资者在每一期期初根据其所拥有的数据进行投资组合选择，其目标是期末财富最大化。相应地，投资者对风险资产的需求是基于对期末财富最优化的结果，因而取决于资产的未来收益。以股票市场为例，模型的具体设定如下。

资产：一个投资者交易多个股票，每个股票用 n = 1，2，…，N 表示。一个股票是对一系列股息的权利。我们假设不同股票的股息有不同的增长率，股票 n 的毛增长率用 G_n 表示。假设从投资者的角度，时期 t + 1 股票 n 的股息有

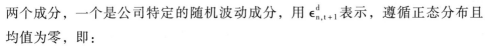

两个成分，一个是公司特定的随机波动成分，用 $\epsilon^d_{n,t+1}$ 表示，遵循正态分布且均值为零，即：

$$\epsilon^d_{n,t+1} \sim N(0, \ \sigma^2_{nd}) \tag{3.1}$$

另一个是确定性的成分，包括在不同公司间相关的股息的波动（例如，假设公司间相关的股息波动遵循单因子结构，即其等于公司特定的因子暴露和一个总体因子的乘积：$\bar{\epsilon}_{n1} = \tilde{\beta}_n \bar{\epsilon}_1$）以及股息的预期增长值，为了模型的简洁，我们用一个股息的固定增加项表示。则公司的现金流是：

$$d_{n,t+1} = G_n d_{n,t} + \epsilon^d_{n,t+1} \tag{3.2}$$

为了分析的简便，我们假设第 $t+1$，$t+2$，…时期的股息没有残差不确定性，即：

$$d_{n,T} = G_n^{T-t} d_{n,t} \tag{3.3}$$

因此，时期 t 期末的股票价值是：

$$V_{n,t+1} = \sum_{\tau=t+2}^{\infty} \frac{d_{n\tau}}{R_n^{\tau-(t+1)}} = \frac{G_n d_{n,t+1}}{R_n - G_n} \tag{3.4}$$

其中，R_n 是投资者对公司 n 的要求回报率。

投资者偏好：在每一时期 t 有若干个代际重合（overlapping generations）的投资者出生、观测到数据并做出投资组合选择，用 $i \in [0, 1]$ 指代这些投资者。在接下来的时期 $t+1$，投资者卖掉他们的资产，对所获得的收益以及股息进行消费，并且退出模型。投资者的绝对风险厌恶系数是 λ_i，具有对于期末总财富的指数期望（CARA）：

$$U_i(W^i_{t+1}) = -e^{-\lambda_i W^i_{t+1}} \tag{3.5}$$

其中，λ_i 的值为正，即投资者厌恶风险。W^i_{t+1} 为投资者的期末财富。

投资者决定：投资者 i 的初始财富是 W^i_t。在时期 t 期初，投资者基于其信息集 Ξ^i_t 作出投资者组合选择。用 $q^i_{n,t}$ 表示投资者 i 期初对风险资产 n 的选择，则其期末财富是：

$$W^i_{t+1} = R_f(W^i_t - \sum_n q^i_{n,t} P_{n,t}) + \sum_n q^i_{n,t} V_{n,t+1} \tag{3.6}$$

其中，R_f 是无风险毛利率，$P_{n,t}$ 是资产 n 在时期 t 均衡状态下的市场出清价格。

由于投资者具有相对于期末总财富 W^i_{t+1} 的效用，其基于信息集 Ξ^i_t 选择对其可投资股票的投资量 $\{q_{n,t}^i\}_{n=1}^N$，解决如下最优化问题：

$$\text{Max}_{\{q_{n,t}^i\}_{n=1}^N} E[U_i(W_{t+1}^i) \mid \Xi_t^i] \tag{3.7}$$

在 W_{t+1}^i 的各个成分中，只有 $V_{n,t+1}$ 是随机变量且其服从条件正态分布，因此，W_{t+1}^i 也服从条件正态分布，根据正态分布的矩生成函数的性质，投资者 i 的最优化问题可以表示为：

$$\text{Max}_{\{q_{n,t}^i\}_{n=1}^N} E[U_i(W_{t+1}^i) \mid \Xi_t^i] = \text{Max}_{\{q_{n,t}^i\}_{n=1}^N} \lambda_i E(W_{t+1}^i \mid \Xi_t^i) - \frac{\lambda_i^2}{2} \text{Var}(W_{t+1}^i \mid \Xi_t^i) \tag{3.8}$$

将式（3.8）对 $\{q_{n,t}^i\}_{n=1}^N$ 求导，其一阶条件是[①]：

$$\frac{\partial L}{\partial q_{n,t}^i} = \lambda_i \sum_n E[(V_{n,t+1} - R_f P_{n,t}) \mid \Xi_t^i] - \frac{\lambda_i^2}{2} \times \sum_n q_{n,t}^i \text{Var}(V_{n,t+1} \mid \Xi_t^i) = 0 \tag{3.9}$$

由此可以得到投资者 i 对资产 n 的需求是：

$$q_{n,t}^i = \frac{E(V_{n,t+1} \mid \Xi_t^i) - R_f P_{n,t}}{\lambda_i \text{Var}(V_{n,t+1} \mid \Xi_t^i)} \tag{3.10}$$

噪声供给：需要在价格中引入一些噪声源以解释为什么一些投资者知道其他投资者不知道的信息。我们设定每一只股票的供给有一个股票特定的均值 $\bar{q}_n$ 以及一个无法观测的随机成分 $\tilde{q}_n$。因此，资产供给表示为：

$$q_n = \bar{q}_n + \tilde{q}_n \tag{3.11}$$

$\tilde{q}_n$ 是投资者无法观测到的随机变量，其服从正态分布：

$$\tilde{q}_n \sim N(0, \sigma_{nq}^2) \tag{3.12}$$

$\tilde{q}_n$ 的随机性使得投资者无法从价格中完美推断出有关企业收益的信息。

二、数据与信息

在本章的模型设定下，投资者会获取数据对企业收益进行预测。相关数据的

---

① 为了求解一阶条件，我们将期末财富及其预期进行如下表达：$W_{t+1}^i = RW_t^i + \sum_n q_{n,t}^i(V_{n,t+1} - RP_{nt})$ 和 $E[W_{t+1}^i \mid \Xi_t^i] = RW_t^i + + \sum_n q_{n,t}^i E[(V_{n,t+1} - RP_{n,t}) \mid \Xi_t^i]$。因为我们只分析企业特定部分的现金流冲击，因此期末财富的方差不需要考虑不同企业现金流冲击的相关性，可以简化表示为：$\text{Var}[W_t^i \mid I_t^i] = \text{Var}[\sum_n \sum_i q_n^i V_{nl} \mid I^i] = \sum_n (q_n^i)^2 \text{Var}(V_{nl} \mid I^i)$。

价值会经历三个阶段的提升：第一阶段是原始数据；第二阶段是投资者对数据的处理；第三阶段是投资者观察市场价格推断出其他投资者对同类数据的数理，将其应用于自身的投资决策所产生的数据价值进一步提升。

原始数据：在每一个时刻 t，投资者会获取有关企业特定现金流的数据。实践中，投资者从不同的来源获取数据，如价格、私人信号以及任何相关的信息。假设在期初，对于每一资产 $n \in [1, N]$，投资者都可以接触到 J^{in} 个不同的数据源 $\{\Xi_{n,t}^{i,j}\}_{j=1}^{J^{in}}$。每个数据源都提供了有关所有资产现金流冲击（innovation to cash flows）$\epsilon_{n,t+1}^{d}$ 的信号：

$$\Xi_{n,t}^{i,j} = F(\epsilon_{n,t+1}^{d}) + v_t \tag{3.13}$$

其中，$\Xi_{n,t}^{i,j}$ 是投资者 i 第 j 个数据源中有关资产 n 的数据，$\epsilon_{n,t+1}^{d}$ 是资产 n 的现金流冲击（dividend innovation），$v_t \sim N(0, \sigma_{nv}^2)$ 是数据中的噪声部分。$\Xi_{n,t}^{i,j}$ 是 $\epsilon_{n,t+1}^{d}$ 的函数加上噪声 v_t，函数 F( ) 反映了数据源 j 如何反映资产的未来收益。实际中，原始数据的形式以及所包含的信息往往较为复杂，可能反映有关市场整体以及企业特定部分的信息，也可能同时受到市场整体以及私人的噪声的影响。

投资者的数据处理：我们无须关注原始数据 $\{\Xi_{n,t}^{i,j}\}_{j=1}^{J^{in}}$ 的具体形式即函数 F(·) 的表达式，无论原始数据的形式如何，投资者会对不同的数据进行处理来服务一个目的——进行投资决策。因此，不同的数据会汇总成一个反映资产未来收益的无偏信号。

对于资产 n，假设投资者 i 观测到 J^{in} 个私人数据点中每一个数据点的物理度量都相同，假设都是 1 字节，则 J^{in} 越大，物理度量下的数据量越大。对于每个数据点 $j \in \{1, \cdots, J^n\}$，投资者 i 都会将其处理成有关期末资产特定现金流 $\epsilon_{n,t+1}^{d}$ 的有噪声私人信号：

$$s_{n,t}^{i,j} = \epsilon_{n,t+1}^{d} + \tilde{\epsilon}_{n,t}^{si,j} \tag{3.14}$$

其中，信号的噪声是：

$$\tilde{\epsilon}_{n,t}^{si,j} \sim_{iid} N(0, 1), \ m \in \{1, \cdots, J_n^i\} \tag{3.15}$$

$\tilde{\epsilon}_{n,t}^{si,j}$ 在时期 t 无法被观测到。这里每个数据 j 所转化的信号 $s_{n,t}^{i,j}$ 的噪声部分方差相同，反映了数据的物理度量相同。经过处理，原始数据的价值有了增加，$s_{n,t}^{i,j}$ 既包括原始数据 $\Xi_{n,t}^{i,j}$ 的价值，又包括投资者对数据的分析处理所产生的价值提高。

投资者会将不同的数据点汇总，构建一个统一的反映资产未来收益的信号，即：

$$s_{n,t}^i = \epsilon_{n,t+1}^d + \tilde{\epsilon}_{n,t}^{si} \tag{3.16}$$

其中，$s_{n,t}^i = \dfrac{\sum_{j=1}^{J_n^i} s_{n,t}^{i,j}}{J_n^i}$ 是投资者 i 针对资产 n 汇总后的信号，$\tilde{\epsilon}_{n,t}^{si} = \dfrac{\sum_{j=1}^{J_n^i} \tilde{\epsilon}_{n0}^{si,j}}{J_n^i}$ 是汇总后的信号的噪声。我们用 σ_{ns}^2 表示汇总后的信号的误差，即：

$$\tilde{\epsilon}_{n,t}^{si} \sim N(0, \sigma_{ns}^2) \tag{3.17}$$

可以看出，当数据点越多即 J_n^i 越大的情况下，处理后的信号精度越大，即

$$\mathrm{Var}(\tilde{\epsilon}_{n,t}^{si}) = \mathrm{Var}\left(\frac{\sum_{j=1}^{J_n^i} \tilde{\epsilon}_{n,t}^{si,j}}{J_n^i}\right)$$ 越小。因此，投资者从数据中提取出的信息精度直接反

映了数据量。而我们后面的推导会证明信号精度直接影响投资者的投资收益，即其从数据中获取的价值。因此，数据量和数据价值并无本质区别。

$$DataQuantity \Longleftrightarrow SignalPrecision \Longleftrightarrow DataValue$$

本章将会介绍信号精度进一步反映在股价信息量的度量中。用信息精度度量数据量避免了数据物理度量（如字节）并不直接反映数据的作用的问题。

价格信号中的同类数据信息：投资者将原始数据 $\{\Xi_{n,t}^{i,j}\}_{j=1}^{J^{in}}$ 处理成信号 $s_{n,t}^i$ 后，依据其进行投资决策，因而信号 $s_{n,t}^i$ 会反映在股价 $p_{n,t}$ 中。类似地，其他拥有同类数据的理性投资者也会将数据处理成相似的信号 $s_{n,t}$ 并依据其进行投资决策，因而也会反映在股价 $p_{n,t}$ 中。这意味着投资者可以通过观察股价 $p_{n,t}$ 推断出其他投资者处理的数据。因此，数据 $s_{n,t}^i$ 的价值不仅包括其本身，其价值还会随着 $p_{n,t}$ 所蕴含的同类数据 $s_{n,t}^i$ 而进一步增加。综上所述，投资者在期初进行投资组合选择时的预测性信息集是：

$$\Xi_t^i = \{\{s_{n,t}^i\}_{n=1}^N, \{p_{n,t}\}_{n=1}^N\} \tag{3.18}$$

即 $\{s_{n,t}^i\}_{n=1}^N$ 和 $\{p_{n,t}\}_{n=1}^N$ 提供反映资产未来收益的信息，Ξ_t^i 反映了原始数据 $\{\Xi_{n,t}^{i,j}\}_{j=1}^{J^{in}}$ 经过三阶段价值形成后的最终价值，其构成可以表示为：

$$\Xi_t^i = \{\Xi_{n,t}^i\}_{n=1}^N \tag{3.19}$$

其中，$\Xi_{n,t}^i$ 是针对特定资产 n 进行数据估值时的研究客体。

三、均衡求解

均衡：在市场出清的条件下，总需求等于总供给，即：

$$\int q_{n,t}^i di = \bar{q}_n + \tilde{q}_n \Rightarrow \int \frac{E(V_{n,t+1} \mid \Xi_t^i) - R_f p_{n,t}}{\lambda_i Var(V_{n,t+1} \mid \Xi_t^i)} di = \bar{q}_n + \tilde{q}_n \qquad (3.20)$$

为了解决这一均衡，我们使用标准的猜测—证实（guess-and-verify）过程。

首先，猜测价格服从线性形式。为了猜测均衡价格的具体线性表达形式，我们从投资者的均衡需求出发进行猜测。投资者依据其所能观察到的信息（即变量）决定其风险资产需求。在本部分的设定中，投资者能观察到当期价格 $p_{n,t}$ 以及私人信号 $s_{n,t}^i$，因此，其风险资产需求是：

$$q_{n,t}^i = \frac{1}{\lambda_i}(\alpha_0 + \alpha_s s_{n,t}^i - \alpha_{p0} p_{n,t}) \qquad (3.21)$$

其中，常数项 α_0 包含了常数量如风险资产的总供给、当期现金流 $d_{n,t}$ 等。这里我们假设需求函数中的系数对所有投资者相同。相应地，我们可以猜测出价格的线性形式（所有信息反映在价格猜测中）[1]：

$$p_{n,t} = A + B\bar{s}_{n,t} - C\tilde{q}_n \qquad (3.22)$$

其中，B 和 C 是系数。$\bar{s}_{n,t}$ 表示关于资产 n 的市场平均数据：

$$\bar{s}_{n,t} = \frac{\int_{i=1}^H \frac{1}{\lambda_i} s_{n,t}^i di}{\int_{i=1}^H \frac{1}{\lambda_i} di} = \frac{\int_{i=1}^H \frac{1}{\lambda_i}(\epsilon_{n,t+1}^d + \tilde{\epsilon}_{n,t}^{si}) di}{\int_{i=1}^H \frac{1}{\lambda_i} di} = \epsilon_{n,t+1}^d + \frac{\int_{i=1}^H \frac{1}{\lambda_i} \tilde{\epsilon}_{n,t}^{si} di}{\int_{i=1}^H \frac{1}{\lambda_i} di} \qquad (3.23)$$

相应地，股票价值的条件期望和方差是[2]：

$$E(V_{n,1+1} \mid \Xi_t^i) = \frac{G_n}{R_n - G_n} G_n d_{n,t} + \frac{G_n}{R_n - G_n} E(\epsilon_{n,t+1}^d \mid \Xi_t^i) \qquad (3.24)$$

---

[1] $\bar{q}_n + \tilde{q}_n = \frac{1}{H}\int_{i=1}^H q_n^i di = \frac{1}{H}\int_{i=1}^H \frac{1}{\lambda_i}(\alpha_0 + \alpha_s s_{n0}^i - \alpha_{p0} p_0) di = \frac{1}{H}\int_{i=1}^H \frac{1}{\lambda_i}\alpha_0 di + \frac{1}{H}\int_{i=1}^H \frac{1}{\lambda_i}\alpha_s s_{n0}^i di - \frac{1}{H}\int_{i=1}^H \frac{1}{\lambda_i}\alpha_{p0} p_0 di$

[2] $(V_{n,1+1} \mid \Xi_t^i) = E\left[\frac{G_n}{R_n - G_n}(G_n d_{n,t} + \epsilon_{n,t+1}^d) \mid \Xi_t^i\right]$; $Var(V_{n,1+1} \mid \Xi_t^i) = Var\left[\frac{G_n}{R_n - G_n}(G_n d_{n,t} + \epsilon_{n,t+1}^d) \mid \Xi_t^i\right]$

$$\mathrm{Var}(V_{n,1+1} \mid \Xi_t^i) = \left(\frac{G_n}{R_n - G_n}\right)^2 \mathrm{Var}(\epsilon_{n,1+1}^d \mid \Xi_t^i) \qquad (3.25)$$

根据贝叶斯信息法则可得[①]:

$$E(\epsilon_{n,1+1}^d \mid \Xi_t^i) = \frac{\left[\dfrac{s_{n,t}^i}{\sigma_{ns}^2} + \dfrac{(p_{n,t} - A)B}{C^2 \sigma_{nq}^2}\right]}{\left(\dfrac{1}{\sigma_{nd}^2} + \dfrac{1}{\sigma_{ns}^2} + \dfrac{B^2}{C^2 \sigma_{nq}^2}\right)} \qquad (3.26)$$

$$\mathrm{Var}(\epsilon_{n,1+1}^d \mid \Xi_t^i) = \frac{1}{\left(\dfrac{1}{\sigma_{nd}^2} + \dfrac{1}{\sigma_{ns}^2} + \dfrac{B^2}{C^2 \sigma_{nq}^2}\right)} \qquad (3.27)$$

由此,可得股票价值的条件期望和方差的最终表达式:

$$E(V_{n,t+1} \mid \Xi_t^i) = \frac{G_n}{R_n - G_n} G_n d_{n,t} + \frac{G_n}{R_n - G_n} \frac{\left[\dfrac{s_{n,t}^i}{\sigma_{ns}^2} + \dfrac{(p_{n,t} - A)B}{C^2 \sigma_{nq}^2}\right]}{\left(\dfrac{1}{\sigma_{nd}^2} + \dfrac{1}{\sigma_{ns}^2} + \dfrac{B^2}{C^2 \sigma_{nq}^2}\right)} \qquad (3.28)$$

$$\mathrm{Var}(V_{n,t+1} \mid \Xi_t^i) = \left(\frac{G_n}{R_n - G_n}\right)^2 \frac{1}{\left(\dfrac{1}{\sigma_{nd}^2} + \dfrac{1}{\sigma_{ns}^2} + \dfrac{B^2}{C^2 \sigma_{nq}^2}\right)} \qquad (3.29)$$

这里我们假设每个投资者的信号精度相同。

---

① 根据贝叶斯信息法则

$$\Pr(\epsilon_{n1}^d \mid s_{n0}^i, p_{n0}) \propto \Pr(\epsilon_{n1}^d) \Pr(s_{n0}^i \mid \epsilon_{n1}^d) \Pr(p_{n0} \mid \epsilon_{n1}^d)$$

$$= \frac{1}{\sqrt{2\pi}\sigma_{nd}} e^{-\frac{\epsilon_{n1}^2}{2\sigma_{nd}^2}} \times \frac{1}{\sqrt{2\pi}\sigma_{ns}} e^{-\frac{(s_{n0}^i - \epsilon_{n1}^d)^2}{2\sigma_{ns}^2}} \times \frac{1}{\sqrt{2\pi}\sqrt{\mathrm{Var}(p_{n0} \mid \epsilon_{fj1})}} e^{-\frac{[p_{n0} - E(p_{n0} \mid \epsilon_{n1}^d)]^2}{2\mathrm{Var}(p_{n0} \mid \epsilon_{n1}^d)}}$$

$$\propto e^{-\frac{1}{2}\left\{\frac{\epsilon_{n1}^{d2}}{2\sigma_{nd}^2} + \frac{(s_{n0}^i - \epsilon_{n1}^d)^2}{2\sigma_{ns}^2} + \frac{[p_{n0} - E(p_{n0} \mid \epsilon_{n1}^d)]^2}{2\mathrm{Var}(p_{n0} \mid \epsilon_{n1}^d)}\right\}}$$

$-E(p_{n0} \mid \epsilon_{n1}^d) = E(A + B\bar{s}_{n0} - C\tilde{q}_n \mid \epsilon_{n1}^d) = A + B\epsilon_{n1}^d$

$-p_{n0} - E(p_{n0} \mid \epsilon_{n1}^d) = A + B\bar{s}_{n0} - C\tilde{q}_n - (A + B\epsilon_{n1}^d) = B \dfrac{\int_{i=1}^H \dfrac{1}{\lambda_i} \bar{\epsilon}_{n0}^{si} di}{\int_{i=1}^H \dfrac{1}{\lambda_i} di} - C\tilde{q}_n$

$-\mathrm{Var}(P_{fj0} \mid \epsilon_{fj1}) = \mathrm{Var}(A + B\bar{s}_{n0} - C\tilde{q}_n \mid \epsilon_{fj1}) = C^2 \sigma_{nq}^2$

$$\propto e^{-\frac{1}{2}\left\{\frac{\epsilon_{n1}^{d2}}{2\sigma_{nd}^2} + \frac{(s_{n0}^i - \epsilon_{n1}^d)^2}{2\sigma_{ns}^2} + \frac{[p_{n0} - A - B\epsilon_{n1}^d]^2}{2C^2\sigma_{nq}^2}\right\}}$$

下面我们简化指数部分:$\dfrac{\epsilon_{n1}^{d2}}{\sigma_{nd}^2} + \dfrac{-2s_{n0}^i\epsilon_{n1}^d + \epsilon_{n1}^{d2}}{\sigma_{ns}^2} + \dfrac{-2(p_{n0} - A)B\epsilon_{n1}^d + B^2\epsilon_{n1}^{d2}}{C^2\sigma_{nq}^2} + \cdots = \left(\dfrac{1}{\sigma_{nd}^2} + \dfrac{1}{\sigma_{ns}^2} + \dfrac{B^2}{C^2\sigma_{nq}^2}\right)$

$\epsilon_{n1}^{d2} - 2\left[\dfrac{s_{n0}^i}{\sigma_{ns}^2} + \dfrac{(p_{n0} - A)B}{C^2\sigma_{nq}^2}\right]\epsilon_{n1}^d$,由此可得现金流的条件期望和方差。

最后，匹配市场出清公式的两侧。均衡条件 $\int \dfrac{E(V_{n,t+1} \mid \Xi_t^i) - Rp_{n,t}}{\lambda_i Var(V_{n,t+1} \mid \Xi_t^i)} di = \bar{q}_n +$

$\tilde{q}_n$ 可以表示为：

$$\int \frac{\dfrac{G_n}{R_n - G_n} G_n d_{n,t} + \dfrac{G_n}{R_n - G_n} \dfrac{\left[\dfrac{s_{n,t}^i}{\sigma_{ns}^2} + \dfrac{(p_{n,t} - A)B}{C^2 \sigma_{nq}^2}\right]}{\left(\dfrac{1}{\sigma_{nd}^2} + \dfrac{1}{\sigma_{ns}^2} + \dfrac{B^2}{C^2 \sigma_{nq}^2}\right)} - Rp_{n,t}}{\lambda_i \left(\dfrac{G_n}{R_n - G_n}\right)^2 \dfrac{1}{\left(\dfrac{1}{\sigma_{nd}^2} + \dfrac{1}{\sigma_{ns}^2} + \dfrac{B^2}{C^2 \sigma_{nq}^2}\right)}} di = \bar{q}_n + \tilde{q}_n \quad (3.30)$$

整理式（3.30）可得：

$$\left(\frac{1}{\sigma_{nd}^2} + \frac{1}{\sigma_{ns}^2} + \frac{B^2}{C^2 \sigma_{nq}^2}\right) R(A + B\bar{s}_{n,t} - C\tilde{q}_n)$$

$$= -\frac{1}{\int \dfrac{1}{\lambda_i} di} \left(\frac{G_n}{R_n - G_n}\right)^2 \bar{q}_n + \left(\frac{1}{\sigma_{nd}^2} + \frac{1}{\sigma_{ns}^2} + \frac{B^2}{C^2 \sigma_{nq}^2}\right) \frac{G_n}{R_n - G_n} G_n d_{n,t}$$

$$+ \frac{G_n}{R_n - G_n} \left(\frac{1}{\sigma_{ns}^2} + \frac{B^2}{C^2 \sigma_{nq}^2}\right) \bar{s}_{n,t} - \left[\frac{G_n}{R_n - G_n} \frac{1}{\sigma_{nq}^2} \frac{B}{C} + \frac{1}{\int \dfrac{1}{\lambda_i} di} \left(\frac{G_n}{R_n - G_n}\right)^2\right] \tilde{q}_n$$

$$(3.31)$$

均衡条件下，等式两边的系数相等：

$$\begin{cases} R_f A \left(\dfrac{1}{\sigma_{nd}^2} + \dfrac{1}{\sigma_{ns}^2} + \dfrac{B^2}{C^2 \sigma_{nq}^2}\right) = -\dfrac{1}{\int \dfrac{1}{\lambda_i} di} \left(\dfrac{G_n}{R_n - G_n}\right)^2 \bar{q}_n + \left(\dfrac{1}{\sigma_{nd}^2} + \dfrac{1}{\sigma_{ns}^2} + \dfrac{B^2}{C^2 \sigma_{nq}^2}\right) \dfrac{G_n}{R_n - G_n} G_n d_{n0} \\[4mm] R_f B \left(\dfrac{1}{\sigma_{nd}^2} + \dfrac{1}{\sigma_{ns}^2} + \dfrac{B^2}{C^2 \sigma_{nq}^2}\right) = \dfrac{G_n}{R_n - G_n} \left(\dfrac{1}{\sigma_{ns}^2} + \dfrac{B^2}{C^2 \sigma_{nq}^2}\right) \\[4mm] R_f C \left(\dfrac{1}{\sigma_{nd}^2} + \dfrac{1}{\sigma_{ns}^2} + \dfrac{B^2}{C^2 \sigma_{nq}^2}\right) = \left[\dfrac{G_n}{R_n - G_n} \dfrac{B}{C\sigma_{nq}^2} + \dfrac{1}{\int \dfrac{1}{\lambda_i} di} \left(\dfrac{G_n}{R_n - G_n}\right)^2\right] \end{cases}$$

$$(3.32)$$

对这一联立公式求解，根据式（3.32）中第 2、第 3 个子公式可得 $\dfrac{B}{C} =$

$\dfrac{\dfrac{1}{\sigma_{ns}^2} \int \dfrac{1}{\lambda_i} di}{\dfrac{G_n}{R_n - G_n}}$，代入第 2 个子公式可得 B，进而可以得到 C 和 A：

$$\begin{cases} B = \dfrac{1}{R_f}\dfrac{G_n}{R_n - G_n}\dfrac{\dfrac{1}{\sigma_{ns}^2} + \dfrac{1}{\sigma_{nq}^2}\left(\dfrac{\dfrac{1}{\sigma_{ns}^2}\int\dfrac{1}{\lambda_i}di}{\dfrac{G_n}{R_n - G_n}}\right)^2}{\dfrac{1}{\sigma_{nd}^2} + \dfrac{1}{\sigma_{ns}^2} + \dfrac{1}{\sigma_{nq}^2}\left(\dfrac{\dfrac{1}{\sigma_{ns}^2}\int\dfrac{1}{\lambda_i}di}{\dfrac{G_n}{R_n - G_n}}\right)^2} \\[40pt] C = \dfrac{1}{R_f}\left(\dfrac{G_n}{R_n - G_n}\right)^2\dfrac{\dfrac{1}{\sigma_{ns}^2} + \dfrac{1}{\sigma_{nq}^2}\left(\dfrac{\dfrac{1}{\sigma_{ns}^2}\int\dfrac{1}{\lambda_i}di}{\dfrac{G_n}{R_n - G_n}}\right)^2}{\dfrac{1}{\sigma_{nd}^2} + \dfrac{1}{\sigma_{ns}^2} + \dfrac{1}{\sigma_{nq}^2}\left(\dfrac{\dfrac{1}{\sigma_{ns}^2}\int\dfrac{1}{\lambda_i}di}{\dfrac{G_n}{R_n - G_n}}\right)^2}\dfrac{\sigma_{ns}^2}{\int\dfrac{1}{\lambda_i}di} \\[40pt] A = \dfrac{1}{R_f}\dfrac{-\dfrac{1}{\int\dfrac{1}{\lambda_i}di}\left(\dfrac{G_n}{R_n - G_n}\right)^2\bar{q}_n}{\dfrac{1}{\sigma_{nd}^2} + \dfrac{1}{\sigma_{ns}^2} + \dfrac{1}{\sigma_{nq}^2}\left(\dfrac{\dfrac{1}{\sigma_{ns}^2}\int\dfrac{1}{\lambda_i}di}{\dfrac{G_n}{R_n - G_n}}\right)^2} + \dfrac{1}{R_f}\dfrac{G_n}{R_n - G_n}G_n d_{n,t} \end{cases} \quad (3.33)$$

因此，均衡价格是：

$$R_f p_{n,t} = -\frac{1}{\int\dfrac{1}{\lambda_i}di}\left(\frac{G_n}{R_n - G_n}\right)^2\bar{q}_n\sigma_{nd}^2(1 - \kappa) + \frac{G_n}{R_n - G_n}G_n d_{n,t}$$

$$+ \frac{G_n}{R_n - G_n}\kappa\bar{s}_{n,t} - \left(\frac{G_n}{R_n - G_n}\right)^2\kappa\frac{\sigma_{ns}^2}{\int\dfrac{1}{\lambda_i}di}\tilde{q}_n \quad (3.34)$$

其中，κ 反映了投资者处理的数据在均衡价格中的反映：

$$\kappa = \frac{\dfrac{1}{\sigma_{ns}^2} + \dfrac{1}{\sigma_{nq}^2}\left(\dfrac{\dfrac{1}{\sigma_{ns}^2}\int\dfrac{1}{\lambda_i}di}{\dfrac{G_n}{R_n - G_n}}\right)^2}{\dfrac{1}{\sigma_{nd}^2} + \dfrac{1}{\sigma_{ns}^2} + \dfrac{1}{\sigma_{nq}^2}\left(\dfrac{\dfrac{1}{\sigma_{ns}^2}\int\dfrac{1}{\lambda_i}di}{\dfrac{G_n}{R_n - G_n}}\right)^2} \quad (3.35)$$

从均衡价格公式（3.34）可以看出，市场中不同投资者有关股票未来收益的数据以市场平均信号 $\bar{s}_{n,t}$ 的形式反映在均衡价格 $p_{n,t}$ 中。信号 $\bar{s}_{n,t}$ 的作用在于提供有关未来收益的信息，为了理解这一点，我们将均衡价格进一步表示为：

$$p_{n,t} = A + B\epsilon_{n,t+1}^{d} + \left(B\frac{\int_{i=1}^{H}\frac{1}{\lambda_i}\tilde{\epsilon}_{n,t}^{si}di}{\int_{i=1}^{H}\frac{1}{\lambda_i}di} - C\tilde{q}_n \right) \tag{3.36}$$

因为数据的作用在于提供有关未来现金流的信息，这一作用随着投资者对数据的使用而反映在股票价格中。因此，当期均衡价格提供了有关未来现金流的信息，可以表示为 $\frac{Rp_{n,t} - A}{B} = \epsilon_{n,t+1}^{d} - \frac{C}{B}\tilde{q}_n$，即价格是关于现金流变化的有噪声信号，其精度是 $\left(\frac{B}{C}\right)^2 \frac{1}{\sigma_{nq}^2}$。当均衡价格对基本面的敏感程度相对于其对供给噪声的敏感程度更高时$\left(\text{即} \frac{B}{C}\text{的值更大时}\right)$，这一信号的精度越高。

第三节　数据量与股价信息含量

第二节的均衡求解表明，投资者通过处理有关企业未来收益的数据进行决策，使得数据反映在均衡股票价格中，即均衡价格公式（3.36）中的系数 B。本节我们根据均衡价格构建数据量（data quantity）的度量指标。

一、均衡价格与数据

我们分析市场均衡价格对数据的反映。根据均衡价格公式（3.36），系数 B 反映了当期均衡价格 $p_{n,t}$ 对未来现金流 $\epsilon_{n,t+1}^{d}$ 的预测作用，即：

$$B \propto \text{Cov}(p_{n,t}, \epsilon_{n,t+1}^{d}) \tag{3.37}$$

假设 B = 0，则数据对未来现金流没有预测能力，此时数据对于投资决策没有价值。相反，B 的绝对值越大，则意味着数据在投资者决策中的作用越大，相应地，意味着投资者处理的数据量越大，同时也对应更高的数据价值。

下面我们建立系数 B 与数据的联系。这将建立数据与股价信息量的直接联系。为了确定从该系数中提取数据量的方法，系数 B 可以表示为：

$$B = \frac{1}{R_f} \frac{G_n}{R_n - G_n} \left[1 - \frac{\mathrm{Var}(\epsilon_{n,t+1}^d \mid \Xi_t^i)}{\mathrm{Var}(\epsilon_{n,t+1}^d)} \right] \qquad (3.38)$$

根据式（3.38）我们可以定义数据。

$\left[1 - \dfrac{\mathrm{Var}(\epsilon_{n,t+1}^d \mid \Xi_t^i)}{\mathrm{Var}(\epsilon_{n,t+1}^d)} \right]$ 反映了投资者对数据的分析处理所带来的价值，因而反映了数据量。具体原理如下：$\epsilon_{n,t+1}^d$ 是投资者决策所依据的核心目标变量，$\mathrm{Var}(\epsilon_{n,t+1}^d)$ 是 $\epsilon_{n,t+1}^d$ 的原始波动率，即未使用数据情况下企业收益的波动率。如果 $\mathrm{Var}(\epsilon_{n,t+1}^d)$ 为零，则投资者可以根据企业未来的现金流作出准确决策。相反，$\mathrm{Var}(\epsilon_{n,t+1}^d)$ 越大，投资者作出精确决策的难度越大。$\mathrm{Var}(\epsilon_{n,t+1}^d \mid \Xi_t^i)$ 是使用数据后 $\epsilon_{n,t+1}^d$ 的波动率。由于数据的使用可以降低不确定性，$\mathrm{Var}(\epsilon_{n,t+1}^d \mid \Xi_t^i)$ 的值要小于 $\mathrm{Var}(\epsilon_{n,t+1}^d)$，相应地，投资者可以作出更为精确的决策。假设单位数据带来的信息精度提升相同，则投资者处理的数据量越大，$\mathrm{Var}(\epsilon_{n,t+1}^d \mid \Xi_t^i)$ 越小，即总信息精度越大。因此，$\left[1 - \dfrac{\mathrm{Var}(\epsilon_{n,t+1}^d \mid \Xi_t^i)}{\mathrm{Var}(\epsilon_{n,t+1}^d)} \right]$ 反映了数据带来的信息精度的提升，其值随着数据量的增加而增加，相应地，对应的数据价值也越大。综上所述，我们依据法布迪、马特雷、维尔德坎普和文卡特斯瓦兰（2022）定义，同样将 $\left[1 - \dfrac{\mathrm{Var}(\epsilon_{n,t+1}^d \mid \Xi_t^i)}{\mathrm{Var}(\epsilon_{n,t+1}^d)} \right]$ 定义为数据量（quantity of data）。

$\dfrac{G_n}{R_n - G_n}$ 是标准的戈登增在系数（Gordon growth factor），反映企业的特征信息。可以看出，B 反映了被企业特征调整的数据量（价值）。如果投资者不拥有关于资产 n 的数据，那么关于现金流的事后方差 $\mathrm{Var}(\epsilon_{n,t+1}^d \mid \Xi_t^i)$ 和事前方差 $\mathrm{Var}(\epsilon_{n,t+1}^d)$ 相同，因此 B = 0，即价格不会反映投资者并未学习到的信息。另外，如果投资者完全知道企业未来的收益，那么 $\mathrm{Var}(\epsilon_{n,t+1}^d \mid \Xi_t^i) = \mathrm{Var}(\epsilon_{n,t+1}^d)$ 且 B = $\dfrac{R}{R - G_n}$，此时戈登增长成立。因此，价格和未来现金流共同变化（covary）的程度，即股价信息量这一被广泛研究的度量，提供了有关数据的信息、反映了投资者整体上处理了多少关于资产 n 的数据。

$\mathrm{Var}(\epsilon_{n,t+1}^{d} \mid \Xi_t)$ 反映了关于资产 n 的市场平均信号精度。为了理解其含义，将其表达为：

$$\mathrm{Var}(\epsilon_{n,t+1}^{d} \mid \Xi_t)^{-1} = (\sigma_{nd}^2)^{-1} + (\sigma_{ns}^2)^{-1} + \frac{B^2}{C^2}(\sigma_{nq}^2)^{-1} \tag{3.39}$$

其中，$(\sigma_{nd}^2)^{-1}$ 是无数据时收益的误差，$\dfrac{B^2}{C^2}(\sigma_{nq}^2)^{-1}$ 是从价格中获得的市场平均信号精度，$(\sigma_{ns}^2)^{-1}$ 是从私人信号中获得的市场平均信号精度。

二、数据与价格信息含量

前述分析表明价格中蕴含着有关数据量的信息。本部分建立数据量与股价信息含量的联系。股价信息含量是一个被广泛研究使用、衡量金融市场信息效率的指标（Pae，2002；袁知柱和鞠晓峰，2009；Gorton，Huang and Kang，2017；梁秀霞，2018；Bennett，Stulz and Wang，2020；徐慧、余怒涛和方巧玲，2023）。建立数据量的度量与股价信息含量文献的联系可以促进对数据量指标的经济意义的探索。进一步地，可以通过股价信息含量这一实证中较为容易度量的指标提取出数据量这一传统方法难以度量的指标。

根据均衡价格公式（3.36），由于投资者的核心决策变量是企业的未来收益 $\epsilon_{n,t+1}^{d}$，数据量因此反映在核心决策变量 $\epsilon_{n,t+1}^{d}$ 的系数 B 上。根据式（3.37），系数 B 反映当期均衡股票价格对企业未来收益的预测性，与预测价格效率（forecasting price efficiency）这一价格信息量指标相符。邦德、埃德曼斯和戈尔德斯坦（2012）提出预测价格效率这一概念，将其定义为市场价格对未来现金流的预测能力[1]。基于这一定义，白、菲利普蓬和萨沃夫（2016）构建了一个衡量预测价格信息量的指标，将其定义为企业未来现金流波动中与当期价格相关的部分，即：

$$P_{n,t}^{\mathrm{Info}} = \sqrt{\mathrm{Var}[\,E(d_{n,t+1} \mid P_{n,t})\,]} \tag{3.40}$$

为了使 $P_{n,t}^{\mathrm{Info}}$ 这一指标的单位具有意义，式（3.40）中对 $\mathrm{Var}[\,E(d_{n,t+1} \mid P_{n,t})\,]$

---

① 预测价格信息量这一指标的经济原理可以追溯到哈耶克（1945）对金融市场在汇集分散信息方面的作用的强调。在这一观点下，价格不仅传递了稀缺性，也解释了投资者所拥有的关于经济基本面的离散信息。

取平方根，因而 $P_{n,t}^{Info}$ 反映每一单位货币当前总资产对应的未来现金流（dollars of future cash flows per dollar of current total assets）。从技术上讲，$P_{n,t}^{Info}$ 反映了股票的现期价格和未来 t 期后现金流的共同变化程度，因为：

$$P_{n,t}^{Info} = \frac{Cov(d_{n,t+1}, P_{n,t})}{Std(P_{n,t})} \tag{3.41}$$

根据现金流过程公式（3.2），均衡价格公式（3.36）以及二者之间的关系公式（3.38），$P_{n,t}^{Info}$ 可以被进一步分解为：

$$P_{n,t}^{Info} = Std(p_{n,t}) \times \frac{Var(\epsilon_{n,t+1}^d)}{Var(p_{n,t})} \times \frac{1}{R_f} \frac{G_n}{R_n - G_n} \times \left[1 - \frac{Var(\epsilon_{n,t+1}^d \mid \Xi_t)}{Var(\epsilon_{n,t+1}^d)} \right] \tag{3.42}$$

需要指出的是，式（3.42）反映的是当期价格对于未来一期现金流的信息量，当我们分析当期价格对未来 T 期现金流的信息量时，可以定义为：

$$P_{n,t\to t+T}^{Info} = \sqrt{Var(p_{n,t})} \times \frac{Var(\epsilon_{n,t+1}^d)}{Var(p_{n,t})} \times \frac{1}{R_f} \frac{G_n^T}{R_n - G_n} \times \left[1 - \frac{Var(\epsilon_{n,t+1}^d \mid \Xi_{t\to t+T})}{Var(\epsilon_{n,t+1}^d)} \right]$$

$$\tag{3.43}$$

这一分解表明预测价格信息量这一股价信息量指标包含四个部分。

第一部分：$Var(p_{n,t})$ 是反映了金融市场中价格的波动率。文献中的一个惯例是将波动率本身作为信息含量的度量，这一实践很大程度上在于波动率易于计算。例如，坎贝尔、莱托、马尔基尔和徐（Campbell, Lettau, Malkiel and Xu, 2022）提出异质性波动率可以作为企业异质性信息的实证代理。在这种观点下，价格的波动率越大，价格的信息含量值越大。然而，这种做法受到了越来越多的挑战。达维拉和帕拉托雷（Dávila and Parlatore, 2023）指出用波动率衡量价格信息量仅在特定情形下有效。布罗加德、阮、普特尼斯、吴（2022）的实证研究发现波动率并非完全反映信息量，而是含有很大比例的噪声成分。式（3.43）表明，价格信息量除了受波动率影响，还受到企业特征和数据的影响，尤其是数据，可能对价格信息量产生实质性的影响，因此用波动率衡量信息量显然不合适。式（3.43）也表明为了有效地提取数据量指标，需要移除波动率对价格信息量的影响。

第二部分：$\frac{Var(\epsilon_{n,t+1}^d)}{Var(p_{n,t})}$ 是企业现金流的波动率相对于价格波动率的比值，反映了市场定价效率。本质上，$Var[\epsilon_{n,t+1}^d]$ 反映了企业基本面的波动率，$Var(p_{n,t})$ 反映了股票市场的波动率。在市场中不存在噪声的情况下（如风险资产的噪声供给和需求或者整体的投资者情绪），价格公式是 $Rp_{n,t} = A + B\epsilon^d_{n,t+1}$，价格的波动完全来自未来现金流的波动，此时 $\frac{Var(\epsilon^d_{n,t+1})}{Var(p_{n,t})} = 1$，此时市场有效（Fama，1970）。

相反，如果市场中存在较多的噪声，则 $\frac{Var(\epsilon^d_{n,t+1})}{Var(p_{n,t})}$ 的值较低。例如，席勒（Shiller，1981）发现投资者心理因素和市场情绪会导致价格偏离基本面，此时价格波动率相对于现金流波动率较高。因此，$\frac{Var(\epsilon^d_{n,t+1})}{Var(p_{n,t})}$ 反映了不考虑数据及其他因素情况下股票市场对一个公司的定价效率。

第三部分：$\frac{1}{R_f}\frac{G^T_n}{R_n - G_n}$ 与企业增长相关，R_f 是无风险利率，R_n 是投资者对企业 n 的要求回报率，G_n 反映了企业 n 的增长率。戈登增长模型将公司的股息政策、收益增长和盈利能力与市场估值联系起来，提供了基于预期未来表现的股票内在价值的模型。其中，戈登增长因子 $\frac{G^T_n}{R_n - G_n}$ 反映了公司股息的预期增长率，进而反映了公司的收益和现金流增长。这一因子与公司的股息政策、收益增长、股本回报率（ROE）、风险和要求的回报率、市场对该公司的认知等有关。因此，可以认为戈登增长因子较为综合地反映了企业特征。式（3.43）表明预测价格信息量与戈登增长因子正相关，这一点符合直觉，即快速增长的现金流表明价格对现金流的依赖程度更大，这会增加他们的协方差，因而导致更高的价格信息量。

第四部分：$\left[1 - \frac{Var(\epsilon^d_{n,t+1}\,|\,\Xi_t)}{Var(\epsilon^d_{n,t+1})}\right]$ 是投资者处理的有关企业 n 数据的反映，根据数据量和数据价值的等同性，我们认为其既反映数据价值又反映数据量。投资者处理分析的关于现金流的数据越多，$Var(\epsilon^d_{n,t+1}\,|\,\Xi_t)$ 的值越低，因而 $P^{Info}_{n,t\to t+T}$ 的值越高。式（3.43）的核心洞见是预测价格信息量 $P^{Info}_{n,t\to t+T}$ 这一金融市场信息效率指标不仅取决于波动率这一传统指标以及投资者处理的数据，也来源于市场本身的效率以及企业特征，即由波动率、定价效率、公司特征以及数据四个部分构成。这一点是本章对预测价格信息量的分解与法布迪、马特雷、维尔德坎普和文卡特斯瓦兰（2022）的分解的一个重要区别。法布迪等（2022）将

$\dfrac{\mathrm{Var}\left[\epsilon_{nl}^{d}\right]}{\mathrm{Std}(p_{n,t})}$ 定义为波动率而未进一步分析其经济含义。式 (3.43) 表明 $\dfrac{\mathrm{Var}\left[\epsilon_{nl}^{d}\right]}{\mathrm{Std}(p_{n,t})}$ 由波动率以及市场效率两个完全不同的指标构成,因此需要进行进一步区分。综上所述,式 (3.43) 的分解表明可以从价格信息量这一传统指标中提取出有关数据量以及数据价值的信息。另外,为了通过 $P_{n,t\rightarrow t+T}^{\mathrm{Info}}$ 有效提取有关数据的信息,需要排除波动率、资本市场效率以及企业增长率的影响。

第四节　预测价格效率与经济基本面

本节解释了为什么将预测价格效率定义为价格与未来现金流协方差(见式 (3.41))能够衡量金融市场的信息效率。从根本上讲,金融市场的信息效率体现了经济中的核心信息。那么,为什么预测价格效率能够反映经济中的核心信息?

本部分我们基于白、菲利普蓬和萨沃夫(2016)的分析建立预测价格效率(forecasting price efficiency)和显示价格效率(revelatory price efficiency)之间的联系。邦德、埃德曼斯和戈尔德斯坦(2012)首次区分价格信息量的这两个维度。如前面讨论的,预测价格效率反映市场价格对未来现金流的预测作用。与之相对,显示价格效率反映金融市场为实体经济中的决策制定者提供信息,以提高其投资和生产决定的经济效率的能力。预测价格效率和显示价格效率是信息效率的一体两面,一个合理的价格信息量指标需要同时反映二者。

根据托宾的 Q 理论,投资与未来现金流的条件期望成正比。直观地说,投资是对信息的一个选择权,公司价值内嵌了这一选择权的价值。由此可知,总体效率随着信息增加而提高(Hayek,1945),这可以通过预测的未来现金流的方差(即其条件期望的方差)来量化。我们对此进行分析,模型设定如下。

投资 Q 理论与总体效率:假设经济体遵从标准的 Q 理论模型(Hayashi,1982),考虑一个事后基本面价值(ex-post fundamental value)如下的企业:

$$V(z,\ \Delta k) = (1+z)(\bar{k}+\Delta k) - \Delta k - \frac{\gamma}{2k}\Delta k^{2} \tag{3.44}$$

其中,$\bar{k}$ 代表企业的现有资产(asset in place),Δk 是对新资本的投资(investment in new capital),z 是生产力冲击(productivity shock),Δk^{2} 反映调节成本

（adjustment cost），γ 是调节成本的系数。在这一设定下，经济体中的根本性信息是有关 z 的信息。

企业管理者根据其信息集 Ξ_m 进行投资决策来最大化企业价值，即：

$$\text{Max}_{\Delta k} \text{E}[\text{V}(z, \Delta k) \mid \Xi_m] \qquad (3.45)$$

这里为了便于阐释，假设折现率为零。由此可以得到著名的投资 Q 理论，即：

$$\gamma \frac{\Delta k^*}{k} = \text{E}(z \mid \Xi_m) \qquad (3.46)$$

其中，Δk^* 是企业的最优投资。根据这一理论，企业的最优投资率 $\frac{\Delta k^*}{k}$ 是给定投资者信息集 Ξ_m 下的预期生产力冲击 z 的函数。因此，最优的事后企业价值（ex-post firm value）是：

$$\frac{\text{V}(z, \Delta k^*)}{\bar{k}} = 1 + z + \frac{z}{\gamma}\text{E}(z \mid \Xi_m) - \frac{1}{2\gamma}\text{E}(z \mid \Xi_m)^2 \qquad (3.47)$$

管理者基于其信息集 Ξ_m 对事后企业价值的条件期望是：

$$\text{E}\left[\frac{\text{V}(z, \Delta k^*)}{\bar{k}} \mid \Xi_m\right] = 1 + \text{E}(z \mid \Xi_m) + \frac{1}{2\gamma}\text{E}[\text{E}(z \mid \Xi_m)^2] \qquad (3.48)$$

我们关注资本在企业之间的分配效率，因此在进行效率分析时我们考虑一组具有相同现存资本的企业（即事前完全相同的企业）。这一点是本部分的分析与白、菲利普蓬和萨沃夫（2016）的核心区别。白等研究的是市场整体的效率，因此分析的是资本在所有（大量）企业之间的分配效率。而本部分关注的是如何通过资本在少部分相似企业之间的分配来分析信息效率。

考虑一组相似的企业（即 $\bar{k}$ 相同）从同样的生产力冲击 z 中得到不同的信息。通过标准化这些企业的生产力冲击使其均值为零，即 $\text{E}(z \mid \Xi_m) = 0$，我们可以得到：

$$\frac{\text{E}[\text{V}(z, \Delta k^*) \mid \Xi_m]}{\bar{k}} = 1 + \frac{1}{2\gamma}\text{Var}[\text{E}(z \mid \Xi_m)] \qquad (3.49)$$

其中，预期最优企业价值与现存资本的比率 $\frac{\text{E}[\text{V}(z, \Delta k^*) \mid \Xi_m]}{\bar{k}}$ 反映了市场总体的效率。投资决策越有效，这一比值越大。$\text{Var}[\text{E}(z \mid \Xi_m)]$ 反映了生产力冲击 z 的可预测部分。由式（3.49）可以看出，总体效率是生产率冲击的函数。

信息环境：接下来我们考虑管理者所拥有的信息。实践中，管理者既拥有企业内部产生的信息又拥有市场价格中所包含的外部信息。内部信息表示如下：

$$\eta = z + \epsilon_\eta \tag{3.50}$$

其中，$\epsilon_\eta \sim N(0, \sigma_\eta^2)$。价格中所包含的信息来源于股票投资者进行交易时所依据的信息，表示如下：

$$s = z + \epsilon_s \tag{3.51}$$

其中，$\epsilon_s \sim N(0, \sigma_s^2)$。假设 ϵ_η 和 ϵ_s 相互独立。因此，η 和 s 是一个经济体系中两个可以提高效率的信息来源。

实践中，企业会向公众定期披露信息，这部分信息构成了市场参与者和企业管理者的共有信息，表示如下：

$$\eta' = \eta + \epsilon_{\eta'} \tag{3.52}$$

其中，$\epsilon_{\eta'} \sim N(0, \sigma_{\eta'}^2)$。$\epsilon_{\eta'}$ 与 ϵ_η 和 ϵ_s 相互独立。η' 反映了从企业流向市场中的信息。

对以上设定进行总结，企业管理者所拥有的信息集是：

$$\Xi_m = \{\eta', \eta, p\} \tag{3.53}$$

市场参与者所拥有的信息集是：

$$\Xi_i = \{\eta', s, p\} \tag{3.54}$$

反馈和均衡（feedback and equilibrium）：将 $F(z, k)$ 定义成企业的未来现金流，投资者通过持有股票而对其有索取权。根据市场参与者的信息集，均衡股票价格的形式如下：

$$p = \alpha E[F(z, \Delta k^*) | \eta', s, p] + \beta \tilde{q} \tag{3.55}$$

其中，$\tilde{q}$ 反映风险资产供给中的随机性部分，α 和 β 是噪声理性预期均衡下的内生系数。可以通过噪声理性预期模型进行求解。

可以看出，$\Delta k^* = \dfrac{\bar{k}}{\gamma} E(z | \eta', \eta, p)$ 和 $p = \alpha E[F(z, \Delta k^*) | \eta', s, p] + \beta u$ 反映金融市场与实体经济之间的反馈作用（feedback effect）。一方面，市场参与者根据企业最优投资决策 Δk^* 下的预期现金流来决定股票价格；另一方面，企业管理者从股票价格中提取信息进行投资决策，因而 Δk^* 受股票价格 p 影响。这一反馈作用表明价格中所蕴含的信息对企业价值以及总体经济效率有重要影响。以往研究提供了大量的支持性证据（Dow and Gorton, 1997；Subrahmanyam and Titman，1999；Ozdenoren and Yuan，2008；Goldstein and Guembel，2008；Bond，Goldstein and Prescott，2010；Goldstein，Ozdenoren and Yuan，2013；Edmans，Goldstein and Jiang，2015）。

下面我们分析价格信息量。根据邦德、埃德曼斯和戈尔德斯坦（2012）的定义，价格信息量（price informativeness）指股票价格对企业未来现金流的预测能力，即预测价格信息量。在以上模型设定下，企业价格反映在其市场—账面市值比上（market-to-book ratio），即 $q = \frac{p}{k}$，未来现金流则反映在 $\frac{v}{k}$ 上。因此，预测价格信息量是（FPE）：

$$FPE = Var\left[E\left(\frac{V(z, \Delta k^*)}{\bar{k}} \mid q \right) \right] \propto Cov(p_t, CF_{t+1}) \tag{3.56}$$

根据 $\frac{V(z, \Delta k^*)}{\bar{k}} = 1 + z + \frac{z}{\gamma}E(z \mid \Xi_m) - \frac{1}{2\gamma}E(z \mid \Xi_m)^2$，可以知道其一阶近似是 $\frac{v(z, \Delta k^*)}{\bar{k}} = 1 + z$，因此：

$$FPE = Var\left[E\left(\frac{V(z, \Delta k^*)}{\bar{k}} \mid q \right) \right] = Var[E(1 + z \mid q)] = Var[E(z \mid q)]$$

$$\tag{3.57}$$

由此可见，预测价格信息量的这一定义反映了经济体中的根本性信息。从度量上讲，这一结果表明预测价格信息量反映了现金流方差中可以由市场价格预测的部分。这与邦德、埃德曼斯和戈尔德斯坦（2012）所提出的预测价格信息量的经济含义相符。

第五节　结　　论

在数字化转型的浪潮中，已经确立了数据资产作为企业最宝贵资产之一的地位，对企业的战略规划和决策发挥着核心作用。数据资产的价值评估不仅对企业个体的发展至关重要，而且已成为衡量整个经济体系的竞争力和市场地位的关键指标。然而，数据资产的非竞争性、正反馈循环等独特属性，对传统估值方法提出了挑战，使得这些方法难以直接应用于数据资产的评估。

为了应对这一挑战，本章提出了一种基于金融市场数据量的数据估值方法。这种方法的核心在于，市场参与者根据数据所能带来的价值决定其对数据的获取、处理和分析，这一决策过程最终会反映在金融资产的均衡市场价格上。本章通过构建一个理论模型，阐释了如何通过分析市场价格来提取数据量信息，进而衡量数据价值。该模型基于噪声理性预期模型，构建了投资者使用数据辅助决策的多重资产选择模型，从而阐释了数据价值形成过程和数据量与数据价值的等同性。

数据是数字化的信息，相应地，本章依据预测价格效率这一衡量价格信息效率的指标构建数据量的度量。预测价格效率衡量了市场价格对未来现金流的预测能力，是金融市场信息汇集功能的反映，揭示了数据量与股价信息含量之间的联系。本章指出，通过预测价格效率可以提取股价信息含量，从而反映数据量和数据价值。

具体来说，本章将预测价格效率分解为四个组成部分：价格波动率，企业现金流的波动率相对于价格波动率的比值（反映市场定价效率），企业的增长率（反映企业特征），以及投资者通过获取、处理、分析数据所带来的不确定性的减少（反映数据量与数据价值）。这一分解不仅提供了对预测价格效率更细致的理解，而且为从市场价格中提取数据量信息提供了一种结构化的方法。

本章进一步探讨了预测价格效率与经济基本面的联系。基于托宾的 Q 理论框架，我们分析了预测价格效率与经济核心信息的关联。研究表明，预测价格效率不仅反映了数据量，也直接反映了经济总体的信息效率。这一发现建立了金融市场信息效率与实体经济效率之间的联系，阐明了金融市场与实体经济之间的反馈作用。

综上所述，本章的研究为理解和评估数据资产的价值提供了新的视角和方法。通过分析金融市场中的数据量和预测价格效率，可以更准确地衡量数据资产的价值，为数据驱动的决策提供支持。这对于促进企业创新和增长，优化经济结构，推动经济体向更高效、更智能的方向发展具有重要的理论和实践意义。本章的研究不仅为企业和政策制定者提供了宝贵的指导，也为整个经济体的持续健康发展贡献了重要的理论和实证基础。通过本章的分析，我们能够更深刻地理解数据资产在现代经济中的作用，以及如何通过科学的评估方法来释放数据资产的潜力，推动经济的持续进步和繁荣。

参考文献

［1］徐慧，余怒涛，方巧玲. 国有企业集团数字化转型与股价信息含量［J］. 证券市场导报，2023（8），16－26.

［2］杨竹清，张超林. 股价信息含量和同步性研究的综述［J］. 经济界，2015（6）：14－21.

［3］梁秀霞. 中国证券市场股价信息含量的影响因素研究［J］. 金融经济，2018（8）：122－123.

［4］袁知柱，鞠晓峰. 股价信息含量测度方法、决定因素及经济后果研究综述［J］. 管理评论，2009（4）：42－52.

［5］Admati, A. R. A noisy rational expectations equilibrium for multi-asset securities markets［J］. Econometrica：Journal of the Econometric Society，1985，53（3）：629－657.

［6］Bai, J., Philippon, T., Savov, A. Have financial markets become more informative?［J］. Journal of Financial Economics，2016，122（3）：625－654.

［7］Bali, T. G., Brown, S. J., Tang, Y. Is economic uncertainty priced in the cross-section of stock returns?［J］. Journal of Financial Economics，2017，126（3）：471－489.

［8］Beaver, W. H. The information content of annual earnings announcements［J］. Journal of Accounting Research，1968，6（1）：67－92.

［9］Bennett, B., Stulz, R., Wang, Z. Does the stock market make firms more productive?［J］. Journal of Financial Economics，2020，136（2）：281－306.

［10］Bond, P., Goldstein, I., Prescott, E. S. Market-based corrective actions［J］. The Review of Financial Studies，2010，23（2）：781－820.

［11］Brennan, M. J. Capital market equilibrium with divergent borrowing and lending rates［J］. Journal of Financial and Quantitative Analysis，1971，6（5）：1197－1205.

［12］Brogaard, J., Nguyen, T. H., Putnins, T. J., et al. What moves stock prices? The roles of news, noise, and information［J］. The Review of Financial Studies, 2022, 35 (9): 4341 – 4386.

[13] Campbell, J. Y., Lettau, M., Malkiel, B., et al. Idiosyncratic equity risk two decades later [J]. Critical Finance Review, 2023, 12 (1 – 4): 203 – 223.

[14] Carpenter, J. N., Lu, F., Whitelaw, R. F. The real value of China's stock market [J]. Journal of Financial Economics, 2021, 139 (3): 679 – 696.

[15] Chari, A., Henry, P. B. Firm-specific information and the efficiency of investment [J]. Journal of Financial Economics, 2008, 87 (3): 636 – 655.

[16] Ciuriak, D. The economics of data: Implications for the data-driven economy [R]. 2018.

[17] Curley, M., Salmelin, B. Data-driven innovation [M]. Switzerland: In Open Innovation 2.0: The New Mode of Digital Innovation for Prosperity and Sustainability, 2018.

[18] Dávila, E., Parlatore, C. Volatility and informativeness [J]. Journal of Financial Economics, 2023, 147 (3): 550 – 572.

[19] Deighton, J., Johnson, P. A. The Value of Data: Consequences for insight, innovation and efficiency in the US economy [J]. Data – Driven Marketing Institute, 2013 (14): 1 – 105.

[20] Dow, J., Gorton, G. Stock market efficiency and economic efficiency: Is there a connection? [J]. The Journal of Finance, 1997, 52 (3): 1087 – 1129.

[21] Edmans, A., Goldstein, I., Jiang, W. Feedback effects, asymmetric trading, and the limits to arbitrage [J]. American Economic Review, 2015, 105 (12): 3766 – 3797.

[22] Fama, E. F., French, K. R. The capital asset pricing model: Theory and evidence [J]. Journal of Economic Perspectives, 2004, 18 (3): 25 – 46.

[23] Fama, E. F., MacBeth, J. D. Risk, return, and equilibrium: Empirical tests [J]. Journal of Political Economy, 1973, 81 (3): 607 – 636.

[24] Fama, E. F., Fisher, L., Jensen, M. C., et al. The adjustment of stock prices to new information [J]. International Economic Review, 1969, 10 (1): 1 – 21.

[25] Farboodi, M., Matray, A., Veldkamp, L., et al. Where has all the data gone? [J]. The Review of Financial Studies, 2022, 35 (7): 3101 – 3138.

[26] Farboodi, M. , Singal, D. , Veldkamp, L. , et al. Valuing financial data [R]. (No. w29894), National Bureau of Economic Research, 2022.

[27] Frazzini, A. , Pedersen, L. H. Betting against beta [J]. Journal of Financial Economics, 2014, 111 (1): 1 –25.

[28] Friend, I. , Blume, M. Measurement of portfolio performance under uncertainty [J]. The American Economic Review, 1970, 60 (4): 561 –575.

[29] Goldstein, I. , Guembel, A. Manipulation and the allocational role of prices [J]. The Review of Economic Studies, 2008, 75 (1): 133 –164.

[30] Goldstein, I. , Ozdenoren, E. , Yuan, K. Trading frenzies and their impact on real investment [J]. Journal of Financial Economics, 2013, 109 (2): 566 – 582.

[31] Gorton, G. B. , Huang, L. , Kang, Q. The limitations of stock market efficiency: Price informativeness and CEO turnover [J]. Review of Finance, 2017, 21 (1): 153 –200.

[32] Hayashi, F. Tobin's marginal q and average q: A neoclassical interpretation [J]. Econometrica: Journal of the Econometric Society, 1982, 50 (2): 213 –224.

[33] Hayek, F. A. American economic association [J]. The American Economic Review, 1945, 35 (4): 519 –530.

[34] Jensen, M. C. , Black, F. , Scholes, M. S. The capital asset pricing model: Some empirical tests [M]. Studies in the theory of Capital Markets. New York: Praeger Publisher, 1972.

[35] Jones, C. I. , Tonetti, C. Nonrivalry and the Economics of Data [J]. American Economic Review, 2020, 110 (9): 2819 –2858.

[36] Veldkamp, L. Valuing Data as an Asset [J]. Review of Finance, 2023, 27 (5): 1545 –1562.

[37] Ozdenoren, E. , Yuan, K. Feedback effects and asset prices [J]. The Journal of Finance, 2008, 63 (4): 1939 –1975.

[38] Pae, S. Discretionary disclosure, efficiency, and signal informativeness [J]. Journal of Accounting and Economics, 2002, 33 (3): 279 –311.

[39] Pentland, A. , Lipton, A. , Hardjono, T. Building the new economy:

Data as capital [M]. Cambridge: MIT Press, 2021.

[40] Shiller, R. J. Do stock prices move too much to be justified by subsequent changes in dividends? [J]. American Economic Review, 1981, 71 (3): 421 – 436.

[41] Subrahmanyam, A., Titman, S. The going-public decision and the development of financial markets [J]. The Journal of Finance, 1999, 54 (3): 1045 – 1082.

[42] Tobin, J. A general equilibrium approach to monetary theory [J]. Journal of Money, Credit and Banking, 1969, 1 (1): 15 – 29.

[43] Van Dijck, J. Datafication, dataism and dataveillance: Big Data between scientific paradigm and ideology [J]. Surveillance & Society, 2014, 12 (2): 197 – 208.

[44] Van Nieuwerburgh, S., Veldkamp, L. Information immobility and the home bias puzzle [J]. The Journal of Finance, 2009, 64 (3): 1187 – 1215.

[45] Varian, H. R., Farrell, J., Shapiro, C. The economics of information technology: An introduction [M]. Cambridge: Cambridge University Press, 2004.

[46] West, S. M. Data capitalism: Redefining the logics of surveillance and privacy [J]. Business & Society, 2019, 58 (1): 20 – 41.

第四章

中国股市的数据量与信息效率研究

本章对中国金融市场处理的数据量以及价格信息效率进行实证研究，分析了市场整体的变化以及不同企业之间的差异。数据量反映了金融市场参与者处理的数据的价值。实证结果显示，自 2000 年以来市场整体的信息效率随经济状态的变化而产生了明显的波动，而数据量的变化起到了关键的驱动作用。对不同预测时域的分析表明，投资者处理的关于短期信息的数据较多，反映了股市散户投资者、短期投机交易较多的现状。分组分析结果表明，数据量和信息效率的变化在不同企业间具有明显差异。例如，大型企业的信息效率较高，小型企业与其存在差距，但仍在许多时期高于大型企业。数据在二者信息效率的动态变化中起到重要驱动作用。此外，小型企业与大型企业的数据量具有竞争性，即投资者要在处理哪种企业的数据上进行权衡取舍。除此之外，本章对不同成长性、所有权结构、行业的分析均表明不同企业的价格信息效率和数据量具有明显差异，且在不同历史时期、不同预测时域下呈现出相当程度的变化。本章的研究结果反映了数据在推动金融市场信息效率上的重要作用。

第一节　引　　言

自 2010 年以来，中国的国内生产总值（GDP）连续稳居世界第二位，截至 2022 年已达到 121.02 万亿元，占全球经济的份额约为 17.7%，成为世界经济增长的主要引擎之一。伴随着经济的快速发展，中国股票市场也引起了越来越多的重视。一个重要的原因在于股票市场不仅是经济发展的晴雨表，更是资源配置的重要平台。股票市场在资源配置中的关键作用，决定了资本是否能够流向最需要的部门，从而影响整个经济的运行效率（Caporale，Howells and Soliman，2004；Chikwira and Mohammed，2023；He and Wei，2023）。

作为股票市场整体表现的反映，中国股市的大盘指数长期以来却备受批评，一方面由于其长期停滞不前，另一方面由于其没有反映出经济的整体健康状况（Balsara，Chen and Zheng，2007；Li and Lei，2022；Wu，2023）。然而，许多研究从信息效率的角度发现中国股票市场有效地发挥了汇集信息、优化资源配置的作用。例如，基于白、菲利普蓬和萨沃夫（2016）所构建的预测价格效率指标，卡彭特、卢、怀特劳（Carpenter，Lu and Whitelaw，2021）研究了中国股票市场1995年至2016年的信息效率，发现其保持了上升态势，有效地发挥了信息汇集的作用。

那么，是什么驱动了金融市场信息效率的变化呢？根据本书第三章对价格信息效率的分解，信息效率由估值离散度、定价效率、企业增长以及数据量构成。已知伴随着经济的快速发展，中国的数字经济规模也在显著扩展，从2005年的2.6万亿元增长到2022年的50万亿元，占GDP的比重从14.2%上升至41.5%。[①] 数据是数字经济时代的核心生产要素，其在数字经济的发展中发挥着核心作用（Pan，Xie，Wang and Ma，2022；Jia and Chen，2022；Xu，Yao and Li，2024）。因此，一个合理的猜测是数据在中国金融市场的信息效率变化中发挥了重要的作用。

根据本书第三章对价格信息效率的分解，数据量是价格信息效率的组成成分之一。结合数字经济占GDP的比重逐年上升的背景，有必要研究数据量这一价格信息效率的组成部分在提升中国股市信息效率中的作用。此外，本书第三章的理论模型表明，数据量本身就是对数据价值的反映。因此，研究金融市场处理的数据量的变化，也反映了金融市场数据价值的变化。本章旨在实证分析中国金融市场价格信息效率以及数据量的变化，以更深入地剖析其在汇集信息方面的作用。本章既关注市场整体数据量与信息效率的时间序列变化，又关注不同企业之

---

① 资料来源：根据《中国数字经济发展白皮书（2020）》《中国数字经济产业发展报告（2023）》整理。

间的数据量与信息效率的时间序列变化以及截面差异。本章的具体研究内容如下。

　　首先，基于第三章的理论模型构建价格信息效率和数据量估计的实证分析框架。价格信息效率是基于白、菲利普蓬和萨沃夫（2016）针对邦德、埃德曼斯和戈尔德斯坦（2012）提出的预测价格信息效率所设计的度量，其经济含义是反映市场价格区分不同盈利水平的企业的能力。在这一度量的基础上，本书第三章基于法布迪、马特雷、维尔德坎普和文卡特斯瓦兰（2022）的理论框架，将预测价格信息量进一步分解为数据量、估值离散度、定价效率以及企业增长四个部分。本章重点关注数据量在价格信息效率变化中的作用。

　　在构建了实证分析框架后，我们首先进行市场整体的信息效率和数据量估计，以分析中国市场处理了多少数据及其对信息效率的提升作用。实证结果显示，与卡彭特、卢、怀特劳（2021）的发现一致，市场整体的信息效率在2000年至2008年间逐步提高，这一时期正值中国经济快速增长和金融市场不断开放。然而，2008年金融危机对全球经济造成了重大冲击，中国市场的信息效率也因此受到影响，出现了一定程度的下降。值得注意的是，随着市场逐渐适应新的经济环境和政策调整，信息效率在2016年后开始回升。

　　在分析市场整体信息效率和数据量时，我们还考虑了不同预测时域（forecasting horizon）对结果的影响。短期内（如一年），市场对企业的盈利预期较为一致，信息效率较高，反映了市场能够快速反应和处理当前信息。而在长期（如五年），市场对未来盈利的不确定性增加，导致信息效率的下降。这种变化在2008年金融危机期间尤为显著，短期内市场的信息效率下降较小，但长期的信息效率下降较大。随着2016年后的政策调整和市场适应，信息效率在不同预测时域内均有所回升，但长期预测时域的信息效率恢复速度较慢，反映了市场对长期经济前景的谨慎态度。

　　我们的研究表明，数据量的变化是驱动信息效率变化的主要因素。在此期间，随着数字经济的快速发展和数据处理技术的进步，市场参与者能够更有效地利用和分析数据，从而提高了市场的信息效率。具体而言，数据的可获得性和质量的提升，使得投资者能够作出更为明智的决策，市场价格更能反映企业的真实价值。此外，实证结果显示，在数据量显著增加的年份，市场的信息效率提升尤为显著。这表明数据量不仅是市场信息效率变化的重要指标，也是提升信息效率的关键驱动力。这一发现强调了在数字经济时代，数据作为核心生产要素的重要性，以及其在提升市场效率中的关键作用。

接下来，我们对不同特征企业的价格信息效率以及数据量进行了详细的研究，重点探讨了企业规模、成长性、所有权性质以及行业之间的差异。

在规模分组中，我们研究了不同规模企业的价格信息效率与数据量的差异。以往研究表明，企业规模与价格信息量密切相关。我们将样本企业按市值分为大型企业和小型企业两组，发现 2000 年至 2008 年期间，大型企业的价格信息效率显著高于小型企业，但 2008 年金融危机后，大型企业的信息效率有所下降，小型企业的信息效率则有所提升。这种变化可能反映了投资者资源有限，在处理大型企业和小型企业的数据时存在权衡取舍的情况。在 2012 年至 2018 年期间，大型企业的信息效率再次显著高于小型企业，且这一时期大型企业的数据处理量显著增加，而小型企业的数据处理量则有所下降，显示出数据量的变化在信息效率提升中的关键作用。

在成长性分组中，我们根据企业的账面市值比，将样本企业分为成长型和价值型企业。结果表明，2000 年至 2008 年间，成长型企业的价格信息效率显著高于价值型企业，反映了市场对成长型企业未来增长潜力的更高预期。2009 年至 2011 年期间，成长型企业的价格信息效率进一步上升，而价值型企业的价格信息效率大幅下降。进入 2012 年至 2018 年，成长型企业的信息效率有所下降，而价值型企业的信息效率有所上升。这种变化可能源于市场预期的调整，以及对不同成长性企业风险与回报的重新评估。数据量方面，成长型企业在 2000 年至 2011 年处理的数据量高于价值型企业，但在 2012 年至 2018 年，价值型企业的数据量显著增加，显示出数据量的变化在价格信息效率调整中的重要作用。

在所有权结构分组中，我们对国有企业和非国有企业的价格信息效率和数据量进行了比较。结果显示，当预测时域为未来一年时，2000 年至 2008 年间，国有企业的价格信息效率高于非国有企业，反映了市场对国有企业的稳定预期和政策支持。然而，2009 年至 2011 年间，非国有企业的价格信息效率显著提升，而国有企业的信息效率则明显下降。到 2012 年至 2018 年，两类企业的价格信息效率均有所下降，反映出市场环境的不确定性增加。在数据量方面，2000 年至 2011 年，国有企业的数据处理量明显多于非国有企业，但在 2012 年至 2018 年，非国有企业的数据处理量明显增加，显示出数据量的变化在信息效率变化中的重要作用。

在行业分组中，我们将企业按行业分为金融、公用事业、房地产、综合、工业和商业六个组别。分析结果显示，金融行业在所有预测时域中均展现出较高的价格信息效率，这可能是由于其高信息透明度和流通性（Neuenkirch，2013；Vayanos and Wang，2013；Tsai，Tzang and Chang，2021）。房地产和公用事业在短期内的价格信息效率表现突出，而工业和商业行业在长期预测时域下的价格信息效率相对较低，这可能反映了市场对这些行业未来盈利能力的不确定性（Ball，2008；Benjamin，Zietz and Sirmans，2003；Balemi，Füss and Weigand，2021）。数据量方面，金融行业的数据处理量在所有行业中最高，反映出市场对金融行业信息的高度关注和处理能力（Hasan，Popp and Oláh，2020；Huang，Chai and Cho，2020；Liu，Chan and Chimhundu，2024）。数据量的增加在提高这些行业的信息效率中起到了关键作用，尤其是在金融行业。

不同分组下的分析显示，预测时域对价格信息效率和数据量有显著影响。短期内（如1年），市场对大企业、成长型企业、国有企业以及金融和公用事业行业的信息效率和数据处理量较高，反映了市场对这些企业和行业的稳定预期和高度关注（Huang，Ying，Yang and Hassan，2019；Le，Park and Castillejos - Petalcorin，2023；Mahmood，Ahmed，Hussain and Ben - Zaied，2023）。然而，长期预测时域（如5年）内，小企业、价值型企业、非国有企业以及房地产和工业行业的信息效率和数据处理量显著增加，表明市场对这些企业和行业的长期增长潜力和未来盈利能力有更高的关注和信息需求（Audretsch，Guo，Hepfer，Menendez and Xiao，2016；Guo，Wang and Wei，2018；Liu，Luo and Han，2019）。这一发现强调了在不同预测时域下，市场对信息的处理和分析能力的动态变化以及数据量在提升信息效率中的关键作用。

综上所述，不同规模、成长性和行业的企业在价格信息效率和数据量上存在显著差异。这些差异受企业特征、市场环境和宏观经济条件的影响。通过对中国市场整体信息效率和数据量的详细分析，我们揭示了数据在金融市场中的核心作用，为政策制定者和市场参与者提供了宝贵的参考依据。这些结果不仅有助于理解市场效率的变化机制，还为提升市场效率提出了实际可行的建议。

本章剩余部分的结构如下：第二节介绍分解价格信息效率、估计数据量的理论基础以及实证路径；第三节对市场整体的价格信息效率和数据量的变化进行分析；第四节对不同规模、成长性、所有权性质以及产业的企业的价格信息效率和数据量进行分析；第五节总结实证结果并提出政策建议。

第二节　理论与实证设计

本节介绍基于金融市场进行价格信息效率和数据量估计的理论框架和实证设计。

一、理论基础

本章使用的价格信息效率度量是基于白、菲利普蓬和萨沃夫（2016）构建的预测价格信息量指标。这一指标将价格信息效率定义为企业未来盈利波动中与当期价格相关的部分，即：

$$P_{n,t\rightarrow\Delta T}^{Info} = \sqrt{Var\left[E\left(\epsilon_{n,t+\Delta T}^{d} \mid P_{n,t}\right)\right]} \tag{4.1}$$

其中，$\epsilon_{n,t+\Delta T}^{d}$是企业 n 的未来盈利波动，$P_{n,t}$是企业 n 的当期价格。白、菲利普蓬和萨沃夫（2016）通过对方差 $Var\left[E\left(\epsilon_{n,t+\Delta T}^{d} \mid P_{n,t}\right)\right]$ 取平方根以使$P_{n,t\rightarrow\Delta T}^{Info}$具有经济意义，反映每一单位货币当前总资产对应的未来现金流（dollars of future cash flows per dollar of current total assets）。通过明确表达$P_{n,t\rightarrow\Delta T}^{Info}$，即：

$$P_{n,t\rightarrow\Delta T}^{Info} = \frac{Cov(\epsilon_{n,t+\Delta T}^{d}, P_{n,t})}{Std(P_{n,t})} \tag{4.2}$$

可以看出，$P_{n,t\rightarrow\Delta T}^{Info}$反映了股票的当前价格和未来 T 期后现金流的共同变化程度。

股票价格和企业未来盈利呈现出共同变化的原因在于当期市场价格中包含了有关未来盈利的信息。根据本书第三章基于法布迪、马特雷、维尔德坎普和文卡特斯瓦兰（2022）的研究构建的理性噪声模型可以看出，投资者处理的有关未来盈利的数据会反映在均衡价格上，即：

$$p_{n,t} = A + B\epsilon_{n,t+\Delta T}^{d} - C\tilde{q}_{n} \tag{4.3}$$

其中，A、B 和 C 是常数，$\tilde{q}_n$ 反映了市场中的噪声，如风险资产的噪声供

给。系数 $B = \dfrac{1}{R_f}\dfrac{G_n}{R_n - G_n} \dfrac{\dfrac{1}{\sigma_{ns}^2} + \dfrac{1}{\sigma_{nq}^2}\left(\dfrac{\dfrac{1}{\sigma_{ns}^2}\int \dfrac{1}{\lambda_i}di}{\dfrac{}{R_n - G_n}}\right)^2}{\dfrac{1}{\sigma_{nd}^2} + \dfrac{1}{\sigma_{ns}^2} + \dfrac{1}{\sigma_{nq}^2}\left(\dfrac{\dfrac{1}{\sigma_{ns}^2}\int \dfrac{1}{\lambda_i}di}{\dfrac{}{R_n - G_n}}\right)^2}$ 衡量了价格对未来盈利的反

映程度。结合式（4.2）和式（4.4），价格信息效率可以分解为：

$$P_{n,t\to\Delta T}^{Info} = \sqrt{Var(p_{n,t})} \times \frac{Var(\epsilon_{n,t+1}^d)}{Var(p_{n,t})} \times \frac{1}{R_f}\frac{G_n^T}{R_n - G_n} \times \left[1 - \frac{Var(\epsilon_{n,t+1}^d \mid \Xi_{t\to t+\Delta T})}{Var(\epsilon_{n,t+1}^d)}\right]$$

$$(4.4)$$

其中，$Var(\epsilon_{n,t+1}^d \mid \Xi_{t\to t+\Delta T})$ 和 $Var(\epsilon_{n,t+1}^d)$ 分别反映了有无数据 $\Xi_{t\to t+\Delta T}$ 的情况下投资者对企业未来盈利的不确定性，因此，$\left[1 - \dfrac{Var(\epsilon_{n,t+1}^d \mid \Xi_{t\to t+T})}{Var(\epsilon_{n,t+1}^d)}\right]$ 反映了投资者对数据的处理。式（4.4）是本章进行实证估计的理论基础，后面的实证设计部分会对该公式进行详细介绍。根据这一方法提取出价格信息量中的数据成分，反映了金融市场投资者处理了多少有关一个公司的数据。

二、数据来源以及实证思路

本章使用中国上市企业的数据进行分析，包括上海证券交易所、深圳证券交易所和北交所所有上市企业。股票市场交易数据和企业财务数据均来自于中国经济金融研究数据库（CSMAR）。本章使用年度数据进行分析。全样本数据区间为 1998 年至 2023 年。由于在每一年需要使用前后两年的数据估计参数，且涉及对未来五年企业盈利的预测，本章报告的实证结果区间一般为 2000 年至 2018 年。

在实证估计时，我们使用市值（$M_{n,t}$）对总资产（$As_{n,t}$）的比值 $\dfrac{M_{n,t}}{As_{n,t}}$ 作为价格 $p_{n,t}$ 的实证代理变量，其中，$M_{n,t}$ 是企业在时期 t 的市值，$As_{n,t}$ 是企业在时期 t 的总资产。使用收益（$E_{n,t+\Delta T}$）对总资产的比值（ROA）作为企业盈利的代理变量（其中收益指利息和税前的收益，即 EBIT），其中，$E_{n,t+\Delta T}$ 指企业在时期 t +

ΔT 的现金流。在获得了原始数据后，本章对原始数据进行了针对通货膨胀的调整以削弱由于名义价值所带来的预测性。具体来说，使用以 1990 年为基期的国内生产总值平减指数（GDP deflator）对所有变量进行调整。数据来自 CSMAR。此外，本章还对两个比率均进行缩尾。以往许多研究批评中国企业的财务数据质量较低（DeFond，Wong and Li，1999；Chen and Yuan，2004；Wang，Ó Hogartaigh and Van Zij，2008），但卡彭特、卢、怀特劳（2021）指出较低的财务报表质量会阻碍对价格信息效率的发现，因此相当于为此类研究设立了更高的标准。此外，许多相关研究排除了金融企业，本章发现加入或排除金融企业并不影响主要结论，因此本章的实证估计中保留了这一行业中的企业。

本章的实证分析将分别进行市场整体以及个股的价格信息效率和数据量估计。在进行市场整体的数据量的估计时，我们使用所有样本股票进行估计。已有研究如法布迪、马特雷、维尔德坎普和文卡特斯瓦兰（2022）针对不同类型企业进行了分析，而并未对市场整体的信息效率进行分析。我们认为这一分析可以回答金融市场整体处理了多少数据这一问题，有助于理解市场整体信息效率的变化。在进行个股的分析时，由于对个股进行度量误差较大，我们将股票分组进行分析。每一组的数据量可以作为该组中个股数据量的有效实证代理（empirical proxy）。

三、参数估计

依照有关预测价格信息量研究的传统（Bai，Philippon and Savov，2016；Carpenter，Lu and Whitelaw，2021；Farboodi，Matray，Veldkamp and Venkateswaran，2022），我们使用横截面回归估计价格对未来现金流的预测能力，即式（4.3）中包含有关数据信息的系数 B。具体来说，在每一期，我们对样本股票进行横截面回归：

$$\frac{E_{n,t+\Delta T}}{As_{n,t}} = a + b\ln\left(\frac{M_{n,t}}{As_{n,t}}\right) + c'z_{n,t} + \epsilon_{n,t+\Delta T} \qquad (4.5)$$

其中，$\frac{E_{n,t+\Delta T}}{As_{n,t}}$ 是第 n 个公司在第 t + ΔT 年的现金流与其第 t 年总资产的比值，

$\frac{M_{n,t}}{As_{n,t}}$ 是该公司第 t 年市值与总资产的比值，$z_{n,t}$ 是一个包含控制变量的向量，我们

依照白、菲利普蓬和萨沃夫（2016），使用当期收益 $\left(\dfrac{E_{n,t}}{As_{n,t}}\right)$ 以及产业固定效应（基于证监会 2012 版产业分类），以避免没有移除明显的公共信息。$z_{n,t}$ 中也可以包括其他企业特征变量以用来反映数据外的公共信息。在实证分析中，如果需要将某种信息从数据度量中剥离，则可以通过将其包含在向量 $z_{n,t}$ 中以实现这一目的。

获得了系数 b 的估计值 $\hat{b}$ 后，根据式（4.1），我们进一步计算预测价格信息量：

$$\widehat{P_{n,t\to t+\Delta T}^{Info}} = \hat{b} \times \text{Std}_{CS}\left(\widehat{\frac{M_{n,t}}{As_{n,t}}}\ \middle|\ z_{n,t}\right) \tag{4.6}$$

其中，$\text{Std}_{CS}\left(\widehat{\dfrac{M_{n,t}}{As_{n,t}}}\ \middle|\ z_{n,t}\right)$ 表示 $\dfrac{M_{n,t}}{As_{n,t}}$ 在控制了控制变量 $z_{n,t}$ 情况下的横截面标准差。

在横截面回归这一估计机制下，一个隐含假设是用于回归的样本股票具有相同的信息量，因为对于不同的股票 n，估计出来的 $\hat{b}$ 和 $\text{Std}_{CS}\left(\widehat{\dfrac{M_{n,t}}{As_{n,t}}}\ \middle|\ z_{n,t}\right)$ 的值均相同。假设我们使用市场中的所有股票进行回归，则对于这一组股票，估计出的股价信息量实际上反映市场整体的信息含量，即：

$$\widehat{P_{t\to t+\Delta T}^{Info}} = \hat{b} \times \text{Std}_{CS}\left(\widehat{\frac{M_{n,t}}{As_{n,t}}}\ \middle|\ z_{n,t}\right) \tag{4.7}$$

相应地，$\widehat{P_{t\to t+T}^{Info}}$ 中的市场效率以及企业特征也反映样本股票整体的水平，即：

$$\widehat{P_{t\to t+\Delta T}^{Info}} = \underbrace{\sqrt{\text{Var}_{CS}(p_{n,t}\mid z_{n,t})}}_{\text{Dispersion}} \underbrace{\frac{\text{Var}_{CS}\left[\epsilon_{n,t+\Delta T}^{d}\mid z_{n,t}\right]}{\text{Var}_{CS}(p_{n,t}\mid z_{n,t})}}_{\text{Efficiency}} \underbrace{\frac{1}{R}\frac{G^{T}}{R-G}}_{\text{Growth}}$$

$$\underbrace{\left[1 - \frac{\text{Var}(\epsilon_{n,t+\Delta T}^{d}\mid \Xi_{t\to t+\Delta T},\ z_{n,t})}{\text{Var}(\epsilon_{n,t+\Delta T}^{d}\mid z_{n,t})}\right]}_{\text{Data}} \tag{4.8}$$

其中，$\text{Var}_{CS}(p_{n,t}\mid z_{n,t})$ 反映样本股票估值的波动率，我们用横截面方差计算，因而反映市场中股票的估值离散度，$\dfrac{\text{Var}_{CS}\left[\epsilon_{n,t+\Delta T}^{d}\mid z_{n,t}\right]}{\text{Var}_{CS}(p_{n,t}\mid z_{n,t})}$ 反映样本股票整体的定价效率，$\dfrac{1}{R}\dfrac{G^{T}}{R-G}$ 反映样本股票的增长特征，$\left[1 - \dfrac{\text{Var}(\epsilon_{n,t+\Delta T}^{d}\mid \Xi_{t\to t+\Delta T},\ z_{n,t})}{\text{Var}(\epsilon_{n,t+\Delta T}^{d}\mid z_{n,t})}\right]$ 是投资者处理的关于样本股票的数据量。

接下来，我们从价格信息量 $\widehat{P^{Info}_{t \to t+\Delta T}}$ 中分解出关于数据的成分。具体来说，根据 $\widehat{P^{Info}_{t \to t+\Delta T}}$ 的构成，我们需要从中移除波动率、市场效率和企业特征的影响。

为了计算波动率，在每一期 t，我们计算样本股票价格的横截面方差 $\mathrm{Var_{SC}}(p_{n,t} \mid z_{n,t})$，然后取平方根。为了估计市场效率，在每一期 t，我们计算样本企业现金流的横截面方差 $\mathrm{Var_{CS}}[\epsilon^d_{n,t+\Delta T} \mid z_{n,t}]$，然后计算其相对股票价格横截面方差的比率[①]。其中，$\mathrm{Var_{CS}}[\epsilon^d_{n,t+1} \mid z_{n,t}] = \mathrm{Var_{CS}}[d_{n,t+1} \mid z_{n,t}]$ 中的 $d_{n,t+1}$ 使用 $\dfrac{E_{n,t+s}}{As_{n,t}}$ 计算，$\mathrm{Var_{CS}}(p_{n,t} \mid z_{n,t})$ 使用 $\dfrac{M_{n,t}}{As_{n,t}}$ 计算，且计算时移除控制变量 $z_{n,t}$ 的影响，即：

$$\begin{cases} \dfrac{M_{n,t}}{As_{n,t}} = a_M + b_M^T z_{n,t} + v^M_{n,t} \\[3mm] \dfrac{E_{n,t+s}}{As_{n,t}} = a_E + b_E^T z_{n,t} + v^E_{n,t+s} \end{cases} \tag{4.9}$$

然后，用第一个回归的残差项计算价格的横截面方差（dispersion）：

$$\mathrm{Var_{CS}}(\widehat{p_{n,t} \mid z_{n,t}}) = \widehat{\mathrm{Var_{CS}}(v^M_{n,t})} \tag{4.10}$$

用第二个回归的残差项计算价格的横截面方差（volatility）：

$$\mathrm{Var_{CS}}[\widehat{\epsilon^d_{n,t+1} \mid z_{n,t}}] = \widehat{\mathrm{Var_{CS}}(v^E_{n,t+s})} \tag{4.11}$$

用两组回归的残差项的波动率计算定价效率（efficiency），即：

$$\frac{\mathrm{Var_{CS}}[\widehat{\epsilon^d_{n,t+\Delta T} \mid z_{n,t}}]}{\mathrm{Var_{CS}}(p_{n,t} \mid z_{n,t})} = \frac{\widehat{\mathrm{Var_{CS}}(v^E_{n,t+s})}}{\widehat{\mathrm{Var_{CS}}(v^M_{n,t})}} \tag{4.12}$$

为了估计增长率，在时期 t，我们使用其前后两年共五年的季度数据进行估计，将现金流对其滞后项进行回归：

$$E_t = GE_{t-1} + \epsilon^E_t \tag{4.13}$$

其中，E_t 是样本企业整体的利润。具体来说，我们对每个样本企业的盈利进行自回归得到其增长率，然后计算所得到的样本企业的增长率的市值加权平均值，作为样本企业的增长率估计值 G。这种估计方式可以减轻由于使用过少数据

---

① 法布迪、马特雷、费尔德坎普和文卡特斯瓦兰（Farboodi, Matray, Veldkamp and Venkateswaran, 2022）指出，波动率部分和现金流中无法预测的波动以及价格的波动率相关，因此我们通过将现金流和价格分别对一系列控制变量进行回归得到残差项来进行估计。我们以组为单位用十年的数据进行估计。

点进行估计带来的参数估计值误差过大的问题。得到的平均自回归系数 G 用来估计企业增长特征，即：

$$\widehat{\frac{1}{R_f}\frac{G^T}{R-G}} = \frac{1}{R_f}\frac{\hat{G}^T}{R-\hat{G}} \tag{4.14}$$

其中，R_f 是无风险毛利率，R 是样本企业的要求回报率，我们将 $R-G$ 设定为常数。在合理的范围内，R_f 和 R 的值并不实质性影响核心结论。

最后，我们用预测价格效率的估计值除以波动率和增长率来提取出价格中的数据量信息：

$$\widehat{\Xi_{t\rightarrow t+T}} = \frac{\widehat{P_{t\rightarrow t+T}^{Info}}}{\sqrt{\mathrm{Var}_{CS}(\widehat{p_{n,t}}\mid z_{n,t})}\times\frac{\mathrm{Var}_{CS}[\widehat{\epsilon_{n,t+\Delta T}^{d}}\mid z_{n,t}]}{\mathrm{Var}_{CS}(p_{n,t}\mid z_{n,t})}\times\widehat{\frac{1}{R}\frac{G^T}{R-G}}} \tag{4.15}$$

这一公式明确表明了在实证中如何根据预测价格效率这一股价信息量指标估计数据量。二者之间的关系是，在给定的估值离散度、定价效率和企业特征下，更高的股价信息量意味着更大的数据量。对于给定的股价信息量，数据与市场波动率、效率和企业增长率成反比。

在进行分组分析时，我们根据以上估计步骤使用每一组的股票分别进行估计，所得到的各组的估计值作为各组中股票的价格信息效率以及数据量的实证代理（empirical proxy）。

第三节　实证结果——市场整体分析

我们首先进行市场整体的估计，分析中国市场处理了多少数据及其对信息效率的提升作用。

一、描述性统计与参数估计值

我们首先报告样本数据的市场整体描述性统计量以及参数估计值。

（一）描述性统计量

表4.1报告了从2000年至2020年每一年的描述性统计量。对每一年的数据进行估计时，我们剔除市值最小的1/3的股票，以排除这些股票可能带来的噪声对结果的影响。第（1）列是样本年份，为2000年至2020年。第（2）列报告了每年的样本公司数量，随着时间的推移在不断增加，表明在这一样本时期中国股市中上市公司的数量在稳步增加。第（3）列报告了这些企业占股市总市值的比重，可以看出其在稳步提升，表明市值的集中度在提高，这与全球股票市场的一般发展趋势相符（Bonga and Sithole，2019；Philippon，2019；Rossi–Hansberg，Sarte and Trachter，2021）。在大部分样本时期样本企业占上市企业的总市值都在90%以上，表明本章实证估计所选择的样本企业较好地代表了中国股票市场的整体表现。第（4）列报告了样本企业的市值加权平均利润率，可以看出其在这一历史时期并没有明显的上升趋势，这与同一时期中国宏观经济的持续增长不符，一个可能的原因是中国上市企业的财报普遍存在问题（王芳，2018；Feng and Chen，2021；Zhu and Gao，2011；Chen and Wu，2022；黄世忠和叶钦华，2023）。第（5）列报告了样本企业的市值加权平均估值率，整体上波动较大，且随着时间的变化具有一定的下降趋势，反映了中国股市存在的估值过低问题（陈瑞华，2019；Hong，Ma and Zhang，2019；Chen，Ni and Tong，2022）。第（6）列报告了企业利润的横截面波动率，其在不同年份的变化较大，与企业利润受经济状况影响的相关性较大（Stein and Wang，2016；Beyer，Guttman and Marinovic，2019；Glover，Mustre-del–Río and von Ende–Becker，2023）。

表4.1 　　　　　　　　　　　　　　　　描述性统计

（1）	（2）	（3）	（4）	（5）	（6）
Year	N	MV（%）	EA	logMA	σ_{EA}
2000	783	87.67	0.048	1.057	0.054
2001	832	87.17	0.037	0.669	0.051
2002	869	88.80	0.034	0.369	0.058

续表

（1）	（2）	（3）	（4）	（5）	（6）
Year	N	MV（%）	EA	logMA	σ_{EA}
2003	913	91.30	0.037	0.193	0.048
2004	973	92.34	0.046	-0.106	0.066
2005	965	93.11	0.044	-0.349	0.074
2006	981	95.80	0.047	0.043	0.068
2007	1031	97.34	0.050	0.628	0.067
2008	1110	97.08	0.045	-0.427	0.077
2009	1179	95.67	0.038	0.168	0.083
2010	1397	94.29	0.048	0.247	0.079
2011	1582	94.18	0.048	-0.224	0.050
2012	1687	94.98	0.039	-0.339	0.058
2013	1675	93.92	0.039	-0.233	0.060
2014	1701	92.47	0.036	0.022	0.063
2015	1822	91.75	0.035	0.362	0.055
2016	2002	90.85	0.036	0.076	0.048
2017	2279	93.54	0.041	-0.023	0.076
2018	2437	94.44	0.041	-0.446	0.097
2019	2563	94.99	0.043	-0.115	0.091
2020	2840	95.33	0.042	0.228	0.064

注：本表报告了样本股票的描述性统计值。股票市场交易数据和企业财务数据均来自于中国经济金融研究数据库（CSMAR）。样本企业包括上海证券交易所、深圳证券交易所和北交所所有上市企业，在每一年剔除市值最小的 1/3 的股票。数据频率为年度，样本数据区间为 2000 年至 2020 年。N 是对应年份的样本企业数，MV（%）是样本企业占 A 股上市公司总市值的比重，EA 是样本企业的市值加权平均利润率，MA 是样本企业的市值加权平均估值率，σ_{EA} 是企业利润的横截面波动率。

（二）参数估计值

表 4.2 报告了从 2000 年至 2020 年每一年的参数估计值。第（2）列报告了市场整体的利润增长率，可以看出，中国上市企业整体的利润增长率在经历了 2000 年至 2005 年的快速增长后，稳定在一个较高的水平，尽管在个别年份仍有较大波动。这一结果表明中国企业仍处于稳定增长阶段。第（3）列到第（8）

列报告了式（4.5）的参数估计结果，其中奇数列是参数的估计值，偶数列是参数估计值对应的 t 统计量。$\hat{b}$ 是将企业利润对股票价格进行横截面回归的系数，反映了金融市场价格是否能够区别不同利润水平的企业。可以看出，尽管有所波动，$\hat{b}$ 的值在大部分年份显著为正，表明金融市场价格包含有关企业未来收益的信息。$\hat{c}_1$ 是企业当期利润与未来利润的关系，由于利润的持续性较大，$\hat{c}_1$ 的值较大且显著为正。$\hat{c}_2$ 反映了企业利润率在不同行业之间的差别。相比于当期利润和市场价格，行业对未来利润的解释力较弱。

表4.2　　　　　　　　　　　　　　参数估计值

（1）	（2）	（3）	（4）	（5）	（6）	（7）	（8）
Year	G	$\hat{b}$	$t_{\hat{b}}$	$\hat{c}_1$	$t_{\hat{c}_1}$	$\hat{c}_2$	$t_{\hat{c}_2}$
2000	0.779	−0.001	−0.23	0.289	6.55	−0.001	−2.40
2001	0.789	0.005	1.54	0.310	10.90	−0.002	−3.43
2002	0.817	0.004	1.26	0.517	10.55	−0.001	−1.72
2003	0.860	0.012	4.27	0.455	11.00	−0.001	−1.73
2004	0.867	0.008	2.23	0.706	11.29	0.000	−0.61
2005	0.965	0.015	4.03	0.496	8.87	−0.001	−1.44
2006	0.949	0.026	8.33	0.394	8.06	0.000	−0.08
2007	0.782	0.020	6.50	0.500	9.67	−0.001	−1.62
2008	0.879	0.024	7.85	0.358	8.45	−0.001	−2.02
2009	0.880	0.021	6.68	0.491	8.77	0.001	0.84
2010	0.909	0.016	6.11	0.560	8.47	0.000	0.32
2011	0.930	0.012	7.87	0.316	20.16	0.000	−0.10
2012	0.950	0.008	4.58	0.251	7.65	0.000	0.11
2013	0.927	0.002	1.01	0.498	11.56	0.000	−0.90
2014	0.858	0.001	0.33	0.588	13.66	−0.001	−2.03
2015	0.862	0.000	0.33	0.595	16.31	−0.001	−3.16
2016	0.858	0.001	0.49	0.722	23.37	−0.001	−2.86
2017	0.908	0.010	5.33	0.620	13.21	−0.002	−3.70
2018	0.920	0.022	10.37	0.343	10.19	−0.002	−4.39

续表

(1)	(2)	(3)	(4)	(5)	(6)	(7)	(8)
Year	G	$\hat{b}$	$t_{\hat{b}}$	$\hat{c}_1$	$t_{\hat{c}_1}$	$\hat{c}_2$	$t_{\hat{c}_2}$
2019	0.954	0.017	9.32	0.339	9.03	−0.003	−6.82
2020	0.944	0.009	7.31	0.453	16.29	−0.001	−3.54

注：本表报告每一年的参数估计值。G 是市场整体的利润增长率。$(\hat{b}, t_{\hat{b}})$、$(\hat{c}_1, t_{\hat{c}_1})$ 和 $(\hat{c}_2, t_{\hat{c}_2})$ 是式（4.5）回归的系数值和相对应的 t 统计量。股票市场交易数据和企业财务数据均来自于中国经济金融研究数据库（CSMAR）。样本企业包括上海证券交易所、深圳证券交易所和北交所所有上市企业，并在每一年剔除了市值最小的 1/3 的股票。数据频率为年度，样本数据区间为 2000 年至 2020 年。

整体来看，参数估计值与理论和直觉均相符，并不存在异常结果，因此可以基于对价格信息效率的分解提取出数据量的估计值。

二、信息效率、数据的时序变化

本部分估计市场整体的价格信息效率变化以及分析数据在其中的作用。本部分的结果基于当期价格中所包含的未来第三年的企业利润信息进行估计。实证结果表明，在 2000 年至 2020 年这一样本时期，中国金融市场价格信息效率的变化主要由定价效率的变化和市场参与者处理的数据量的变化所解释。

（一）价格信息效率与数据的时序变化

基于表 4.2 的参数估计值，我们估算市场整体的价格信息效率并分解出其各组成成分。图 4.1 描绘了价格信息效率的时间序列变化。这里我们以当期价格对未来第三期的利润的信息效率为例进行分析。可以看出，在 2000 年时信息效率可以忽略，这一时期中国股票市场被称为赌场，没有很好地发挥其信息搜集作用。自 2001 年开始，随着中国加入世界贸易组织并针对性地进行一定的金融市场改革，以及在 2005 年中国证监会（CSRC）引入了股权分置改革，逐步解锁了非流通股，中国股市的价格信息效率开始逐步提升，直至 2008 年左右达到顶峰。2001 年至 2008 年股市信息效率的变化趋势与卡彭特、卢、怀特劳（2021）对同一时期的研究结论一致。然而，我们的研究也表明，自 2008 年以来，中国股市的价格信息效率开始了长期的下降，直到 2016 年才开始重新回升。我们基于更长历史时期数据估算的价格信息效率具有更丰富的动态变化，研究了中国股市自2008年金融危机以后的趋势。同时需要强调，尽管信息效率有较大波动，其自2000年后所有年份均为正值，表明中国金融市场发挥了汇集信息的作用。

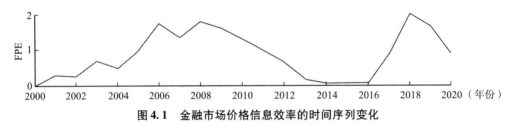

图4.1　金融市场价格信息效率的时间序列变化

注：本图报告市场整体的信息效率变化。参数值来自于表4.2。股票市场交易数据和企业财务数据均来自于中国经济金融研究数据库（CSMAR）。样本企业包括上海证券交易所、深圳证券交易所和北交所所有上市企业，并在每一年剔除了市值最小的1/3的股票。数据频率为年度，样本数据区间为2000年至2020年。

接下来，我们分析在2000年至2020年这一样本时期中国股市投资者处理的数据量（Data）的变化，如图4.2所示。可以看出，在2000年时，数据量可以忽略，表明市场参与者处理的数据并未产生正向的价值。2000年至2008年这一时期，中国股市参与者处理的数据量呈现上升趋势，与股价信息效率的持续提高重合。2008年至2016年这一时期，中国股市参与者处理的数据量整体上呈现下降趋势，这一趋势自2016年开始扭转，数据量重新开始提高。总体上看，中国股市数据量的变化与价格信息效率的变化高度重合，表明数据是驱动价格信息效率变化的主要因素。

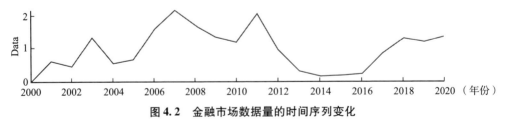

图4.2　金融市场数据量的时间序列变化

注：本图报告数据量的时间序列变化。参数值来自表4.2。股票市场交易数据和企业财务数据均来自于中国经济金融研究数据库（CSMAR）。样本企业包括上海证券交易所、深圳证券交易所和北交所所有上市企业，并在每一年剔除了市值最小的1/3的股票。数据频率为年度，样本数据区间为2000年至2020年。

为了进一步证实中国金融市场价格信息效率的提高是由数据驱动，我们分析价格信息效率的其他成分在样本时期的变化，见图4.3。

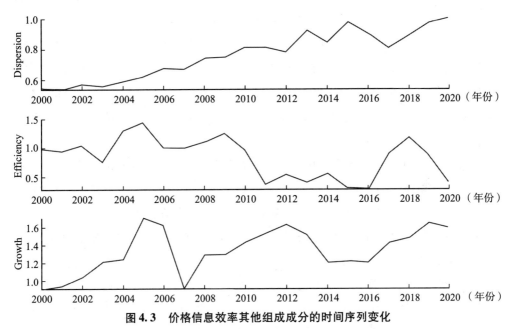

图4.3　价格信息效率其他组成成分的时间序列变化

注：本图报告估值离散度、定价效率和企业增长的时间序列变化。参数值来自于表4.2。股票市场交易数据和企业财务数据均来自于中国经济金融研究数据库（CSMAR）。样本企业包括上海证券交易所、深圳证券交易所和北交所所有上市企业，并在每一年剔除了市值最小的1/3的股票。数据频率为年度，样本数据区间为2000年至2020年。

图4.3的第一个子图报告了估值离散度（Dispersion）的时间序列变化。可以看出，估值离散度随着时间变化在逐渐增加。估值离散度反映了投资者对不同股票估值的差异，在市场并非完全有效时，股票的数量越多，投资者对不同股票估值的差异倾向越大，因此股票市场的估值离散度倾向越大。在我们的样本时期，中国股票市场处于扩张阶段，上市公司数量在不断增加，因此估值离散度随时间变化呈现出上升趋势。较高的估值离散度意味着市场中存在着更高的噪声，这种情况下投资者难以对市场中的信息达成共识。我们可以看出，与持续上升的估值离散度相伴随的是市场中的数据价值以及定价效率不再持续上升，这一点在2006年之后表现得尤为明显。整体来看，估值离散度的变化趋势与价格信息效率的变化趋势并不一致，表明估值离散度并不是驱动价格信息效率变化

的主要因素。

图 4.3 的第二个子图报告了金融市场定价效率（Efficierxy）的时间序列变化，注意这里的定价效率是指不考虑数据以及其他因素情况下的定价效率。定价效率在 2000 年至 2009 年这一时期略有增长，与价格信息效率的增长趋势有所重合。自 2009 年开始定价效率有所下降，可能反映了金融危机以及随后的经济刺激计划对金融市场的影响。定价效率直至 2016 年一直维持低位，在 2016 年后有所提升，但在 2020 年又大幅度下降，可能是受到新冠疫情的影响。总体来看，定价效率对价格信息效率的变化具有驱动作用。由于定价效率与信息效率密切关联，这一结果并不令人惊讶。

图 4.3 中的最后一个子图报告了企业特征即企业增长（Growth）的时间序列变化。其在 2000 年至 2005 年期间有较大提高，可能反映了加入世贸组织后中国企业利润的增加。自 2005 年后企业特征的波动与价格信息效率的波动并未表现出一致的趋势，因此企业特征的变化也并非价格信息效率变化的主要驱动因素。

表 4.3 进一步报告了价格信息效率及其组成成分，包括估值离散度、定价效率、企业特征以及数据在 2000 年至 2020 年样本时期的值，从中可以进一步确定我们从图 4.1 至图 4.3 中所观察到的结论，即在中国金融市场，市场参与者处理的数据量的变化以及定价效率的变化是驱动金融市场价格信息效率变化的主要因素。

表 4.3   价格信息效率、数据以及其他成分

Year	FPE	Dispersion	Efficiency	Growth	Data
2000	− 0.044	0.541	0.980	0.900	− 0.092
2001	0.274	0.530	0.940	0.937	0.587
2002	0.248	0.567	1.034	1.039	0.406
2003	0.677	0.552	0.762	1.212	1.327
2004	0.475	0.587	1.284	1.243	0.508
2005	0.955	0.619	1.422	1.709	0.634
2006	1.741	0.677	0.999	1.627	1.584
2007	1.336	0.671	1.001	0.911	2.182
2008	1.779	0.739	1.097	1.292	1.697
2009	1.591	0.746	1.237	1.298	1.328

续表

Year	FPE	Dispersion	Efficiency	Growth	Data
2010	1.282	0.814	0.949	1.432	1.159
2011	0.971	0.812	0.378	1.534	2.062
2012	0.640	0.781	0.545	1.633	0.921
2013	0.148	0.931	0.416	1.516	0.252
2014	0.050	0.843	0.563	1.204	0.088
2015	0.043	0.981	0.316	1.222	0.114
2016	0.052	0.902	0.285	1.204	0.169
2017	0.846	0.806	0.892	1.425	0.826
2018	1.998	0.897	1.171	1.481	1.285
2019	1.642	0.977	0.861	1.654	1.181
2020	0.868	1.013	0.396	1.603	1.349

注：本表报告价格信息效率、估值离散度、定价效率、企业增长和数据量在各年度的值。参数值来自于表4.2。股票市场交易数据和企业财务数据均来自于中国经济金融研究数据库（CSMAR）。样本企业包括上海证券交易所、深圳证券交易所和北交所所有上市企业，并在每一年剔除了市值最小的1/3的股票。数据频率为年度，样本数据区间为2000年至2020年。

最后，我们进行回归分析以进一步验证在市场整体层面数据量对价格信息效率变化的驱动作用。我们将价格信息效率对其各组成成分进行回归，以分析其时间序列变化是由哪部分引起的。

$$FPE_t = a + b_1 F_t + b_2 FPE_{t-1} + e_t \qquad (4.16)$$

其中，FPE_t 是第 t 年的价格信息效率。F_t 是价格信息效率的组成成分，其可能代表的变量是 $F_t \in \{Dispersion_t, Efficiency_t, Growth_t, Data_t\}$。我们对变量 F_t 进行了标准化以使不同回归得到的系数可以比较。我们同时控制价格信息效率的滞后项 FPE_{t-1} 以移除其本身的持续性对结果带来的影响。表4.4报告了回归结果。可以看出，估值离散度的系数并不显著，因而其并不解释价格信息效率的变化。同理，由价格信息效率对增长率的回归结果可以看出其同样不解释价格信息效率的变化。相反，定价效率与数据均显著解释价格信息效率的变化。最后一列报告了同时控制定价效率和数据量的回归结果，即：

$$FPE_t = a + b_1 Efficiency_t + b_2 Data_t + b_3 FPE_{t-1} + e_t \qquad (4.17)$$

表4.4   价格信息效率变化的驱动因素

变量	FPE_{t-1}	Intercept	Dispersion	Efficiency	Growth	Data	R^2
系数 t	0.29 (1.70)	0.72 (4.40)	−0.10 (−0.91)				47.84%
系数 t	0.39 (2.77)	0.60 (4.56)		0.27 (3.12)			65.19%
系数 t	0.34 (1.98)	0.63 (3.75)			0.10 (0.79)		47.23%
系数 t	0.60 (3.36)	0.30 (1.56)				0.36 (2.71)	61.79%
系数 t	0.63 (4.38)	0.29 (1.84)		0.24 (3.27)		0.31 (2.88)	75.67%

注：本表报告了式（4.16）和式（4.17）的回归结果。数据来自表4.3。原始股票市场交易数据和企业财务数据均来自中国经济金融研究数据库（CSMAR）。样本企业包括上海证券交易所、深圳证券交易所和北交所所有上市企业，并在每一年剔除了市值最小的1/3的股票。数据频率为年度，样本数据区间为2000年至2020年。

可以看出，在控制了定价效率后数据量仍然显著解释价格信息效率的变化（系数值为0.47；在99%的置信区间显著）。因此，在2000年至2020年这一样本时期，除了定价效率外，数据量显著解释了价格信息效率的变化。

（二）其他时域的价格信息效率与数据

在以上分析中，我们以当期价格对未来第三期的利润的信息效率为例进行阐释。本部分分析价格对未来第一期及第五期的利润的信息效率。图4.4左侧与右侧分别报告了使用当期价格与未来第一期或者未来第五期利润估算的价格信息效率以及其各组成成分的时间序列变化。可以看出，在这两个预测时域上数据量的变化趋势与价格信息效率的变化趋势高度一致，表明前者可以很大程度上解释后者的变化。定价效率的变化也与价格信息效率的变化具有高度重合性，表明其也是导致价格信息效率变化的重要因素。与使用未来第三期利润进行估算时的结果一致，估值离散度和企业特征的变化不能解释价格信息效率的变化。

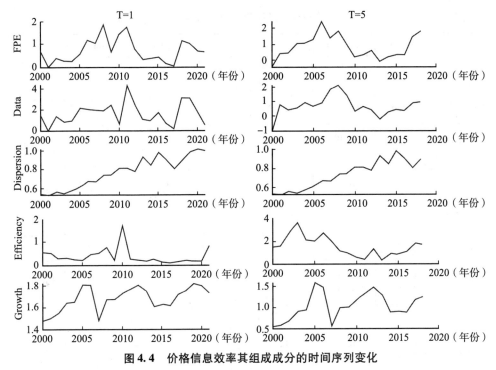

图 4.4　价格信息效率其组成成分的时间序列变化

注：本表报告预测时域为未来第一期或者第五期时，价格信息效率、估值离散度、定价效率、企业增长和数据量的时间序列变化。原始股票市场交易数据和企业财务数据均来自于中国经济金融研究数据库（CSMAR）。样本企业包括上海证券交易所、深圳证券交易所和北交所的所有上市企业，并在每一年剔除了市值最小的 1/3 的股票。数据频率为年度，样本数据区间为 2000 年至 2020 年。

　　表 4.5 报告了价格信息效率分别对其各组成成分进行回归的结果。其中，Panel A 中的结果通过未来第一期的企业利润进行估计得到，Panel B 中的变量通过未来第五期的企业利润进行估计得到。可以看出，在这两个预测时域上，估值离散度与企业特征依然不能解释价格信息效率的变化，而数据量与定价效率显著解释了价格信息效率的变化。在控制了定价效率后数据量对价格信息效率的解释力度并没有减弱且依然显著。此外，数据量的系数相比于定价效率的系数绝对值更大，表明一个标准差的信息量增加伴随着更大的价格信息效率的提高。

表4.5　　　　　　　　　　　价格信息效率变化的驱动因素

变量	FPELag	Intercept	Dispersion	Efficiency	Growth	Data	R^2
Panel A：T = 1							
系数 t	0.41 (2.18)	0.41 (1.89)	0.05 (0.43)				9.57%
系数 t	0.43 (2.58)	0.39 (2.08)		0.22 (2.22)			28.22%
系数 t	0.43 (2.40)	0.36 (1.75)			0.17 (1.44)		18.08%
系数 t	0.57 (3.32)	0.18 (0.87)				0.28 (2.62)	33.93%
系数 t	0.71 (7.30)	0.00 (−0.04)		0.38 (6.45)		0.44 (6.83)	79.69%
PanelB：T = 5							
系数 t	0.48 (2.41)	0.56 (2.93)	−0.17 (−1.21)				33.57%
系数 t	0.52 (3.11)	0.48 (2.99)		0.34 (2.90)			53.28%
系数 t	0.45 (2.22)	0.56 (2.92)			0.14 (0.94)		31.18%
系数 t	0.68 (3.30)	0.22 (0.96)				0.41 (2.23)	45.27%
系数 t	0.69 (4.00)	0.22 (1.13)		0.29 (2.72)		0.32 (2.06)	61.61%

注：本表报告预测时域为未来第一期或者第五期时，公式（4.16）和式（4.17）的回归结果。原始股票市场交易数据和企业财务数据均来自中国经济金融研究数据库（CSMAR）。样本企业包括上海证券交易所、深圳证券交易所和北交所所有上市企业，并在每一年剔除了市值最小的1/3的股票。数据频率为年度，样本数据区间为2000年至2020年。

三、信息效率、数据与预测时域

接下来，我们分析预测价格效率随着预测时域（forecasting horizon）的变化，并分析数据以及预测价格效率的其他成分在这一关系中的作用。在每一时期 t，我们根据式（4.6）到式（4.8）估算出价格与未来 T 期收益的预测价格效率，根据式（4.9）到式（4.15）分解出预测价格效率的各成分，得到预测价格效率、波动率、定价效率、增长率以及数据的时间序列。我们分别计算价格对未来 T = 1，2，3，4，5 期的预测价格效率，然后对每一期得到的时间序列分别取平均值，得到预测价格效率与预测时域的关系。

（一） 全样本时期信息效率、数据与预测时域的关系

图 4.5 报告了价格信息效率随预测时域的变化。可以看出，价格信息效率随着预测时域的增加而提高，这与卡彭特、卢、怀特劳（2021）的结论一致。白、菲利普蓬和萨沃夫（2016）对美国市场的研究同样发现这一正向的关系。卡彭特、卢、怀特劳（2021）对出现这种关系的原因的解释是"较远期的企业利润更能作为市场价值中企业利润现值的代理变量，特别是在中国这样的高增长国家"。

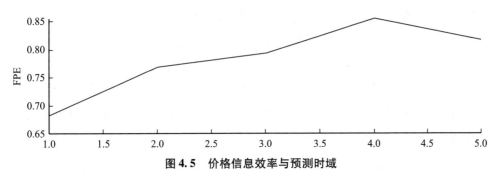

图 4.5 价格信息效率与预测时域

注：本图报告价格信息效率随预测时域的变化。用于参数估计的数据样本时期为 1998 年至 2023 年，所估计出的价格信息效率的样本时期为 2000 年至 2018 年。我们对在每一预测时域下所估计出的价格信息效率取时间序列均值。

我们的实证结果表明数据量的变化是价格信息效率时间序列变化的主要驱动因素，那么，数据是否也是价格信息效率与预测时域之间关系的主要驱动因素，即市场参与者是否针对不同时域的未来现金流处理了不同规模（价值）的数据？图 4.6 报告了数据量与预测时域的关系，可以看出随着预测时域的增加，数据量逐渐减少，表明中国金融市场参与者针对短期企业利润处理的数据较多，而针对

长期企业利润处理的数据量较少。

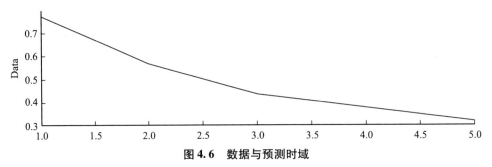

图 4.6　数据与预测时域

注：本图报告数据量随着预测时域的变化。用于参数估计的数据样本时期为 1998 年至 2023 年，所估计出的数据量的样本时期为 2000 年至 2018 年。我们对在每一预测时域下所估计出的数据量取时间序列均值。

那么，是什么驱动了预测价格效率与预测时域的正向关系？在价格信息效率的组成成分中，估值离散度反映的是当期市场价格的波动，不随着预测时域而变化，因此，我们只需要分析定价效率和企业增长。图 4.7 报告了定价效率和增长率随预测时域的变化。可以看出增长率随预测时域的增加呈现下降趋势，这是由二者之间的数量关系决定的，因此增长率不是价格信息效率随预测时域增加的原因。定价效率随着预测时域的变化正向增加。这可能是因为中国金融市场以散户投资者为主，市场交易中有大量的短期投资行为，导致短期的定价效率较低。因此，我们可以得出结论，预测价格效率与预测时域的正向关系主要是由定价效率所驱动。

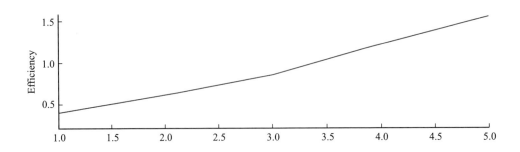

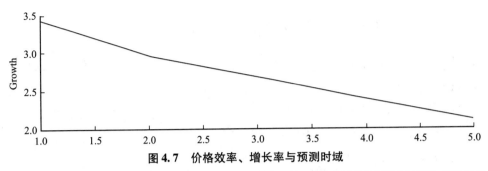

图4.7　价格效率、增长率与预测时域

注：本图报告定价效率和企业增长随着预测时域的变化。用于参数估计的数据样本时期为1998年至2023年，所估计出的定价效率和企业增长的样本时期为2000年至2018年。我们对在每一预测时域下所估计出的定价效率和企业增长分别取时间序列均值。

表4.6报告了价格信息效率及其各成分在不同预测时域下的数值。可以看出，价格信息效率整体上随着预测时域的增加而增加，表明中国金融市场对更远期的企业利润的信息效率更高。这一正向关系主要是由定价效率所驱动，而估值离散度与企业增长并没有解释效力。同时，数据量随着预期时域的增加而减少，表明中国金融市场参与者针对短期企业利润处理的数据较多，而针对长期企业利润处理的数据量较少。这种短期数据处理较多而长期数据处理较少的现象可能是由于中国金融市场散户投资者、短期投机行为较多所导致。

表4.6　　　　　　　　　　　**价格信息效率及其组成成分与预测时域**

T	FPE	Dispersion	Efficiency	Growth	Data
1	0.682	0.737	0.399	3.412	0.770
2	0.768	0.737	0.608	2.959	0.568
3	0.793	0.737	0.856	2.676	0.438
4	0.854	0.737	1.230	2.378	0.377
5	0.816	0.737	1.562	2.121	0.320

注：本表报告价格信息效率、估值离散度、定价效率、企业增长和数据量与预测时域的关系。用于参数估计的数据样本时期为1998年至2023年，所估计出的价格信息效率及其组成成分的样本时期为2000年至2018年。我们对在每一预测时域下所估计出的价格信息效率及其组成成分取时间序列均值。

（二）分时期信息效率、数据与预测时域的关系

从图4.5中我们也注意到在2000年至2018年这一样本时期，价格对未来第五期企业利润的信息效率相比第四期有所下降，这与卡彭特、卢、怀特劳（2021）截至2011年的研究结论并不完全一致。在卡彭特等的实证结果中，价格信息效率与预测时域始终呈现正向关系。因此，本部分将全样本时期分为2000年至2008年、2009年至2011年以及2012年至2018年，并对各个子样本时期的数据进行研究。

图4.8报告了在三个子时期价格信息效率随着预测时域的变化。可以看出，在2000年至2008年以及2012年至2018年两个子时期价格信息效率与预测时域存在单调递增关系，这与卡彭特、卢、怀特劳（2021）的实证研究结果一致。这一结果表明金融危机之后中国金融市场的价格信息效率依然随着预测时域的增加而增加。价格信息效率与预测时域的负向关系仅存在于2009年至2011年这一受金融危机影响较大的时期，表明在这一时期较远期的企业利润不再是企业估值的主要决定因素。

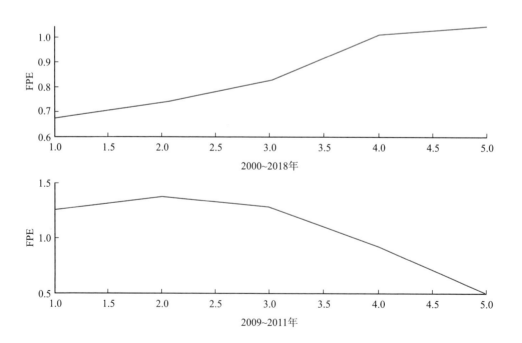

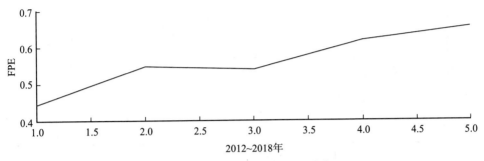

图4.8　价格信息效率与预测时域

注：本图报告不同样本区间下价格信息效率与预测时域的关系。在每一个子样本时期，我们对在每一预测时域下所估计出的价格信息效率取时间序列均值。

　　我们接下来分析在这三个时期的数据量与预测时域之间的关系。图4.9 报告了在 2000 年至 2008 年、2009 年至 2011 年以及 2012 年至 2018 年三个子样本时期数据量与预测时域的关系。可以看出在三个样本时期，随着预测时域的增加数据量均随之减少，表明中国金融市场参与者在不同时期对长期与短期企业利润数据的处理并没有明显的变化。这可能是由于在这几个样本时期中国金融市场投资者的构成并没有明显变化。

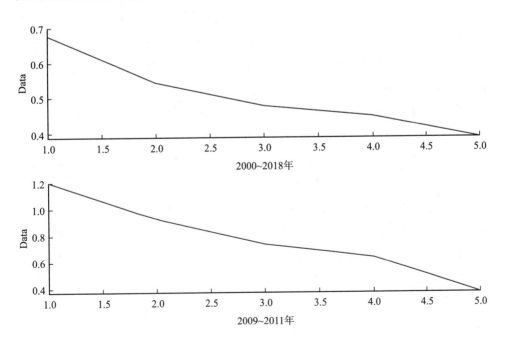

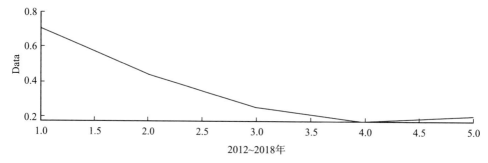

图 4.9　数据与预测时域

注：本图报告不同样本区间下数据量随着预测时域的变化。在每一个子样本时期，我们对在每一预测时域下所估计出的价格信息效率取时间序列均值。

　　理论上，如果不是数据驱动了价格信息效率与预测时域之间的关系，那么一定是定价效率起了主要的驱动作用。图 4.10 报告了在这三个子样本时期定价效率随着预测时域的变化。可以看出在 2000 年至 2008 年和 2012 年至 2018 年这两个样本时期定价效率随着预测时域的变化正向增加。这一关系可能反映了中国金融市场以散户投资者为主以及有大量短期投资行为的市场特征。在 2009 年至 2011 年这一后金融危机时期，定价效率与预测时域之间的关系出现了明显的异常，金融市场对短期利润的定价效率高于对长期利润的定价效率，且对于未来中期利润的定价效率最高。这种异常关系可能反映了金融市场尚未从 2008 年金融危机中恢复，市场定价处于异常状态。

　　表 4.7 报告了在每一预测时域下，预测价格效率及其各成分的平均值。为了检查以上分析结果是否稳健，Panel A、Panel B 和 Panel C 分别报告了 2000 年至 2008 年、2009 年至 2011 年和 2012 年至 2018 年的结果，可以看出，在 2000 年至 2008 年和 2012 年至 2018 年两个样本时期，预测价格效率与预测时域均呈现正向关系，且这一正向关系均是由定价效率所驱动。在 2009 年至 2011 年这一样本时期，预测价格效率与预测时域均呈现负向关系，这一异常主要是由定价效率在这一时期的异常表现所驱动。在三个样本时期，数据量与定价时域均呈现负向关系，反映中国金融市场投资者处理了更多的短期数据。

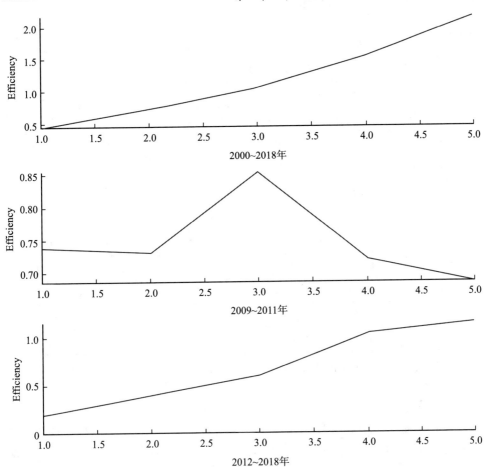

图 4.10　定价效率与预测时域

注：本图报告不同样本区间下定价效率与预测时域的关系。在每一个子样本时期，我们对在每一预测时域下所估计出的价格信息效率取时间序列均值。

表 4.7　　　　　　　　　　价格信息效率及其组成成分与预测时域

T	FPE	Dispersion	Efficiency	Growth	Data
Panel A：2000～2008 年					
1	0.676	0.609	0.447	3.322	0.676
2	0.737	0.609	0.732	2.814	0.543
3	0.827	0.609	1.058	2.474	0.479
4	1.013	0.609	1.549	2.151	0.449
5	1.046	0.609	2.172	1.881	0.388

续表

T	FPE	Dispersion	Efficiency	Growth	Data
Panel B：2009～2011 年					
1	1.257	0.791	0.739	3.532	1.205
2	1.375	0.791	0.731	3.168	0.931
3	1.281	0.791	0.855	2.912	0.740
4	0.928	0.791	0.720	2.645	0.640
5	0.500	0.791	0.686	2.403	0.375
Panel C：2012～2018 年					
1	0.444	0.877	0.192	3.477	0.705
2	0.548	0.877	0.395	3.057	0.445
3	0.540	0.877	0.598	2.835	0.255
4	0.619	0.877	1.040	2.556	0.172
5	0.657	0.877	1.154	2.308	0.208

注：本表报告不同样本区间下价格信息效率、估值离散度、定价效率、企业增长和数据量随着预测时域的变化。在每一个子样本时期，我们对在每一预测时域下所估计出的价格信息效率取时间序列均值。

综上所述，我们可以得出结论，在中国金融市场，预测价格效率与预测时域在大部分样本时期呈现正向关系。这一正向关系主要是由定价效率与预测时域的正向关系所驱动。在 2008 年金融危机后（2009～2011 年）金融市场的定价效率出现异常，导致预测价格效率与预测时域之间的关系出现异常，在这一时期数据量仍然随着预测时域的增加而减少。数据量与预测时域之间的负向关系与直觉相符，即中国金融市场散户投资者、短期投资行为占据主导，直觉上中国金融市场投资者处理的关于未来近期收益的数据应该更多。这里需要强调，我们的数据量度量本质上衡量的是数据的价值，因此以上结果实质上表明的是投资者处理的关于未来近期企业利润的数据相比于未来远期企业利润的数据具有更大的价值。由于中国金融市场存在大量短期投资交易，这一结果表明，通过使用数据来减少投资者对短期企业利润的不确定性所带来的收益更大。

第四节　实证结果——分组分析

接下来我们分析不同类别股票的价格信息效率与数据量。

一、规模分组

我们首先研究不同规模企业之间的价格信息效率与数据量的差别。以往有关股价信息量的研究表明企业规模与价格信息量有着密切的联系。例如，白、菲利普蓬和萨沃夫（2016）发现大企业相对于小企业有更高的信息效率提高，法布迪、马特雷、维尔德坎普和文卡特斯瓦兰（2022）使用十年为单位的数据进行估计，发现投资者处理的数据量随时间增长，且增长主要集中于大企业。布罗加德、阮、普特尼斯、吴（2022）使用较高频度的数据发现有关小企业的信息的噪声相比于大企业减少得更多。可以看出，有关小型企业和大型企业信息效率变化的研究结论并不统一，因此，有必要在本章的实证估计框架下对中国不同规模企业的信息效率以及数据量进行对比研究。

我们将第三节中所使用的样本企业按照总市值（market capitalization）分为三组，将其中市值最大的一组划分为大型企业，市值最小的一组划分为小型企业。图4.11报告了在2000年至2020年这一样本区间，小型企业和大型企业的价格对于未来第一、第三、第五年的企业盈利的信息效率以及信息效率的组成成分。可以看出，在不同时期，小型企业和大型企业具有不同的相对价格信息效率。以价格对未来第一年度盈利（T=1）的信息效率为例，在2008年以前大型企业的价格信息效率整体保持上升趋势，且高于小型企业的价格信息效率。但2008年以后大型企业的价格信息效率发生明显的下降，之后维持在一个稳定的水平，且不再高于小型企业的价格信息效率。与之相对，如果用价格对未来第三、第五期（T=3，5）的预测能力度量价格信息效率，则在2008年之后的样本时期，大型企业的价格信息效率明显高于小型企业的价格信息效率。与之类似，大型、小型企业的定价效率，以及投资者处理的关于大型、小型企业的数据量也随着预测时域以及样本时期的变化而发生变化。

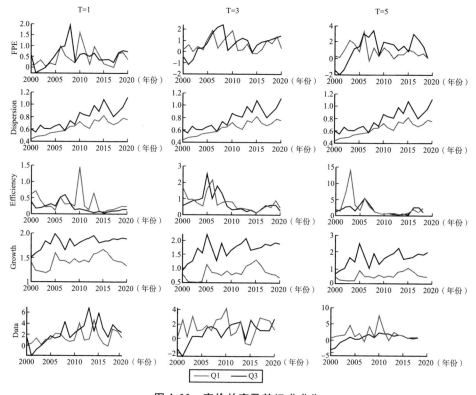

图 4.11 定价效率及其组成成分

注：用于参数估计的数据样本时期为 1998 年至 2023 年，所得到的估计结果的样本时期为 2000 年至 2020 年。在每一期期初，我们将样本数据根据企业的市值（market capitalization）分成三组，将最高的一组定义为大型企业（Q3），最低的一组定义为小型企业（Q1）。我们分别估计价格对未来第一年（T=1）、第三年（T=3）以及第五年（T=5）的盈利的预测信息效率（FPE），并提取出其组成成分，包括估值离散度（Dispersion）、定价效率（Efficiency）、企业增长（Growth）以及数据（Data）。每个子图给出了对应变量的时间按序列变化。

　　第三节的分析表明，中国金融市场的价格信息效率以及数据量在 2000 年至 2008 年、2009 年至 2011 年以及 2012 年至 2018 年具有明显的变化，本节我们依然分别对这三个样本时期进行分析。表 4.8 报告了在三个样本时期不同预测时域下，大、小型企业的价格信息效率、数据量以及价格信息效率等其他成分的时间序列均值。当预测时域为未来一年时，在 2000 年至 2008 年这一时期大型企业的价格信息效率高于小型企业，但其对应的定价效率以及数据量并没有更高。在 2009 年至 2011 年这一时期，小型企业的价格信息效率明显提高且高于大型企业，这主要由于小型企业定价效率的提高以及大型企业定价效率的降低而引起。同时，这一时期投资者处理的关于大型企业和小型企业的数据量均有所提高。在 2012 年至 2018 年这一时期，小型企业的价格信息效率明显降低且低于大型企业。同时，在这一时期投资者处理的关于小型企业的数据量也有所降低。相反，这一时期投资者处理的关于大型企业的数据量明显提高。

表 4. 8　　　　　　　　价格信息效率及其组成成分与预测时域

Panel A：Forecasting Horizon is 1 – Year						
变量	2000~2008 年		2009~2011 年		2012~2018 年	
	small	big	small	big	small	big
FPE	0. 306	0. 537	0. 901	0. 472	0. 353	0. 445
Dispersion	0. 535	0. 633	0. 679	0. 797	0. 722	0. 916
Efficiency	0. 385	0. 333	0. 644	0. 142	0. 201	0. 074
Growth	1. 355	1. 759	1. 451	1. 809	1. 539	1. 879
Data	1. 113	1. 023	1. 996	2. 208	1. 744	3. 920

Panel B：Forecasting Horizon is 3 – Year						
变量	2000~2008 年		2009~2011 年		2012~2018 年	
	small	big	small	big	small	big
FPE	0. 651	0. 606	1. 137	0. 543	0. 378	0. 832
Dispersion	0. 535	0. 633	0. 679	0. 797	0. 722	0. 916
Efficiency	1. 093	1. 196	0. 684	0. 405	0. 378	0. 364
Growth	0. 705	1. 535	0. 843	1. 637	1. 016	1. 832
Data	1. 547	0. 052	2. 478	1. 099	1. 191	1. 554

Panel C：Forecasting Horizon is 5 – Year						
变量	2000~2008 年		2009~2011 年		2012~2018 年	
	small	big	small	big	small	big
FPE	1. 163	0. 782	0. 829	1. 448	0. 587	1. 700
Dispersion	0. 535	0. 633	0. 679	0. 797	0. 722	0. 916
Efficiency	4. 302	2. 632	0. 770	0. 668	1. 191	1. 175

续表

	Panel C：Forecasting Horizon is 5 – Year					
变量	2000 ~ 2008 年		2009 ~ 2011 年		2012 ~ 2018 年	
	small	big	small	big	small	big
Growth	0.382	1.377	0.491	1.487	0.681	1.790
Data	1.848	– 0.142	3.888	1.674	1.154	1.237

注：用于参数估计的数据样本时期为 1998 年至 2023 年。在每一期期初，我们将样本数据根据企业的市值（market capitalization）分成三组，将最高的一组股票定义为大型企业股票，最低的一组股票定义为小型企业股票。我们分别估计价格对未来第一年（T = 1）、第三年（T = 3）以及第五年（T = 5）的盈利的预测信息效率（FPE），并提取出其组成成分，包括估值离散度（Dispersion）、定价效率（Efficiency）、企业增长（Growth）以及数据（Data）。

在预测时域为三年期的分析中，我们可以观察到，在 2000 年至 2008 年以及 2009 年至 2011 年这两个时间段内，小型企业的股票价格信息效率（FPE）显著高于大型企业。这表明在这两个时期，投资者对小型企业未来中期盈利的预测更为准确，且这种更准确的预测有效地反映在了市场价格中。同时，投资者处理的关于小型企业的数据量（Data）明显高于大型企业，意味着投资者对小型企业的财务和市场数据进行了更多的搜集、分析与处理。然而，进入 2012 年至 2018 年这一时期，小型企业的价格信息效率出现了明显的下降，且变得低于大型企业的水平。与此相对应，投资者处理的关于小型企业的数据量也出现了明显的减少，这可能表明市场对小型企业的关注度有所下降，或是投资者认为小型企业的数据在长期预测中的效用降低。当预测时域扩展至五年时，小型企业在 2012 年之后的价格信息效率同样经历了明显的下降。这可能意味着随着预测时间的延长，市场对小型企业的长期盈利预测变得更加谨慎，投资者对小型企业股票的长期价值评估变得更加保守。同时，投资者处理关于小型企业的数据量也出现了明显的减少，这可能表明在更长远的时间框架内，市场对小型企业的信息需求减少，或是投资者认为这些数据在长期预测中的相关性降低。

通过以上关于金融市场价格信息效率与数据量的分析可以看出有两点值得注意：第一，小企业和大企业的数据量具有竞争关系，即在市场上关于小企业的数据量偏低的时期关于大企业的数据量通常偏高，而在关于大企业的数据量偏高的时期关于小企业的数据量通常偏低。这可能是由于投资者的资源有限，其在获取、分析处理数据时不得不在处理关于大型企业还是小型企业的数据之间进行权衡取舍。这导致金融市场上大型、小型企业的数据量在许多时期呈现出此消彼长的关系。第二，2012年后，数字经济快速发展，小型企业的价格信息效率以及投资者处理的关于小型企业的数据量均发生了明显的下降，这一趋势表明数字经济的高速发展可能更多地惠及了大型企业，且使小型企业的发展受到了一定的影响。后续相关研究有必要更全面地确认这一趋势是长期趋势还是属于短期正常波动，如果是长期趋势，需要研究其对整个经济发展以及社会福利的影响，并分析在数字经济时代如何保证小企业也能享受数字技术带来的福利。

二、成长分组

根据第二节的理论框架，企业增长是其价格信息效率的组成部分，因此，有必要研究价格信息效率以及数据量在不同增长水平的企业之间的差异。成长型企业与价值型企业在市场上的表现差异，不仅对投资者决策有着深远的影响，也对市场资源配置和资本形成具有重要作用。在本节中，我们将样本企业按照账面市值比（book-to-market）进行分组，将账面市值比最高的一组股票定义为价值型（value）企业、账面市值比最低的一组股票定义为成长型（growth）企业。通过对这些企业在2000年至2020年间的价格信息效率及其组成成分的分析，我们发现两者在不同时间段表现出显著的差异。

表4.9报告了在不同预测时域下，成长型企业和价值型企业的价格信息效率及其组成成分在不同样本时期的时间序列均值。当预测时域为未来一年时，在2000年至2008年这一样本时期，成长型企业的价格信息效率（FPE）远高于价值型企业。这表明成长型企业在这一时期内，其股价相较于价值型企业更能反映市场对其未来盈利的预期。然而，进入2009年至2011年，成长型企业的价格信息效率进一步上升，而价值型企业的价格信息效率却大幅度下降，这可能反映了市场对成长型企业的乐观预期和增长潜力的高度认可。到了2012年至2018年，成长型企业的价格信息效率下降至0.449，而价值型企业的价格信息效率上升至0.253，显示出市场对这两类企业的看法趋于平衡。

表4.9 价格信息效率及其组成成分与预测时域——成长分组

Panel A: Forecasting Horizon is 1 – Year

变量	2000 ~ 2008 年		2009 ~ 2011 年		2012 ~ 2018 年	
	Growth	Value	Growth	Value	Growth	Value
FPE	0.733	0.224	2.311	0.125	0.449	0.253
Dispersion	0.524	0.438	0.548	0.642	0.496	0.707
Efficiency	0.824	0.390	8.121	0.092	0.511	0.082
Grwoth	1.778	1.586	1.886	1.754	1.928	1.822
Data	0.922	0.910	1.046	1.169	1.047	2.620

Panel B: Forecasting Horizon is 3 – Year

变量	2000 ~ 2008 年		2009 ~ 2011 年		2012 ~ 2018 年	
	Growth	Value	Growth	Value	Growth	Value
FPE	1.099	0.010	1.819	0.104	0.923	0.330
Dispersion	0.524	0.438	0.548	0.642	0.496	0.707
Efficiency	3.059	1.099	1.865	0.172	2.040	0.254
Grwoth	1.740	1.125	1.851	1.499	1.978	1.671
Data	0.516	0.223	1.031	0.615	0.406	1.285

Panel C: Forecasting Horizon is 5 – Year

变量	2000 ~ 2008 年		2009 ~ 2011 年		2012 ~ 2018 年	
	Growth	Value	Growth	Value	Growth	Value
FPE	1.392	− 0.374	2.351	0.283	2.218	0.400
Dispersion	0.524	0.438	0.548	0.642	0.496	0.707
Efficiency	6.341	3.139	2.508	0.325	8.915	0.492
Growth	1.950	0.823	1.822	1.295	2.032	1.535
Data	0.479	− 0.415	1.007	0.950	0.301	0.913

注：用于参数估计的数据样本时期为1998年至2023年，估计结果的样本时期为2000年至2020年。在每一期期初，我们将样本数据根据企业的账面市值比（book-to-market）分成三组，将最高的一组股票定义为价值股票，最低的一组股票定义为成长股票。我们分别估计价格对未来第一年（T = 1）、第三年（T = 3）以及第五年（T = 5）的盈利的预测信息效率（FPE），并提取出其组成成分，包括估值离散度（Dispersion）、定价效率（Efficiency）、企业增长（Growth）以及数据（Data）。

在三个时期内，成长型企业和价值型企业的估值离散度（dispersion）均相对稳定。价值型企业在2009年至2011年期间的估值离散度略有上升，可能表明市场对价值型企业的估值分歧略有增加。在定价效率（efficiency）方面，成长型企业在 2009 年至 2011 年期间显示出极高的定价效率（8.121），远高于价值型企业的 0.092，这反映了市场对成长型企业的定价更为迅速和有效，这可能与中国股票市场普遍存在的估值偏低现象有关（陈瑞华，2019；张守文和栾志乾，2024；李安和周倩雯，2024）。在企业增长（Growth）方面，在 2000 年至 2008 年期间，成长型企业的增长值较高，反映出市场对其增长潜力的预期，这与成长型企业的特征相符。值得一提的是，在 2009 年至 2011 年期间，价值型企业的增长值有所上升，这可能与市场对经济稳定性的偏好有关。

在数据量（Data）方面，在 2000 年至 2008 年期间，成长型企业的数据量（Data）为 0.922，而价值型企业为 0.910，表明在这个时期，投资者处理的关于这两类企业的数据量相对平衡。进入 2009 年至 2011 年，成长型企业的数据量增加至 1.046，价值型企业则上升至 1.169，显示出市场对这两类企业的信息需求均有所增长，尤其是对价值型企业的关注度有所提升。到了 2012 年至 2018 年，成长型企业的数据量并没有明显变化，而价值型企业的数据量则大幅增长至 2.620，表明投资者开始对价值型企业的相关数据进行了更多的搜集和分析。

在预测时域为三年的样本时期分析中，成长型企业和价值型企业的价格信息效率呈现出明显的变化趋势。在 2000 年至 2008 年，成长型企业的股价信息效率明显高于价值型企业，反映出市场对成长型企业未来盈利潜力的高度预期。随后，在 2009 年至 2011 年，成长型企业的价格信息效率继续上升，而价值型企业的价格信息效率也有所提升，这可能表明市场对价值型企业长期稳定增长潜力的重新评估。在估值离散度方面，两个时期的数据显示两种企业的变化均相对稳定，但价值型企业在 2009 年至 2011 年期间估值离散度的上升，表明市场对价值型企业的估值分歧增加。定价效率方面，成长型企业在 2009 年至 2011 年期间的定价效率值远高于价值型企业，这可能表明市场对成长型企业的定价更为迅速和有效。企业增长方面，成长型企业在 2000 年至 2008 年期间的企业增长值较高，与成长型企业的增长潜力预期相符。而价值型企业在同一时期的企业增长值相对较低，与其业务模式的稳定性和市场对其增长潜力的预期相符。数据量方面，成长型企业在 2000 年至 2008 年的数据量高于价值型企业，显示出市场对成长型企业的长期信息需求更为旺盛。进入 2009 年至 2011 年，成长型企业的数据量继续增加，而价值型企业的数据量也有所增长，反映出市场对这两类企业的长期信息需求均有所提升。

到了 2012 年至 2018 年，成长型企业和价值型企业的价格信息效率变化趋势显示出市场对这两类企业的看法更趋平衡。成长型企业的价格信息效率有所下降，而价值型企业的价格信息效率上升，可能与市场环境的不确定性增加有关，投资者可能在重新评估风险与回报的平衡。定价效率值的变化也反映了市场对这两类企业定价效率的不同预期。企业增长的下降和上升进一步印证了市场对这两类企业长期增长潜力的不同看法。数据量的增长，尤其是在价值型企业方面，可能表明投资者为了更好地理解其长期价值，加大了对其财务和市场数据的搜集与分析。

在预测时域为五年的样本时期分析中，成长型企业和价值型企业的价格信息效率展现出了独特的长期趋势。从 2000 年至 2008 年，成长型企业的股价信息效率保持在较高水平，反映出市场对其长期盈利前景的持续乐观态度。随着时间的推移，特别是在 2009 年至 2011 年间，成长型企业的价格信息效率始终保持在较高水平，显示出市场对其长期增长潜力的信心。进入 2012 年至 2018 年，成长型企业的价格信息效率经历了一定程度的调整，可能由于市场对长期风险的重新评估。在样本区间，价值型企业的价格信息效率则呈现出上升趋势，这可能反映了市场对价值型企业长期稳定增长潜力的重新认识和对其长期价值特性的偏好。在估值离散度方面，尽管三个子样本区间的数据显示出一定的波动，但整体上市场对这两类企业的估值分歧较小。定价效率方面，成长型企业的高定价效率值表明市场对其长期增长信息的快速响应。而在 2012 年至 2018 年间，尽管价值型企业的定价效率相较于 2008 年之前有所下降，但成长型企业的定价效率却进一步提升，这可能表明市场在长期投资决策中更加注重企业的长期发展潜力。企业增长方面，成长型企业在 2000 年至 2008 年期间的增长值较高，与市场对其增长潜力的预期相符。而价值型企业在同一时期的增长值相对较低，这与其业务模式的稳定性和增长潜力的预期相符。在随后的年份中，成长型企业的增长值有所波动，而价值型企业的增长值则持续上升，这进一步印证了市场对这两类企业长期增长潜力的不同看法。数据量方面，成长型企业在 2000 年至 2008 年的数据量高于价值型企业，显示出市场对其长期信息的强烈需求。随着时间的推移，尤其是 2008 年之后，价值型企业的数据量显著增长，这可能表明投资者为了更深入地理解其长期投资价值，加大了对其财务和市场数据的搜集与分析。

综合以上分析可以看出，成长型企业与价值型企业在不同时间段的价格信息效率和数据量表现出明显差异，其中成长型企业初期在市场上受到更高预期，但随着时间推移，市场对价值型企业的长期潜力和稳定性给予了更多关注，这反映在价格信息效率的变化和数据量的增长上，显示出投资者对这两类企业信息需求和市场评价的动态调整过程。

三、国有与非国有分组

接下来我们分析价格信息效率以及数据量在不同所有权结构的企业之间的差异。在每一期期初，我们将样本企业按照其控股股东性质分为国有企业（SOE）和非国有企业（Non - SOE），然后分别计算两组企业在各样本期的平均价格信息效率及其各组成成分，以此分析各样本期这两类企业在不同预测时域下的差异，见表4.10。

表4.10　价格信息效率及其组成成分与预测时域——所有权性质分组

	Panel A：Forecasting Horizon is 1 - Year					
变量	2000~2008 年		2009~2011 年		2012~2018 年	
	NonSOE	SOE	NonSOE	SOE	NonSOE	SOE
FPE	0.390	0.495	1.020	0.562	0.393	0.161
Dispersion	0.569	0.543	0.741	0.748	0.847	0.841
Efficiency	0.441	0.378	0.838	0.151	0.119	0.051
Grwoth	1.706	1.684	1.856	1.583	1.845	1.815
Data	0.932	1.324	1.833	3.110	2.127	2.394

	Panel B：Forecasting Horizon is 3 - Year					
变量	2000~2008 年		2009~2011 年		2012~2018 年	
	NonSOE	SOE	NonSOE	SOE	NonSOE	SOE
FPE	0.613	0.567	0.821	0.565	0.617	0.247
Dispersion	0.569	0.543	0.741	0.748	0.847	0.841
Efficiency	1.029	1.307	0.495	0.322	0.411	0.196
Grwoth	1.444	1.352	1.762	1.112	1.733	1.655
Data	0.848	0.443	1.409	2.326	1.007	1.166

变量	Panel C：Forecasting Horizon is 5 – Year					
	2000 ~ 2008 年		2009 ~ 2011 年		2012 ~ 2018 年	
	NonSOE	SOE	NonSOE	SOE	NonSOE	SOE
FPE	0.552	0.996	1.110	0.668	1.218	0.727
Dispersion	0.569	0.543	0.741	0.748	0.847	0.841
Efficiency	1.641	3.370	0.765	0.426	1.173	0.271
Grwoth	1.303	1.126	1.674	0.799	1.630	1.519
Data	0.270	0.420	1.219	2.495	0.870	2.255

注：用于参数估计的数据样本时期为 1998 年至 2023 年。在每一期期初，我们将样本数据根据企业的控股股东性质分成国有企业（SOE）与非国有企业（Non – SOE）两组。我们分别估计价格对未来第一年（T = 1）、第三年（T = 3）以及第五年（T = 5）的盈利的预测信息效率（FPE），并提取出其组成成分，包括估值离散度（Dispersion）、定价效率（Efficiency）、企业增长（Growth）以及数据（Data）。

当预测时域为未来一年时，在 2000 年至 2008 年这一样本期，国有企业的价格信息效率高于非国有企业，这可能与市场对经济稳定性的偏好和政策支持有关。进入 2009 年至 2011 年，非国有企业的价格信息效率有了大幅提升，而国有企业的价格信息效率却进一步上升。到了 2012 年至 2018 年，两类企业的价格信息效率均大幅下降，这可能与市场环境的不确定性增加和投资者重新评估风险与回报的平衡有关。国有企业和非国有企业的估值离散度在各个时期均相当，且保持稳定上升趋势，反映了金融市场规模的扩张。在定价效率方面，非国有企业在 2009 年至 2011 年期间显示出极高的定价效率值，远高于国有企业，这可能反映了市场对非国有企业的定价更为迅速和有效。企业增长方面，国有企业与非国有企业在三个时期的水平均类似。数据量方面，在 2000 年至 2011 年这一时期，投资者处理的关于国有企业的数据量明显多于非国有企业。到了 2012 年至 2018 年，投资者处理的关于非国有企业的数据量大幅增长，表明投资者开始对非国有企业的财务和市场数据进行了更多的搜集和分析。

当预测时域为三年时，在 2000 年至 2008 年这一样本期，非国有企业在价格信息效率上的表现要略优于国有企业，这一差距在 2009 年至 2011 年和 2012 年至 2018 年这两个样本期进一步扩大，反映了市场处理了越来越多的关于非国有企业未来三年盈利的信息。估值离散度方面，两类企业在三个子样本期均相近。

定价效率方面，国有企业在 2000 年至 2008 年这一样本期与非国有企业相当，但在 2009 年至 2011 年以及 2012 年至 2018 年这两个样本期明显低于非国有企业，表明市场对国有企业的定价不如非国有企业有效。企业增长方面，在 2009 年至 2011 年，非国有企业的增长值为 1.762，高于国有企业的 1.112，显示市场对非国有企业的中期增长潜力有更高的预期。数据量方面，非国有企业在 2000 年至 2008 年这一样本期的数据量高于国有企业，但在 2009 年至 2011 年这一样本期明显低于国有企业，在 2012 年至 2018 年这一样本期二者的数据量均明显下降且达到一个规模相当的水平，表明投资者处理的关于国有企业和非国有企业的数据有较大变化。

当预测时域为五年时，在 2000 年至 2008 年这一样本时期，非国有企业在价格信息效率上的表现同样展现出了对国有企业的优势，这一趋势在随后的两个样本期——2009 年至 2011 年和 2012 年至 2018 年——得到了进一步的加强。这反映出市场对非国有企业未来五年盈利潜力的预期持续增长，并且市场处理的关于非国有企业长期盈利的信息量也在增加。在估值离散度方面，两类企业表现相当。在定价效率方面，尽管在 2000 年至 2008 年这一样本时期国有企业高于非国有企业，但在 2009 年至 2011 年以及 2012 年至 2018 年这两个样本期，国有企业的定价效率值明显低于非国有企业。这表明在长期投资决策中，市场对非国有企业的定价更为迅速和有效，而对国有企业的定价效率则相对较低。企业增长方面，非国有企业的增长值在 2000 年至 2008 年这一样本时期就已高于国有企业，显示出市场对其长期增长潜力的持续乐观态度。这种预期在随后的样本期中得到了进一步的确认，非国有企业的增长预期保持在较高水平。数据量方面，在 2000 年至 2008 年这一样本时期，非国有企业的数据量低于国有企业，显示出市场对国有企业长期信息的强烈需求。在 2009 年至 2011 年这一样本期，非国有企业的数据量有所增加，但国有企业的数据量增长更为显著。到了 2012 年至 2018 年这一样本期，两者的数据量相对于 2009~2011 年都有所下降，但仍然保持在较高水平，这可能表明市场对这两类企业的长期信息需求虽然有所变化，但整体上仍然保持了一定的关注度。

通过对不同所有权结构的企业进行价格信息效率和数据量的分析，我们注意到市场对非国有企业的长期增长潜力表现出了显著的偏好，这种偏好在长期预测时域下表现得尤为突出。非国有企业通常展现出较高的价格信息效率，这反映了市场对它们未来盈利前景的积极预期。然而，数据量的分析揭示了市场对这两类企业信息处理的动态变化。在某些时期，投资者对非国有企业的财务和市场数据表现出了更高的关注度，这可能是因为市场认为这些企业具有更高的创新能力和市场适应性。随着时间的推移，尽管市场对国有企业和非国有企业的数据量需求都有所变化，但国有企业在数据量上的需求增长更为显著，这表明投资者为了更好地评估这些企业的长期价值，加大了对它们财务和市场数据的搜集与分析。值得注意的是，尽管国有企业在短期内可能因政策支持等因素而受到市场的青睐，但长期来看，市场对非国有企业的定价效率的偏好更为明显。这种偏好可能与市场对非国有企业长期增长潜力的持续性关注有关，同时也反映了投资者对这些企业未来现金流稳定性和可预测性的信心。总的来说，市场对不同所有权结构企业的数据量需求和价格信息效率的评价是相互关联的，并且随着市场环境和企业表现而不断调整。

四、产业分组

最后，我们分析不同行业之间的价格信息效率与数据量的差异。在每一期期初，我们将样本企业根据中国经济金融研究数据库（CSMAR）中的行业代码 A 分为金融、公用事业、房地产、综合、工业和商业共六组，然后在每一个预测时域下，计算每一个样本期各个行业的价格信息效率和数据量的均值。

表 4.11、表 4.12 和表 4.13 分别报告了在不同预测时域下、不同样本区间、各行业的价格信息效率（FPE）及其各组成成分的均值。可以看出，每个行业在不同预测时域下的表现都呈现出独特的特性。在价格信息效率方面，金融行业由于其高度的信息透明度和流通性，在所有预测时域中普遍展现出较高的价格信息效率，表明市场对其盈利预期的反应迅速而准确。与此同时，房地产和公用事业在短期内的价格信息效率表现亦较为突出，这可能与市场对这些行业稳定性的认可有关。工业和商业行业在长期预测时域下的价格信息效率相对较低，这可能反映了市场对这些行业未来盈利能力的不确定性。对估值离散度的分析显示，不同时期金融和房地产行业的市场估值较为一致，估值离散度较低，而其他行业则表现出不同程度的估值分歧。在定价效率方面，金融行业的定价效率在某些时期较高，显示市场对价格信息的反应更为迅速，而公用事业等行业的定价效率则相对

较低。企业增长的预期在不同行业中也表现出明显差异，其中房地产和商业行业的企业增长较高，这与样本期房地产行业的快速发展对中国经济的重要驱动作用相符。

通过对数据量的分析，我们观察到投资者处理的关于金融和房地产行业的数据量较大，这可能与投资者对这些行业的深入分析和信息需求有关。特别是在金融行业，数据量的高需求可能与需要处理复杂的金融产品、市场动态和宏观经济指标有关。房地产行业可能需要大量的市场数据来评估物业价值和市场趋势。此外，我们注意到数据量不仅反映了市场对信息的即时需求，还揭示了投资者对行业未来发展趋势的关注程度。例如，公用事业行业的数据量需求可能在环境政策或能源结构变化时增加，反映了市场对这些变化如何影响行业长期前景的评估。工业和商业行业的数据量需求可能在经济周期的不同阶段表现出波动，这可能与这些行业对宏观经济波动的敏感性有关。此外，我们还发现数据量的变化与市场对行业风险评估的变化密切相关。在经济不确定性较高时期，投资者可能增加了对所有行业的数据量需求，以更好地理解和管理风险。随着技术的进步，尤其是大数据和人工智能的应用，投资者获取和处理行业数据的能力得到了提升，这可能进一步增加了对数据量的需求。

表 4.11　　　　分行业价格信息效率及其组成成分（预测时域为 T = 1）

Panel A：2000～2008 年					
变量	金融	公用事业	房地产	综合	工业	商业
FPE	0.542	0.550	0.338	0.264	0.445	0.238
Dispersion	0.936	0.581	0.556	0.456	0.556	0.487
Efficiency	0.173	0.437	0.208	0.728	0.415	0.419
Growth	2.061	1.568	1.800	1.466	1.660	1.568
Data	2.123	2.383	1.768	-1.490	1.125	0.412
Panel B：2009～2011 年					
变量	金融	公用事业	房地产	综合	工业	商业
FPE	0.225	0.480	0.075	0.452	1.126	0.677
Dispersion	1.434	0.744	0.606	0.433	0.694	0.563
Efficiency	0.029	0.133	0.083	0.402	1.143	0.346

续表

Panel B：2009~2011 年						
变量	金融	公用事业	房地产	综合	工业	商业
Growth	2.032	1.568	1.946	1.683	1.660	1.814
Data	1.313	3.356	0.720	1.515	2.014	2.381
Panel C：2012~2018 年						
变量	金融	公用事业	房地产	综合	工业	商业
FPE	0.321	0.139	0.157	0.727	0.420	0.222
Dispersion	1.252	0.802	0.669	0.614	0.732	0.685
Efficiency	0.023	0.099	0.061	0.650	0.157	0.058
Growth	1.956	1.806	2.026	1.603	1.749	1.867
Data	2.241	0.916	2.969	2.664	2.086	2.187

注：用于参数估计的数据样本时期为 1998 年至 2023 年，估计结果的样本时期为 2000 年至 2020 年。在每一期期初，我们根据中国经济金融研究数据库（CSMAR）中的行业代码 A 将样本企业分为金融、公用事业、房地产、综合、工业和商业共六组。对每一个行业，我们估计其价格对未来第一年（T=1）的盈利的预测信息效率（FPE），并提取出其组成成分，包括估值离散度（Dispersion）、定价效率（Efficiency）、企业增长（Growth）以及数据（Data）。

表 4.12　　　　　分行业价格信息效率及其组成成分（预测时域为 T=3）

Panel A：2000~2008 年						
变量	金融	公用事业	房地产	综合	工业	商业
FPE	0.561	1.087	0.324	0.475	0.582	0.447
Dispersion	0.936	0.581	0.556	0.456	0.556	0.487
Efficiency	0.347	1.351	0.584	0.699	1.402	1.493
Growth	3.384	1.102	1.800	0.951	1.285	1.200
Data	0.887	1.871	0.900	0.062	0.484	-0.553
Panel B：2009~2011 年						
变量	金融	公用事业	房地产	综合	工业	商业
FPE	0.631	1.283	-0.052	0.199	0.996	0.812
Dispersion	1.434	0.744	0.606	0.433	0.694	0.563
Efficiency	0.088	0.458	0.280	1.154	0.586	0.801
Growth	2.316	1.067	2.033	1.325	1.268	1.650
Data	2.007	3.873	-0.485	0.316	2.176	1.995

续表

						Panel C：2012~2018 年

变量	金融	公用事业	房地产	综合	工业	商业
FPE	1.243	0.531	0.210	0.779	0.639	0.368
Dispersion	1.252	0.802	0.669	0.614	0.732	0.685
Efficiency	0.125	0.403	0.118	1.961	0.517	0.158
Growth	2.114	1.637	2.300	1.255	1.480	2.062
Data	1.925	1.163	1.376	-1.113	1.246	2.447

注：用于参数估计的数据样本时期为 1998 年至 2023 年，估计结果的样本时期为 2000 年至 2020 年。在每一期期初，我们根据中国经济金融研究数据库（CSMAR）中的行业代码 A 将样本企业分为金融、公用事业、房地产、综合、工业和商业共六组。对每一个行业，我们估计其价格对未来第三年（$T=3$）的盈利的预测信息效率（FPE），并提取出其组成成分，包括估值离散度（Dispersion）、定价效率（Efficiency）、企业增长（Growth）以及数据（Data）。

表 4.13　　　分行业价格信息效率及其组成成分（预测时域为 $T=5$）

						Panel A：2000~2008 年

变量	金融	公用事业	房地产	综合	工业	商业
FPE	0.346	1.471	-0.168	1.454	1.071	0.324
Dispersion	0.936	0.581	0.556	0.456	0.556	0.487
Efficiency	0.612	2.195	1.313	1.084	3.628	2.610
Grwoth	8.537	0.814	2.029	0.679	1.020	1.028
Data	-0.942	2.055	-0.518	-0.068	0.665	-1.488

						Panel B：2009~2011 年

变量	金融	公用事业	房地产	综合	工业	商业
FPE	2.760	0.644	-0.256	1.129	1.651	0.513
Dispersion	1.434	0.744	0.606	0.433	0.694	0.563
Efficiency	0.218	0.499	0.302	2.359	0.929	0.834
Grwoth	2.644	0.730	2.124	1.052	0.974	1.508
Data	4.425	2.830	-1.095	1.942	2.583	1.659

| Panel C：2012~2018 年 | | | | | |
变量	金融	公用事业	房地产	综合	工业	商业
FPE	0.844	1.083	0.331	1.641	1.353	0.099
Dispersion	1.252	0.802	0.669	0.614	0.732	0.685
Efficiency	0.056	0.639	0.209	5.382	1.688	0.250
Grwoth	2.372	1.497	2.621	1.144	1.257	2.820
Data	1.969	1.539	0.838	−2.907	1.068	1.545

注：用于参数估计的数据样本时期为 1998 年至 2023 年，估计结果的样本时期为 2000 年至 2020 年。在每一期期初，我们根据中国经济金融研究数据库（CSMAR）中的行业代码 A 将样本企业分为金融、公用事业、房地产、综合、工业和商业共六组。我们分别估计其价格对未来第五年（T=5）的盈利的预测信息效率（FPE），并提取出其组成成分，包括估值离散度（Dispersion）、定价效率（Efficiency）、企业增长（Growth）以及数据（Data）。

综合来看，不同产业的价格信息效率和数据量表现受到行业特性、市场环境、宏观经济条件以及行业特定风险和回报等多重因素的影响。随着时间的推移，市场对不同行业的预期和信息需求也在不断变化，这些变化在价格信息效率和数据量的动态调整中得到了体现。通过这些分析，我们可以更好地理解市场如何评估不同产业的前景，并为投资决策提供依据。这种深入的行业比较不仅丰富了我们对市场行为的理解，也为投资者提供了关于不同产业潜在风险和回报的宝贵信息。

第五节　结论和政策建议

本章对中国股市的价格信息效率和数据量进行了实证研究，分为市场整体和分组分析两个层面进行。

市场整体分析揭示了从 2000 年至 2018 年间中国股市的显著变化和发展趋势。我们首先关注了整体市场的价格信息效率，发现这一指标在近二十年间有相当时期处于上升期。这一增长表明市场参与者能够接触到更多的信息，进而提高了对企业价值和未来盈利能力评估的准确性。通过对价格信息效率各组成成分的分析，本章发现定价效率和数据量是推动价格信息效率变化的关键因素。回归分析进一步证实了这一点，即使在控制了其他变量之后，数据量依然显著地解释了价格信息效率的变化，这一结果强调了高质量数据在提高市场信息效率中的核心作用。同时，我们还注意到，尽管价格信息效率随着预测时域的增加而提高，数据量却随着预测时域的延长而减少。这表明市场参与者在进行长期预测时，可能更倾向于依赖现有的信息集，而不是积极寻求新的数据，这可能与短期投机行为和对即时回报的追求有关。

本章接下来进行了分组分析，探讨了企业规模、成长性、所有权结构和行业特性对价格信息效率和数据量的影响，揭示了中国金融市场中不同类型企业在信息效率方面的显著差异。大型企业凭借其庞大的市场影响力和规模经济往往成为数据关注和分析的焦点。这种集中的关注为大型企业带来了更为丰富的市场信息，进而体现为较高的信息效率。它们的股价能够更快地吸收和反映市场信息，从而为投资者提供了更为准确的企业价值信号。与此形成鲜明对比的是，小型企业虽然在某些特定时段显示出较高的信息效率，但整体上并未能持续与大型企业保持同步的增长态势。这可能与小型企业相对较少的市场关注度、有限的资源以及在信息披露和透明度方面的不足有关。然而，这并不意味着小型企业缺乏潜力，它们在特定市场条件下仍能展现出强劲的增长动力和信息效率的快速提升。此外，本章还发现投资者对大型企业和小型企业的数据处理具有竞争性，即在处理大型企业数据较多的时期则对小型企业处理的数据较少，反之亦然。

在成长型企业与价值型企业的对比分析中，本章发现市场对成长型企业的长期增长潜力给予了更高的预期，这一点在它们的价格信息效率上得到了明显的体现。成长型企业往往拥有更为创新的商业模式和更高的增长速度，吸引了大量投资者的关注和资本的流入。但随着时间的推移，尤其是进入 2012 年之后，市场对价值型企业的稳定性和长期潜力也表现出了更多的关注。价值型企业以其稳健的经营和可靠的现金流，逐渐赢得了市场的认可，这一点在数据量的明显增长中得到了反映。不同所有权结构的企业分析揭示了非国有企业在信息效率上通常优于国有企业，表明股市投资者更偏好于获取分析有关非国有企业的数据。行业分析进一步展现了不同行业在信息效率上的差异。金融和房地产行业由于其高度的信息透明度和市场稳定性，以及投资者对这些行业的深入分析和信息需求，表现出较高的价格信息效率。而工业和商业行业可能由于对宏观经济波动的敏感性以及市场对这些行业未来盈利能力的不确定性，表现出较低的信息效率。

这些发现强调了市场信息效率的多维性和动态性，提示政策制定者和市场参与者需关注不同类型企业的特殊需求和挑战。尤其是在数字经济时代背景下，如何通过政策支持和市场机制创新，促进各类企业特别是中小企业和国有企业的信息效率提升，成为一个亟待解决的问题。同时，这也为投资者提供了关于不同产业潜在风险和回报的宝贵信息，有助于他们作出更为明智的投资决策。

总之，本章深入分析了中国股市的价格信息效率及其与数据量的关系，揭示了市场整体信息效率的提升在很大程度上得益于数据量的增加。值得一提的是，尽管数据量的增加对整个市场的信息效率有积极影响，但这种增长在不同类型的企业之间并不均衡。例如，由于大型企业的规模和资源优势，投资者在收集和运用市场数据方面更为得力，反过来有效提升了其信息效率。而小型企业在这方面的进步则相对缓慢，这不仅限制它们在资本市场中的竞争力，也可能影响它们获取融资的能力。此外，市场对短期信息的偏好与对长期价值评估的不足并存，这可能是造成中国股票市场高波动率的重要原因。

为了解决这些问题，可以考虑通过采取以下措施：首先，加强对小型和中型企业提供数据支持的力度，降低它们获取和分析市场数据的成本，帮助它们更好地参与市场竞争。其次，监管机构应继续推动上市公司提高信息披露的质量和透明度，尤其是对小型企业，以增强投资者对这些企业的信心。此外，鼓励金融科技的发展，利用大数据、人工智能等技术提高市场信息处理的效率，为所有企业提供平等的技术应用机会。同时，平衡市场监管政策，减少不必要的干预，加强对市场操纵和内幕交易的打击力度，维护市场公平性。为小型企业提供税收优惠、财政补贴等激励措施，降低它们的运营成本，提高市场竞争力。提高投资者对不同类型企业的认识和理解，特别是对小型和成长型企业，促进投资者作出更加理性的投资决策。促进不同行业之间的协同和合作，特别是金融行业与中小企业之间的合作，帮助中小企业更好地利用金融市场资源。政策制定者应关注企业的长期发展，提供长期贷款和投资支持，鼓励企业进行长期规划和投资。加强对金融市场风险的监控和管理，为企业提供风险评估工具和咨询服务，帮助它们更好地应对市场波动。通过实施这些综合性的政策建议，可以期待中国股市在信息效率和市场透明度方面取得显著进步，同时为各类企业提供更加公平的竞争环境，特别是促进小型企业的健康发展，为整个经济的繁荣作出贡献。

参考文献

［1］陈瑞华. 中国上市公司股票估值影响因素实证分析 ［J］. 改革与开放，2019（3）：4-6.

［2］广发基金. A 股整体估值处在偏低区域 ［J］. 股市动态分析，2022（21）：62.

［3］黄世忠，叶钦华. 上市公司会计信息质量评估——基于财务报告可信度指数的分析 ［J］. 财务研究，2023（6）：14-23.

［4］李安，周倩雯. 中国特色国有企业估值体系的建设路径研究 ［J］. 西部财会，2024（3）：62-64.

［5］王芳. 我国上市公司财务信息质量评价体系的问题分析 ［J］. 现代企业，2018（10）：114-115.

［6］张守文，栾志乾. "中特估" 的理论解读与应用主张 ［J］. 管理会计研究，2024（2）：22-32.

［7］Audretsch, D. , Guo, X. , Hepfer, A. , et al. Ownership, productivity and firm survival in China ［J］. Economia e Politica Industriale, 2016（43）：67-83.

［8］Bai, J. , Philippon, T. , Savov, A. Have financial markets become more informative? ［J］. Journal of Financial Economics, 2016, 122（3）：625-654.

［9］Balemi, N. , Füss, R. , Weigand, A. COVID-19's impact on real estate markets：Review and outlook ［J］. Financial Markets and Portfolio Management, 2021, 35（1）：1-19.

［10］Ball, M. Markets and institutions in real estate and construction ［M］. Hoboken：John Wiley & Sons, 2008.

［11］Balsara, N. J. , Chen, G. , Zheng, L. The Chinese stock market：An examination of the random walk model and technical trading rules ［J］. Quarterly Journal of Business and Economics, 2007, 45（1）：43-63.

［12］Benjamin, J. , Zietz, E. , Sirmans, S. The environment and performance of industrial real estate ［J］. Journal of Real Estate Literature, 2003, 11（3）：279-

324.

　[13] Beyer, A., Guttman, I., Marinovic, I. Earnings management and earnings quality: Theory and evidence [J]. The Accounting Review, 2019, 94（4）: 77 – 101.

　[14] Bonga, W. G., Sithole, R. Stock market development: Evidence from market capitalization trends [J]. DRJ's Journal of Economics & Finance, 2019, 4（3）: 41 – 52.

　[15] Brogaard, J., Nguyen, T. H., Putnins, T. J., et al. What moves stock prices? The roles of news, noise, and information [J]. The Review of Financial Studies, 2022, 35（9）: 4341 – 4386.

　[16] Caporale, G. M., Howells, P. G., Soliman, A. M. Stock market development and economic growth: The causal linkage [J]. Journal of Economic Development, 2004, 29（1）: 33 – 50.

　[17] Carpenter, J. N., Lu, F., Whitelaw, R. F. The real value of China's stock market [J]. Journal of Financial Economics, 2021, 139（3）: 679 – 696.

　[18] Chen, K. C., Yuan, H. Earnings management and capital resource allocation: Evidence from China's accounting-based regulation of rights issues [J]. The Accounting Review, 2004, 79（3）: 645 – 665.

　[19] Chen, S., Ni, S. X., Tong, J. Y. Impact of recent Chinese stock market liberalization: History and literature review [J]. The International Journal of Accounting, 2022, 57（1）: 2250006.

　[20] Chen, Y., Wu, Z. Financial fraud detection of listed companies in china: A machine learning approach [J]. Sustainability, 2022, 15（1）: 105.

　[21] Chikwira, C., Mohammed, J. I. The Impact of the stock market on liquidity and economic growth: Evidence of volatile market [J]. Economies, 2023, 11（6）: 155.

　[22] DeFond, M. L., Wong, T. J., Li, S. The impact of improved auditor independence on audit market concentration in China [J]. Journal of Accounting and Economics, 1999, 28（3）: 269 – 305.

　[23] Farboodi, M., Matray, A., Veldkamp, L., et al. Where has all the data

gone? [J]. The Review of Financial Studies, 2022, 35 (7): 3101 – 3138.

[24] Farboodi, M., Singal, D., Veldkamp, L., et al. Valuing financial data [R]. (No. w29894), National Bureau of Economic Research, 2022.

[25] Feng, Y., Chen, C. The Impact of financial fraud on financial risks: A case study of luckin coffee [C]. In 2021 International Conference on Financial Management and Economic Transition (FMET 2021), 2021: 525 – 530.

[26] Glover, A., Mustre-del – Río, J., von Ende – Becker, A. How much have record corporate profits contributed to recent inflation? [J]. Federal Reserve Bank of Kansas City Economic Review, 2023, 108 (1): 1 – 13.

[27] Guo, B., Wang, J., Wei, S. X. R&D spending, strategic position and firm performance [J]. Frontiers of Business Research in China, 2018, 12 (1): 14.

[28] Hasan, M. M., Popp, J., Oláh, J. Current landscape and influence of big data on finance [J]. Journal of Big Data, 2020, 7 (1): 21.

[29] He, Z., Wei, W. China's financial system and economy: A review [J]. Annual Review of Economics, 2023 (15): 451 – 483.

[30] Hong, P. K., Ma, T., Zhang, G. Accruals quality and cost of capital: Evidence from the Chinese stock market [J]. Journal of International Accounting Research, 2019, 18 (1): 71 – 95.

[31] Huang, J., Chai, J., Cho, S. Deep learning in finance and banking: A literature review and classification [J]. Frontiers of Business Research in China, 2020, 14 (1): 13.

[32] Huang, L., Ying, Q., Yang, S., et al. Trade credit financing and sustainable growth of firms: Empirical evidence from China [J]. Sustainability, 2019, 11 (4): 1032.

[33] Jia, K., Chen, S. Global digital governance: Paradigm shift and an analytical framework [J]. Global Public Policy and Governance, 2022, 2 (3): 283 – 305.

[34] Le, T. H., Park, D., Castillejos – Petalcorin, C. Performance comparison of state-owned enterprises versus private firms in selected emerging Asian countries [J]. Journal of Asian Business and Economic Studies, 2023, 30 (1): 26 – 48.

［35］ Li, Y. , Lei, Z. Political Alignment and the Allocation of Stock Market Resources in China ［J］. Conditionally accepted at the Journal of Political Institutions and Political Economy, 2022, 4 (1): 51 – 80.

［36］ Liu, L. , Luo, D. , Han, L. Default risk, state ownership and the cross-section of stock returns: Evidence from China ［J］. Review of Quantitative Finance and Accounting, 2019, 53 (4): 933 – 966.

［37］ Liu, Q. , Chan, K. C. , Chimhundu, R. Fintech research: Systematic mapping, classification, and future directions ［J］. Financial Innovation, 2024, 10 (1): 24.

［38］ Mahmood, F. , Ahmed, Z. , Hussain, N. , et al. Working capital financing and firm performance: A machine learning approach ［J］. Review of Quantitative Finance and Accounting, 2025, 65 (1): 1 – 36.

［39］ Neuenkirch, M. Central bank transparency and financial market expectations: The case of emerging markets ［J］. Economic Systems, 2013, 37 (4): 598 – 609.

［40］ Pan, W. , Xie, T. , Wang, Z. , et al. Digital economy: An innovation driver for total factor productivity ［J］. Journal of Business Research, 2022 (139): 303 – 311.

［41］ Philippon, T. The economics and politics of market concentration ［R］. NBER Reporter, 2019 (4): 10 – 12.

［42］ Rossi – Hansberg, E. , Sarte, P. D. , Trachter, N. Diverging trends in national and local concentration ［J］. NBER Macroeconomics Annual, 2021, 35 (1): 115 – 150.

［43］ Stein, L. C. , Wang, C. C. Economic uncertainty and earnings management ［R］. Harvard Business School Accounting & Management Unit Working Paper, 2016, No. 16 – 103.

［44］ Tsai, Y. S. , Tzang, S. W. , Chang, C. P. Information Asymmetry, Market Liquidity and Abnormal Returns ［C］. In Innovative Mobile and Internet Services in Ubiquitous Computing: Proceedings of the 14th International Conference on Innovative Mobile and Internet Services in Ubiquitous Computing (IMIS – 2020),

2021: 510 –518.

[45] Vayanos, D. , Wang, J. Market liquidity—theory and empirical evidence [M]. Amsterdam: Elsevier, 2013.

[46] Wang, R. Z. , Ó Hogartaigh, C. , Van Zijl, T. Measures of accounting conservatism: A construct validity perspective [J]. Journal of Accounting Literature, Forthcoming, 2009 (28): 165 –203.

[47] Wu, Y. Structure and Evolution of China's Financial Market System [M]. Singapore: Springer Nature Singapore, 2023.

[48] Xu, R. , Yao, H. , Li, J. Digital Economy's Impact on High – Quality Economic Growth: A Comprehensive Analysis in the Context of China [J]. Journal of the Knowledge Economy, 2025, 16 (1): 2861 –2879.

[49] Zhu, J. , Gao, S. S. Fraudulent financial reporting: Corporate behavior of Chinese listed companies [M]. West Yorkshire: Emerald Group Publishing Limited, 2011.

第五章

基于金融市场的数据货币价值估计

数据的核心作用在于减少对未知的不确定性，金融市场上的投资者愿意为减少不确定性支付一定的价格，这一意愿构成了基于金融市场进行数据货币价值估计的基础。那么，一个特定的投资者愿意为使用某种特定的数据支付的价格是多少？本章致力于回答这一问题。首先构建包含数据处理的噪声理性预期模型，得到相应的投资者效用，然后建立投资者效用与确定等额财富即货币价值的对应关系，通过这一对应关系得到数据的货币价值的表达式。其核心原理是数据通过减少不确定性提高投资者效用，因而通过投资者效用的提高可以倒推出投资者愿意为此而放弃的财富，即数据的货币价值。最终，我们将理论模型应用于一个简化设定下的中国股票市场大盘或者行业投资者上，并估算出其愿意为使用某种特定数据而支付的价格。例如，当投资者的财富为 100 万元、相对风险厌恶水平为 2 时，其愿意为使用关于企业未来市盈率的数据支付的最大潜在价格达到了几万元。即使数据的误差达到 99%，其仍愿意为使用该数据支付几十元。由于数据的非竞争性，这对数据的提供者来说仍然意味着可观的收入。

第一节 引 言

在数字经济时代，数据估值的作用至关重要，它不仅为数据资产的管理和交易提供了量化基础，促进了数据资源的有效配置和市场效率的提升，而且对于推动数据驱动的创新、保障数据安全与隐私、实现数据的合法合规使用具有深远影响。数据估值有助于揭示数据资产的内在价值和潜在应用潜力，为政策制定者、企业和研究机构提供了决策支持，同时也为数据的开放共享和跨领域合作创造了条件。因此，数据估值是实现数据经济价值最大化的关键环节，对于促进经济的可持续发展和社会整体福祉的提升具有重要意义（Ray，2018；Cheong，Kim and Vaquero，2023；Wu，2024）。那么，如何估算一个使用者愿意为使用某种数据所支付的价格？本章致力于回答这一问题。

与传统资产相比，数据资产具有一些独特的属性，导致传统的估值方法难以直接适用。首先，数据作为经济活动的副产品，其成本难以界定，导致基于成本的估值方法难以适用（Arrieta-Ibarra，Goff，Jiménez-Hernández，Lanier and Weyl，2018；Posner and Weyl，2018）。其次，数据的价值在使用过程中逐渐形成和提升，具有正向的反馈循环，进一步增加了数据价值评估的复杂性（Caplin and Leahy，1994；Veldkamp，2006；Lorenzoni，2009）。再次，数据资产具有非竞争性，可以被复制和共享而不会像传统资产那样减损其价值，导致基于供需分析的定价模型难以直接适用（Jones and Tonetti，2020；Veldkamp，2023）。最后，数据的价值并不与其物理度量成正比，而是取决于其内容、质量、可用性、时效性及与应用场景的相关性，使得难以通过量价关系计算其总价值。

在分析数据对于特定投资者的价值时，还需要强调的是数据资产的价值具有很强的私人属性，即不同的投资者由于其拥有的数据及对数据的处理方式不同，会导致其对数据的估值不同（Ker and Mazzini，2020；Goetzmann，Spaenjers and Van Nieuwerburgh，2021；Veldkamp，2023）。一方面，这一属性意味着数据资产难以在市场上形成统一的价值共识，导致基于市场均衡的估值方法难以适用。另一方面，这一属性也意味着估算数据对一个投资者的价值时需要知道其他投资者拥有的数据及对数据的处理。基于金融市场的数据估值有效避免了由此而带来的问题。通过构建存在数据的噪声理性模型并推导相应的市场均衡价格，可以发现投资者对数据的处理完全反映在市场价格中。这意味着在通过市场价格提取数据价值时，其已经包含了所有投资者所拥有的数据以及对数据的处理。因此，当估算一个经济主体愿意为数据支付的价格时，我们不需要搜集其他经济主体的信息。

基于金融市场的数据货币价值估计方法的基本原理是：数据的价值在于其能够减少不确定性，从而提升投资者的效用，这种效用的提升正是数据价值的体现。基于此，通过分析投资者效用与金融市场资产价格的关系，可以推导出数据货币价值的表达式。这一表达式能够用于估算特定投资者为了使用特定数据而愿意支付的价格。

基于金融市场的数据估值方法有效解决了以往数据估值中所面临的问题。该方法通过数据给特定投资者带来的效用提升估算出其愿意为使用数据而支付的价格，即从使用数据带来的结果中倒推出数据的价值。因此，该方法不需要计算数据的生产成本、使用过程中的价值增加、非竞争性的影响以及物理度量等。此外，在进一步结合效用和金融资产的市场价格计算一个投资者愿意为使用数据支付的价格时，由于市场价格中已经包含了其他投资者对数据的处理，因而我们只需要关注该投资者本身，而无须逐一对其他投资者进行分析，这使得市场化的数据估值具有了可行性。

本章与法布迪、辛格尔、维尔德坎普和文卡特斯瓦兰（2022）的研究有着密切联系。法布迪等2022年的研究提出了可以通过投资者效用的变化倒推出数据价值这一洞见。本章在此研究的基础上进行进一步的分析，主要创新点如下：第一，本章提出了数据价值形成的三个阶段，包括原始数据的价值、投资者将原始数据处理成辅助其投资决策的信号所产生的价值、投资者通过观测股票价格推断出其他投资者的同类数据信号而进一步产生的价值。通过对这一过程的建模，我们发现可以避免因数据资产的独特属性而导致其价值难以度量的问题，而只需要关注资产价格中所包含的数据的最终价值。第二，与法布迪等的设定不同，我们的数据价值公式是基于投资者对数据的预期效用，而非直接基于投资者对数据的效用。这种设定与经济学分析时通常基于理性预期的决策过程相符（Muth，1961；Savin，1987；Frydman and Phelps，2013）。因此，本章的模型可以用于有效衡量投资者在使用数据前愿意为其支付的价格。第三，在实证应用上，本章并未对分析师会计盈余预测（analyst earnings forecast）这一存在已久且被广泛使用的数据进行估值。其原因在于这一数据可能早已成为公共信息，从而导致投资者并不愿意为其支付额外的价格。本章实证分析中所估值数据是假设存在的、可以减少不确定性的数据，通过估算投资者愿意为此支付的价格，可以反映数据开发者从开发这种数据中得到的潜在收益。此外，本章的实证分析估算了数据的最大潜在价值以及在不同数据误差下的数据价值。例如，对于一个中国市场上财富水平为100万元、相对风险厌恶系数为2的大盘投资者来说，其愿意为使用关于未来市场市盈率的无误差数据支付的价格达到几万元。当数据误差达到99%时，该投资者仍愿意支付几十元。这一金额对于该投资者来说可以忽略不计，但对于数据的提供商来说却意味着可观的收入。由于数据的非竞争性，数据提供商可以将该误差为99%的数据销售给一定量的投资者使用而不明显损害数据的价值。例如，如果销售给一万个使用者，数据提供商的收入依然可以达到几十万元。这表明只要数据可以在一定程度上减少不确定性，其就可以带来经济价值。

需要指出的是，本章实证分析的主要目的是对数据货币价值的理论模型进行验证，对投资者愿意为使用数据所支付的价格及其主要影响因素有一个初步的界定，而非准确地估算中国金融市场投资者愿意为使用数据所支付的确切价格。因此，本章的实证分析进行了一系列简化假设。后续研究需要更为精确地估计中国投资者的风险厌恶系数，更精细地定义其投资集，更明确地界定投资者已经拥有的信息。此外，对于所估值的数据，本章的设定是假设存在有关可投资资产未来市盈率的数据，并人工设定该数据的误差。为了实现本章数据估值模型的现实价值，后续研究需要使用金融市场投资者普遍感兴趣的数据进行估值分析。

另外，本章的研究限定于股票市场。因为股票市场是一个经济体中最有效的信息集散场所。这也意味着所估值数据需要与股票市场具有相关性。然而，本章的数据估值模型理论上可以应用于任何金融资产。后续研究可以将本章的数据估值模型应用到其他金融市场，如债券市场、衍生品市场，并进行有针对性的调整，这将极大扩展可估值数据的范围。

本章具体内容如下。

第二节构建了数据的货币价值估算模型。数据的价值在于减少不确定性，这一点的具体表现是数据可以移除价格信号中的噪声，以使得更好地通过价格信号预测未来收益。基于此，本节首先构建了一个包含数据的噪声理性预期模型，并推导出数据对均衡价格的影响。然后分析了数据所带来的效用提升，并建立投资者效用与货币价值的对应关系，最终推导出数据的货币价值表达式。通过均衡价格可以看出金融资产的市场价格充分反映了所有投资者对数据的获取、处理和分析。因此，基于金融市场价格估计出的数据价值已经包含了其他投资者所拥有的信息。这一点意味着本节的模型可以通过一个投资者本身的特征以及金融资产的市场价格估算出该投资者愿意为使用特定数据支付的价格。

第三节设计了实证分析步骤，介绍了估算数据货币价值的具体步骤。通过分析中国股票市场大盘投资者和行业投资者在不同财富水平和风险厌恶程度下的数据估值，讨论了数据误差对数据价值的影响。具体方法包括使用历史数据估算市场指数和行业投资者的预期收益及其条件方差，结合风险厌恶系数的估计，计算出数据的货币价值。

第四节报告了实证分析结果，通过简化设定，展示了中国股票市场投资者在不同风险厌恶程度和财富水平下，对特定数据的支付意愿，并详细讨论了数据误差对数据价值的影响。例如，分析显示一个财富水平为 100 万元的投资者愿意为一组完美预测未来市盈率的数据支付几万元的价格。由于在股票市场投资的情境下该金额较小，我们不需要考虑该投资者的价格影响（price impact）。对不同财富水平的投资者的分析表明财富水平较高的投资者愿意为同一数据支付更高的价格。这一点符合直觉，例如，一个对于股市未来收益有预测作用的数据集能给一个大型机构投资者创造的绝对价值高于其能为一个散户投资者创造的价值。本节还分析了数据价格随数据误差的变化。当数据误差接近 100% 时，只要其仍然能够在一定程度上减少不确定性，投资者依然愿意为其支付几十元的价格，这对于投资者来说可以忽略不计，但由于数据的非竞争性，对于数据的提供商来说仍然可以产生客观的经济价值。本节还对行业投资者对数据的支付意愿进行了分析，并讨论了各行业数据价值的差异。

第五节结论部分总结了数据在减少不确定性、提升投资者效用及其在金融市场中的重要性。附录部分提供了正文中模型推导的详细过程，并讨论了在存在价格影响时的数据价值分析。这些内容共同构成了对数据货币价值估计的系统性探讨，提供了理论和实证的双重支持。

第二节　数据的货币价值模型

本节首先构建包含数据的噪声理性预测模型并推导出均衡价格对数据的反映，其次推导出数据的效用价值，最后建立投资者效用和货币价值的对应关系，以此推导出数据的货币价值表达式。

一、数据与投资者决策模型构建

本章基于阿德买提（1985），范·尼乌维尔堡和维尔德坎普（2009），法布迪、辛格尔、维尔德坎普和文卡特斯瓦兰（2022）的噪声理性预期模型分析考虑到数据情形下的投资者选择问题。模型的设定充分考虑到现实决策的复杂性，我们在这一设定下推导均衡价格，并分析价格对数据的反映。本部分的核心在于说明均衡市场价格已经充分反映所有投资者所拥有的信息以及对数据的处理。

（一）模型设定

基本设定：我们在金融市场投资选择情境下构建噪声理性预期模型。在这一模型下，投资者获取数据并将其处理成可以直接指导其投资决策的信号，然后根据信号和资产价格构建投资组合。

资产：有 N 个风险资产，每个用 n 指代。净供给是 $\bar{q} = [\bar{q}_1, \cdots, \bar{q}_n, \cdots, \bar{q}_N]'$。这些资产是对企业未来收益 $\{d_{n,t+1}\}_{t=0}^{\infty}$ 的索取权（claim）。d_t 是包含每个资产未来现金流的向量，遵从如下自回归形式：

$$d_{t+1} - \mu = G(d_t - \mu) + \epsilon_{d,t+1} \tag{5.1}$$

这里假设外生的股息变化在每一时期都遵从正态分布，即 $\epsilon_{t+1} \sim_{iid} N(0, \Sigma_d)$。

投资者偏好：在每一时期 t 有 H 个代际重合（overlapping generations）的投资者出生、观测到数据并且依据其做出投资组合选择，用 $i \in [0, 1]$ 指代这些投资者。投资者的数量是有限的，表明市场是不完全竞争的。在接下来的时期 t+1，投资者卖掉他们的资产，消费掉他们所获得的收益以及股息，并且退出模型。投资者具有绝对风险厌恶 λ_i，且具有对于期末总消费的指数期望（CARA）。相应的效用函数是：

$$U_i(c_{t+1}^i) = -e^{-\lambda_i c_{t+1}^i} \tag{5.2}$$

其中，λ_i 的值通常为正，表示投资者厌恶风险。由于投资者的风险厌恶程度通常与其财富水平相关，可以认为 λ_i 反映了投资者初始财富的影响，即反映了效用的局部曲率（Peress，2004）。

投资者的资产需求：我们用向量 $q_t^i = [q_{1t}^i, \cdots, q_{nt}^i, \cdots, q_{Nt}^i]$ 表示投资者 i 期初的风险资产选择：

$$q_t^i = \Theta^i \hat{q}_t^i \tag{5.3}$$

其中，Θ^i 是一个 $N \times N^{Total}$ 的包含 0 和 1 的矩阵，其作用是限制投资者 i 所能购买的风险资产集合，N 是投资者 i 可投资资产的数量，矩阵 Θ^i 的每一行包含一个 1 和 $N^{Total} - 1$ 个 0。$\hat{q}_t^i$ 是一个 $N^{Total} \times 1$ 的反映投资者对所有资产的分配的向量，q_t^i 是一个 $N \times 1$ 的反映投资者对其可投资资产的分配的向量。许多投资者将他们的策略描述为小盘股投资或者价值投资，因而限制他们所持有的资产。另一些投资者受到社会责任限制而不能投资特定类型的资产。例如，践行环保责任的投资者会较少投资非环保型企业。这里将投资者 i 的资产分配 q_t^i 设定为受到投资者风格 Θ^i 限制，是为了考虑投资者可选择资产的限制对其数据估值的影响。

投资者决定：投资者在时期 t 的初始财富是 $\overline{W}_t^i$。在时期 t，投资者基于其信息集 I_{it} 选择其风险资产投资组合 q_t^i 以及无风险资产（利率是 R）。其期末总消费是[1]：

$$c_{t+1}^i = R\overline{W}_t^i + q_t^{i\prime}(p_{t+1} + d_{t+1} - Rp_t) \tag{5.4}$$

投资者具有相对于期末总消费 c_{t+1}^i 的均值方差效用，具体来说，具有绝对风险厌恶 λ_i 的投资者基于其信息集 Ξ_t^i 选择对其可投资股票的投资量 q_t^i，解决如下最优化问题：

$$Max_{\{q_i\}} E[U(c_{t+1}^i) \mid \Xi_t^i] \tag{5.5}$$

在 c_{t+1}^i 的各个成分中，只有 $p_{t+1} + d_{t+1}$ 是随机变量且其服从正态分布，因此，c_{t+1}^i 也服从正态分布，根据正态分布的矩生成函数的性质，投资者 i 的最优化问题可以表示为：

$$Max_{\{q_i\}} \lambda_i E[c_{t+1}^i \mid \Xi_t^i] - \frac{\lambda_i^2}{2} Var[c_{t+1}^i \mid \Xi_t^i] \tag{5.6}$$

投资者通过选择 q_t^i 获取最大效用，效用对 q_t^i 求导，其一阶条件是：

$$\frac{\partial L}{\partial q_t^i} = \lambda_i E(p_{t+1} + d_{t+1} - Rp_t \mid \Xi_t^i) - \frac{\lambda_i^2}{2} 2Var(p_{t+1} + d_{t+1} \mid \Xi_t^i)q_{it} = 0 \tag{5.7}$$

相应地，投资者 i 对风险资产的需求是：

$$q_t^i = \frac{1}{\lambda_i} Var(p_{t+1} + d_{t+1} \mid \Xi_t^i)^{-1}[E(p_{t+1} + d_{t+1} \mid \Xi_t^i) - Rp_t] \tag{5.8}$$

---

[1] $c_{t+1}^i = R(\overline{W}_t^i - q_t^{i\prime}p_t) + q_t^{i\prime}(p_{t+1} + d_{t+1}) = R\overline{W}_t^i + q_t^{i\prime}(p_{t+1} + d_{t+1} - Rp_t)$

噪声需求（noisy demand）：需要在价格中引入一些噪声源以解释为什么一些投资者知道其他投资者不知道的信息（Grossman and Stiglitz，1980）。噪声可能来自对冲动机、估计误差、认知错误或者情绪，即除了以上理性投资者外，我们还需要考虑金融市场中的噪声投资者。假设噪声交易者（noise traders）购买 $\tilde{x}_t$ 股资产：

$$\tilde{x}_t \sim N(0, \Sigma_x) \tag{5.9}$$

$\tilde{x}_t$ 独立于模型中的其他冲击且时间序列独立（independent over time）。"～"表示尽管 $\tilde{x}_t$ 有下标 t，投资者在时期 t 期末无法观测到 $\tilde{x}_t$。

（二）数据与信息

数据的价值经历了三个阶段的提升，第一阶段是投资者获得的原始数据的价值；第二阶段是投资者对数据的分析处理使得数据可以指导投资决策所带来的价值提升；第三阶段是投资者观察市场价格推断出其他投资者对同类数据的分析处理，并优化其自身的投资决策所产生的数据价值进一步提升。

原始数据：在每一个时刻 t，投资者会获取有关股票回报的数据。实践中，投资者从不同的来源获取数据，如价格、私人信号以及任何相关的信息。假设每个投资者都可以接触到 K 个不同的数据源。每个数据源都提供了有关所有资产的现金流冲击 ϵ_{t+1}（innovation to cash flows）以及股票未来价格的信号：

$$\Xi_{kt}^i = F(\epsilon_{d,t+1}, p_{t+1}) + \psi_h v_t \tag{5.10}$$

其中，Ξ_{kt}^i 是一个 N×1 的包含一个投资者数据源 k 的向量，$\epsilon_{d,t+1}$ 是一个反映所有资产回报冲击（payoff innovation）的 N×1 向量，p_{t+1} 是一个反映所有资产未来价格的 N×1 向量，$v_t \sim N(0, I)$ 是反映数据中的噪声部分的服从正态分布的 N×1 向量，ψ_h 是一个 N×N 的矩阵。Ξ_{kt}^i 是 $\epsilon_{d,t+1}$ 和 p_{t+1} 的函数加上噪声 v_t，函数 F（·）反映了数据源 k 如何反映资产的未来收益。需要说明的是，由于许多投资者使用相同的数据，不同投资者或者不同资产对应的 v_{t+1} 不一定相互独立。例如，如果 v_{t+1} 是市场整体的噪声，则不同投资者的数据的噪声存在相互关联。

投资者的数据处理：我们无须关注原始数据 $\{\Xi_{kt}^i\}_{k=1}^K$ 的具体形式即函数 F（·）的表达式，无论原始数据的形式如何，投资者会对不同的数据进行处理来服务一个目标——进行投资决策。因此，不同的数据会汇总成一个反映资产未来收益的无偏信号[①]：

$$s_t^i = \eta_{t+1} + \tilde{\epsilon}_{st}^i = p_{t+1} + d_{t+1} - Rp_t + \tilde{\epsilon}_{st}^i \qquad (5.11)$$

其中，η_{t+1} 是资产的未来回报，也是投资者进行决策的依据：

$$\eta_{t+1} = p_{t+1} + d_{t+1} - Rp_t \qquad (5.12)$$

η_{t+1} 的分布是：

$$\eta_{t+1} \sim N(\mu_\eta, \Sigma_\eta) \qquad (5.13)$$

需要强调的是，η_{t+1} 是投资者 i 可进行投资的风险资产的回报（即投资者 i 对这些风险资产的投资没有限制；当然，根据收益最大化目标，投资者实际上并未对其中的某种资产进行投资），而非金融市场上所有风险资产的回报。

式（5.10）和式（5.11）表明，投资者将有关 d_t、μ、ϵ_{t+1}、p_{t+1} 的信息进行处理得到信号 s_t^i。信号 s_t^i 表示对原始数据 $\{\bar{\Xi}_{kt}^i\}_{k=1}^K$ 处理后的数据，在这一过程中，原始数据的价值得到了提升。处理后的数据是股票未来价值的无偏信号，但也包含一部分噪声，$\epsilon_{st}^i \sim N(0, \Sigma_s^i)$，其反映信号中的私人信息部分。$\Sigma_s^{i-1}$ 反映投资者 i 所拥有的数据的精度。s_t^i 反映数据在被投资者处理后的价值，即既包括原始数据 $\{\bar{\Xi}_{kt}^i\}_{k=1}^K$ 的价值，又包括投资者处理后产生的价值增加。可以看出，尽管原始数据可能形式复杂，但其可以通过简单的信息形式来充分反映。

价格信号中的同类数据信息：投资者将原始数据 $\{\bar{\Xi}_{kt}^i\}_{k=1}^K$ 处理成信号 s_t^i 后，依据其进行投资决策，因而信号 s_t^i 会反映在股价 p_t 中。与投资者 i 类似，其他拥有同类数据的理性投资者也会将数据处理成相似的信号 s_t 并依据其进行投资决策，因而也会反映在股价 p_t 中。这意味着投资者可以通过观察股价 p_t 推断出其他投资者处理的数据。因此，数据 s_t^i 的价值不仅包括其本身，其价值会随着 p_t 中所蕴含的同类数据 s_t 的价值而进一步增加。综上所述，投资者在时期 t 期末进行投资组合选择时的预测性信息集是：

$$\Xi_t^i = \{s_t^i, p_t\} \qquad (5.14)$$

即 s_t^i 和 p_t 提供反映资产未来收益的信息，$\{s_t^i, p_t\}$ 反映了原始数据 $\{\bar{\Xi}_{kt}^i\}_{k=1}^K$

[①] 一个更一般化的方法是将梳理后的信号设计成

$$s_t^i = p_{t+1} + d_{t+1} + \zeta_t^i \tilde{z}_t + \tilde{\epsilon}_{st}^i$$

其中，$z_{t+1} \sim N(0, \Sigma_z)$ 是数据中公共信息部分的噪声，从属于在时期 t 购买的资产，且在时期 t 的期末被投资者观测到。如果投资者 i 在时间 t 从价格和公共信息中没有了解到任何信息，那么 $\zeta_{it} = 0$，且 s_{it} 变成一个标准的私人信号。

的最终价值。

（三）均衡求解

均衡：在市场出清的条件下，总需求等于总供给，即：

$$\frac{1}{H}\int_{i=1}^{H} q_t^i di + \tilde{x}_t = \bar{q} \tag{5.15}$$

其中，$\bar{q} = [\bar{q}_1, \cdots, \bar{q}_n, \cdots, \bar{q}_N]'$是风险资产的单位人口供给（per-capita supply），$\tilde{x}_t$是市场中噪声投资者的需求。

为了解决这一均衡，我们使用标准的猜测—证实（guess-and-verify）过程。这一方法在理性预期均衡文献中被广泛使用，其具体思路是推测价格函数遵从线性形式，然后求解相应的系数（Muth，1961；Diebold，Ohanian and Berkowitz，1998）。具体步骤如下：

首先，在一个完全竞争的市场中（H→∞），猜测价格服从线性形式。为了猜测均衡价格的具体线性表达形式，我们从投资者的均衡需求出发进行猜测。投资者依据其所能观察到的信息决定其风险资产需求。在本章的模型设定下，投资者能观察到上期现金流 d_t、当期价格 p_t、私人信号 s_i，因此，其风险资产需求是：

$$q_t^i = \frac{1}{\lambda_i}(\alpha_0 + \alpha_s' s_i - \alpha_{p0}' p_t + \alpha_d' d_t) \tag{5.16}$$

其中，常数项 α_0 包含了常数量如风险资产的总供给。相应地，我们可以猜测出价格 p_t 的线性表达形式：

$$p_t = A + B\bar{s}_t + C\tilde{x}_t + Dd_t \tag{5.17}$$

其中，B、C、D 均是 $N \times N$ 的矩阵，这里我们假设需求函数中的系数对所有投资者相同。$\bar{s}_t$ 表示市场平均信号，是所有投资者对数据分析处理的汇总：

$$\bar{s}_t = \frac{\int_{i=1}^{H} \frac{1}{\lambda_i} s_i di}{\int_{i=1}^{H} \frac{1}{\lambda_i} di} = \frac{\int_{i=1}^{H} \frac{1}{\lambda_i}(\eta_{t+1} + \tilde{\epsilon}_{st}^i) di}{\int_{i=1}^{H} \frac{1}{\lambda_i} di} = \eta_{t+1} + \frac{\int_{i=1}^{H} \frac{1}{\lambda_i} \tilde{\epsilon}_{st}^i di}{\int_{i=1}^{H} \frac{1}{\lambda_i} di} \tag{5.18}$$

可以看出，$\bar{s}_t$ 提供了关于资产未来收益的更精确的无偏信号。

其次，根据这一猜测（式（5.17））推导出 $E(\eta_{t+1} | s_t^i, p_t)$ 和 $Var(\eta_{t+1} | s_t^i, p_t)$。为了实现这一目标，需要根据贝叶斯法则推导股票收益的条件概率分布：

$$\Pr(\eta_{t+1} \mid s_t^i,\ p_t) \propto \Pr(\eta_{t+1})\Pr(s_t^i \mid \eta_{t+1})\Pr(p_t \mid \eta_{t+1}) \tag{5.19}$$

通过推导 $E(p_t \mid \eta_{t+1})$、$Var(p_t \mid \eta_{t+1})$，以及使用正态分布的概率密度函数，可得：

$$\begin{aligned}
\Pr(\eta_{t+1} \mid s_t^i,\ p_t) \propto \exp\{ \eta_{t+1}'[\Sigma_\eta^{-1} + \Sigma_s^{i^{-1}} + BVar(p_t \mid \eta_{t+1})^{-1}B]\eta_{t+1} \\
- 2[\mu_\eta'\Sigma_\eta^{-1} + s_t^{i'}\Sigma_s^{i^{-1}} + \bar{s}'BVar(p_t \mid \eta_{t+1})^{-1}B \\
+ \tilde{x}_t'CVar(p_t \mid \eta_{t+1})^{-1}B]\eta_{t+1} + \cdots\}
\end{aligned} \tag{5.20}$$

根据贝叶斯定理，对于投资者 i 来说，期末价格的条件期望是：

$$\begin{aligned}
E(\eta_{t+1} \mid s_t^i,\ p_t) = [\Sigma_\eta^{-1} + \Sigma_s^{i^{-1}} + BVar(p_t \mid \eta_{t+1})^{-1}B]^{-1}[\mu_\eta'\Sigma_\eta^{-1} + s_t^{i'}\Sigma_s^{i^{-1}} \\
+ \bar{s}'BVar(p_t \mid \eta_{t+1})^{-1}B + \tilde{x}_t'CVar(p_t \mid \eta_{t+1})^{-1}B]'
\end{aligned} \tag{5.21}$$

期末价格的条件方差是：

$$Var(\eta_{t+1} \mid s_t^i,\ p_t) = [\Sigma_\eta^{-1} + \Sigma_s^{i^{-1}} + BVar(p_t \mid \eta_{t+1})^{-1}B]^{-1} \tag{5.22}$$

其中，$Var(p_t \mid \eta_{t+1}) = C\Sigma_x C$。

最后，匹配市场出清公式的两侧并整理，可得：

$$\begin{aligned}
H(\bar{q} - \tilde{x}_t) = \int_{i=1}^H q_t^i d = \Sigma_\eta^{-1}\mu_\eta \int_{i=1}^H \frac{1}{\lambda_i} di + [\Sigma_s^{-1} + BVar(p_t \mid \eta_{t+1})^{-1}B]\int_{i=1}^H \frac{1}{\lambda_i}s_t^i di \\
+ CVar(p_t \mid \eta_{t+1})^{-1}B\tilde{x}_t \int_{i=1}^H \frac{1}{\lambda_i} di
\end{aligned} \tag{5.23}$$

定义：

$$\begin{aligned}
\mu_\eta = E(\eta_t) = E(p_{t+1} + d_{t+1}) - Rp_t \\
= A + B\mu_\eta + (D + I)[\mu + G(d_t - \mu)] - Rp_t
\end{aligned} \tag{5.24}$$

整理式（5.23），可以得到：

$$\begin{aligned}
\Sigma_\eta^{-1}R(A + B\bar{s}_t + C\tilde{x}_t + Dd_t) = \Sigma_\eta^{-1}[A + B\mu_\eta + (D + I)(I - G)\mu] - \frac{H\bar{q}}{\int_{i=1}^H \frac{1}{\lambda_i}di} \\
+ [\Sigma_s^{-1} + BVar(p_t \mid \eta_{t+1})^{-1}B]\bar{s}_t + \Big[CVar(p_t \mid \eta_{t+1})^{-1}B \\
+ \frac{H}{\int_{i=1}^H \frac{1}{\lambda_i}di}I\Big]\tilde{x}_t + \Sigma_\eta^{-1}(D + I)Gd_t
\end{aligned} \tag{5.25}$$

均衡条件下，等式两边的系数相等：

$$\begin{cases} \Sigma_\eta^{-1}RA = \Sigma_\eta^{-1}\left[A + B\mu_\eta + (D + I)(I - G)\mu\right] - \dfrac{H\bar{q}}{\int_{i=1}^{H}\frac{1}{\lambda_i}di} \\[3mm] \Sigma_\eta^{-1}RB = \left[\Sigma_s^{-1} + BVar(p_t \mid \eta_{t+1})^{-1}B\right] \\[3mm] \Sigma_\eta^{-1}RC = \left[CVar(p_t \mid \eta_{t+1})^{-1}B + \dfrac{H}{\int_{i=1}^{H}\frac{1}{\lambda_i}di}I\right] \\[3mm] \Sigma_\eta^{-1}RD = \Sigma_\eta^{-1}(D + I)G \end{cases} \qquad (5.26)$$

对这一联立公式求解：根据式（5.26）中的第 2、第 3 个子公式，可得 $C^{-1}B = $

$\dfrac{\Sigma_s^{-1}\int_{i=1}^{H}\frac{1}{\lambda_i}di}{H}$，代入第 2 个子公式，并根据 $Var(p_t \mid \eta_{t+1}) = C\Sigma_x C$，可得 B，由此

可得 C，进一步根据第 4 个子公式，可得 D，最后，由第 1 个子公式和 B、D 得

到 A：

$$\begin{cases} B = \dfrac{1}{R}\Sigma_\eta\left[\Sigma_s^{-1} + \left(\dfrac{\int_{i=1}^{H}\frac{1}{\lambda_i}di}{H}\right)^2\Sigma_s^{-1}\Sigma_x^{-1}\Sigma_s^{-1}\right] \\[5mm] C = \dfrac{1}{R}\Sigma_\eta\left[\dfrac{H}{\int_{i=1}^{H}\frac{1}{\lambda_i}di} + \dfrac{\int_{i=1}^{H}\frac{1}{\lambda_i}di}{H}\Sigma_s^{-1}\Sigma_x^{-1}\right] \\[5mm] D = \dfrac{G}{R - G}I \\[3mm] A = \dfrac{1}{R(R - 1)}\Sigma_\eta\left[\Sigma_s^{-1} + \left(\dfrac{\int_{i=1}^{H}\frac{1}{\lambda_i}di}{H}\right)^2\Sigma_s^{-1}\Sigma_x^{-1}\Sigma_s^{-1}\right]\mu_\eta \\[5mm] \qquad + \dfrac{R(1 - G)}{(R - G)(R - 1)}\mu - \dfrac{H}{(R - 1)\int_{i=1}^{H}\frac{1}{\lambda_i}di}\Sigma_\eta\bar{q} \end{cases} \qquad (5.27)$$

根据价格猜测公式（5.17）以及系数公式（5.27），可以得到均衡价格

公式：

$$p_t = \left\{\dfrac{1}{(R - 1)}\Sigma_\eta\left[Var(\eta_{t+1} \mid s_t^i, p_t)^{-1} - \Sigma_\eta^{-1}\right]\mu_\eta + \dfrac{1}{(R - 1)}\mu + \dfrac{G}{R - G}(d_t - \mu)\right.$$

$$- \frac{H}{(R-1)\int_{i=1}^{H} \frac{1}{\lambda_i} di} \Sigma_\eta \bar{q} + \frac{1}{R} \left[(\Sigma_\eta^{-1})^{-1} \mathrm{Var}(\eta_{t+1} \mid s_t^i, p_t)^{-1} - I \right](\bar{s}_t - \mu_\eta)$$

$$+ \frac{1}{R} \Sigma_\eta \left[\frac{H}{\int_{i=1}^{H} \frac{1}{\lambda_i} di} + \frac{\int_{i=1}^{H} \frac{1}{\lambda_i} di}{H} \Sigma_s^{-1} \Sigma_x^{-1} \right] \tilde{x}_t \tag{5.28}$$

可以看出，投资者会根据新信息 $\bar{s}_t - \mu_\eta$ 更新其对价格的预期，$\bar{s}_t$ 是数据最终价值的反映。同时，噪声投资者需求 $\tilde{x}_t$ 保证了投资者无法从价格中推断出完美的信息，确保了投资者有动力获取私人数据。最重要的是，均衡价格公式（5.28）充分反映了所有投资者对数据的获取、分析与处理。

二、数据的效用价值与货币价值

接下来我们分析投资者使用数据所带来的效用提升及其所对应的货币价值。本部分的分析最终回答的问题是：一个特定投资者愿意为使用特定数据支付的货币价值是多少？

（一）投资者对于数据的效用函数

首先，我们推导出投资者对于数据的效用函数（utility function），通过将关于消费的直接效用函数（direct utility function）改写为关于数据的间接效用函数（indirect utility function）可以实现这一目标。已知根据式（5.5）和式（5.6），在使用数据的情况下，投资者的直接效用函数是：

$$E[U(c_{t+1}^i) \mid \Xi_t^i] = \lambda_i E[c_{t+1}^i \mid \Xi_t^i] - \frac{\lambda_i^2}{2} \mathrm{Var}[c_{t+1}^i \mid \Xi_t^i] \tag{5.29}$$

其中，$E[U(c_{t+1}^i) \mid \Xi_t^i]$ 表示投资者从对数据 Ξ_t^i 的使用中得到的预期效用。

因为数据的作用在于其对于未来收益的预测作用，我们首先将这一关于消费的效用函数改写为关于资产未来收益的效用函数。已知资产的未来收益是 $\eta_{t+1} = p_{t+1} + d_{t+1} - Rp_t$，则消费与未来收益的关系是：

$$c_{t+1}^i = R(\overline{W}_t^i - q_t^{i\prime} p_t) + q_t^{i\prime}(p_{t+1} + d_{t+1}) = R\overline{W}_t^i + q_t^{i\prime} \eta_{t+1} \tag{5.30}$$

给定期初资产 $\overline{W}_t^i$，消费完全取决于投资者收益，因此消费与资产未来收益存在一一对应关系。用资产收益替代未来消费，得到的效用函数表达形式是：

$$E[U(c_{t+1}^i) \mid \Xi_t^i] = R\overline{W}_t^i \lambda_i + \lambda_i q_t^{i\prime} E(\eta_{t+1} \mid \Xi_t^i) - \frac{\lambda_i^2}{2} q_t^{i\prime} Var(\eta_{t+1} \mid \Xi_t^i) q_t^i$$

$$(5.31)$$

又已知理性投资者的最优选择是 $q_t^i = \frac{1}{\lambda_i} Var(\eta_{t+1} \mid \Xi_t^i)^{-1} E(\eta_{t+1} \mid \Xi_t^i)$，我们可以据此得到在给定数据下的最优消费：

$$\begin{aligned} c_{t+1}^{i*} &= R(\overline{W}_t^i - q_t^{i\prime} p_t) + q_t^{i\prime}(p_{t+1} + d_{t+1}) \\ &= R\overline{W}_t^i + \lambda_i E(\eta_{t+1} \mid I_{it})' Var(\eta_{t+1} \mid I_{it})^{-1} \eta_{t+1} \end{aligned} \quad (5.32)$$

相应地，可以得到在给定数据下的最优消费带给投资者的效用：

$$E[U(c_{t+1}^{i*}) \mid \Xi_t^i] = R\lambda_i \overline{W}_t^i + \frac{1}{2} E(\eta_{t+1} \mid \Xi_t^i)' Var(\eta_{t+1} \mid \Xi_t^i)^{-1} E(\eta_{t+1} \mid \Xi_t^i)$$

$$(5.33)$$

在这一条件期望效用函数中，资产未来收益 η_{t+1} 的条件期望 $E(\eta_{t+1} \mid \Xi_t^i)$ 和条件方差 $Var(\eta_{t+1} \mid \Xi_t^i)$ 决定投资者的效用。$E(\eta_{t+1} \mid \Xi_t^i)$ 和 $Var(\eta_{t+1} \mid \Xi_t^i)$ 取决于 η_{t+1} 的分布和数据 Ξ_t^i。而 η_{t+1} 的分布是给定的（即无法由投资者 i 决定），因而这一效用函数中的变量实质上是数据 Ξ_t^i。因此，我们可以将直接效用函数改写为有关数据的间接效用函数，即：

$$U(\Xi_t^i) = R\lambda_i \overline{W}_t^i + \frac{1}{2} E(\eta_{t+1} \mid \Xi_t^i)' Var(\eta_{t+1} \mid \Xi_t^i)^{-1} E(\eta_{t+1} \mid \Xi_t^i) \quad (5.34)$$

可以看出，数据给投资者带来的效用提高来自其对未来的预测能力以及由此所带来的不确定性减少。投资者依据其预期效用进行决策，因此其效用随着其所拥有的数据的变化而变化。当数据提供更强的预测能力、更明显地减少不确定性时，投资者从对数据的使用中得到的效用也越高。

（二）数据的效用价值

我们已经明确了投资者对于数据的效用（式（5.34）），由于投资者依据其预期效用进行决策，我们需要进一步推导投资者对数据的预期效用，即[①]：

---

① 这一点是本模型与法布迪、辛格尔、维尔德坎普和文卡特斯瓦兰（2022）的核心区别之一。在他们的模型中，数据价值来源于效用而非预期效用的变化。

$$E[U(\Xi_t^i)] = R\lambda_i \overline{W}_t^i + \frac{1}{2}E[E(\eta_{t+1}|\Xi_t^i)'Var(\eta_{t+1}|\Xi_t^i)^{-1}E(\eta_{t+1}|\Xi_t^i)]$$

$$(5.35)$$

在推导预期效用 $E[U(\Xi_t^i)]$ 的最终表达式之前，我们可以比较式（5.35）和式（5.34）来初步理解预期效用和效用的区别。在效用函数式（5.34）中，数据的作用即体现在其对决策变量的未来实现值的预测作用上，即 $E(\eta_{t+1}|\Xi_t^i)$，又体现在其对不确定性的解决上，即 $Var(\eta_{t+1}|\Xi_t^i)$。而对式（5.35）的进一步整理后我们将证明，投资者对于数据的预期效用仅取决于数据对不确定性的解决，即 $Var(\eta_{t+1}|\Xi_t^i)$，而与数据对未来值的预测值 $E(\eta_{t+1}|\Xi_t^i)$ 无关。从直觉上理解，式（5.35）中出现了 $E(\eta_{t+1}|\Xi_t^i)$ 的平方的期望，等同于 $E(\eta_{t+1}|\Xi_t^i)$ 的二阶矩，因此依然反映不确定性的减少。

本章的附录 B1 提供了对式（5.35）的具体推导过程，其基本思路是将 $E(\eta_{t+1}|\Xi_t^i)'Var(\eta_{t+1}|\Xi_t^i)^{-1}E(\eta_{t+1}|\Xi_t^i)$ 改写成 $[E(\eta_{t+1})+E(\eta_{t+1}|\Xi_t^i)-E(\eta_{t+1})]'Var(\eta_{t+1}|\Xi_t^i)^{-1}[E(\eta_{t+1})+E(\eta_{t+1}|\Xi_t^i)-E(\eta_{t+1})]$，然后通过迭代期望定律（the law of iterated expectation）和全方差定律（the law of total variance）对各部分进行简化，最终的数据的预期效用表达式是：

$$E[U(\Xi_t^i)] = \frac{1}{2}E(\eta_{t+1})'Var(\eta_{t+1}|\Xi_t^i)^{-1}E(\eta_{t+1})$$
$$+ \frac{1}{2}[Var(\eta_{t+1})Var(\eta_{t+1}|\Xi_t^i)^{-1}-I] + R\lambda_i\overline{W}_t^i \quad (5.36)$$

在这一预期效用公式中，$E(\eta_{t+1})$ 是给定的资产无条件预期收益，$Var(\eta_{t+1})$ 是资产收益的无条件方差，对于一个特定投资者来说（即 λ_i 和 $\overline{W}_t^i$ 也给定），$E(\eta_{t+1})$ 和 $Var(\eta_{t+1})$ 均是给定的，即不随投资者所拥有的数据而变化。由此可见，数据的价值来源于其带来的不确定性的减少，即减少条件方差 $Var(\eta_{t+1}|\Xi_t^i)$。

假设数据没有任何信息含量，即不减少不确定性，则 $Var(\eta_{t+1}|\Xi_t^i)=Var(\eta_{t+1})$，投资者的效用退化为：

$$E[U(\cdot)] = \frac{1}{2}E(\eta_{t+1})'Var(\eta_{t+1})^{-1}E(\eta_{t+1}) + R\lambda_i\overline{W}_t^i \quad (5.37)$$

其中，$E[U(\cdot)]$ 表示投资者不拥有数据时的效用。因此，数据带来的效用增加是：

$$\Delta E[U(\Xi_t^i)] = E[U(\Xi_t^i)] - E[U(\cdot)] = \frac{1}{2}E(\eta_{t+1})'[Var(\eta_{t+1}|\Xi_t^i)^{-1}$$

$$- Var(\eta_{t+1})^{-1}]E(\eta_{t+1}) + \frac{1}{2}[Var(\eta_{t+1})Var(\eta_{t+1}|\Xi_t^i)^{-1} - I]$$

$$(5.38)$$

根据这一效用的增量公式可以看出，只有当数据带来不确定性减少时，即 $Var(\eta_{t+1}|\Xi_t^i) < Var(\eta_{t+1})$，投资者的效用才会增加。本书将 $\Delta E[U(\Xi_t^i)]$ 定义为数据的效用价值（utility value of data）。

（三）数据的货币价值

最后我们分析如何将数据给投资者带来的效用增加转化为投资者愿意为此支付的货币价值。本书将这一价值定义为数据的货币价值（currency value of data）。为了推导出数据的货币价值，需要将投资者效用投射到资产的收益上。资产的超额收益率（excess return）与其预期回报的关系是：

$$r_{t+1} = (p_{t+1} + d_{t+1})./p_t - R = (\eta_{t+1})./p_t \qquad (5.39)$$

其中，"./" 表示两个矩阵的 Hadamard 逐元素除法。R 是无风险毛利率。因此：

$$\eta_{t+1} = p_t. * r_{t+1} \qquad (5.40)$$

其中，". *" 表示两个矩阵的 Hadamard 逐元素乘法。

下面，我们用超额收益 r_{t+1} 重新表示投资者的预期效用：

$$E[U(\Xi_t^i)] = \frac{1}{2}E(p_t. * r_{t+1})'Var(p_t. * r_{t+1}|\Xi_t^i)^{-1}E(p_t. * r_{t+1})$$

$$+ \frac{1}{2}[Var(p_t. * r_{t+1})Var(p_t. * r_{t+1}|\Xi_t^i)^{-1} - I] + R\lambda_i \overline{W}_t^i$$

$$= \frac{1}{2}E(r_{t+1})'Var(r_{t+1}|\Xi_t^i)^{-1}E(r_{t+1})$$

$$+ \frac{1}{2}[Var(r_{t+1})Var(r_{t+1}|\Xi_t^i)^{-1} - I] + R\lambda_i \overline{W}_t^i \qquad (5.41)$$

式（5.41）与式（5.36）具有完全的等同性。可以看出，我们可以通过资产的预期超额收益 $E(r_t)$ 以及收益的协方差矩阵 $Var(r_t)$ 来估算数据带来的预期效用。由式（5.41）可以看出，数据的价值除了取决于预期收益、收益的波动率以及收益率的条件波动率之外，还取决于投资者本身，反映在其风险厌恶系数

λ_i 和初始财富 $\overline{W}_t^i$ 上。

最后，我们将预期收益投射到货币价值上。根据式（5.29）、式（5.31）、式（5.33）和式（5.34），投资者对于数据的效用可以表示为：

$$U(\Xi_t^i) = E[U(c_{t+1}^{i*}) \mid \Xi_t^i] = \lambda_i E[c_{t+1}^{i*} \mid \Xi_t^i] - \frac{\lambda_i^2}{2} Var[c_{t+1}^{i*} \mid \Xi_t^i] \qquad (5.42)$$

其中，c_{t+1}^{i*} 表示投资者在给定数据下作出最优选择时的消费。

用 $c_{\Xi,t+1}^{i*}$ 表示投资者在基于数据作出决策情况下的确定等额消费，其满足：

$$U(c_{\Xi,t+1}^{i*}) = \lambda_i c_{\Xi,t+1}^{i*} - \frac{\lambda_i^2}{2} Var[c_{t+1}^{i*}] = U(\Xi_t^i) \qquad (5.43)$$

即 $c_{\Xi,t+1}^{i*}$ 是使得投资者在有无不确定性的情形下效用相同的确定等额最优消费。

类似地，用 $c_{.,t+1}^{i*}$ 表示不拥有数据的投资者的确定等额最优消费，则其满足：

$$U(c_{.,t+1}^{i*}) = \lambda_i c_{.,t+1}^{i*} - \frac{\lambda_i^2}{2} Var(c_{t+1}^{i*}) = U(\cdot) \qquad (5.44)$$

确定等额财富是指在面对不确定性时，个体愿意接受的确定金额，使其效用与该不确定投资的预期效用相等。因此，$c_{.,t+1}^{i*}$ 反映了无数据时的预期效用 $E[U(c_{t+1}^{i*}) \mid \cdot]$ 对应的货币价值，$c_{\Xi,t+1}^{i*}$ 反映了有数据时的预期效用 $E[U(c_{t+1}^{i*}) \mid Data]$ 对应的货币价值。$E[U(c_{t+1}^{i*}) \mid Data]$ 与 $E[U(c_{t+1}^{i*}) \mid \cdot]$ 的差值反映了数据的效用价值，相应地，$c_{\Xi,t+1}^{i*}$ 与 $c_{.,t+1}^{i*}$ 的差值反映了数据的货币价值。

为了计算数据的货币价值，我们只需要计算出 $E[U(c_{t+1}^{i*}) \mid Data] - E[U(c_{t+1}^{i*}) \mid \cdot]$，并调整风险厌恶系数 λ_i 推断出 $c_{\Xi,t+1}^{i*} - c_{.,t+1}^{i*}$ 的值，即[①]：

$$V_{Data} = \frac{1}{\lambda_i} \Delta E[U(\Xi_t^i)] \qquad (5.45)$$

其中，λ_i 是投资者的绝对风险厌恶系数，$\Delta E[U(\Xi_t^i)]$ 是数据带来的效用变化。

注意，式（5.45）的含义并非一个投资者的风险厌恶程度越大，其愿意为数据支付的价格越低。对式（5.45）的正确理解是，数据带来的效用的变化 $\Delta E[U(\Xi_t^i)]$ 由财富的变化和风险厌恶系数 λ_i 两个部分决定，从效用变化

---

① $V_{Data} = c_{\Xi,t+1}^{i*} - c_{.,t+1}^{i*} = \frac{1}{\lambda_i} \{E[U(c_{t+1}^{i*}) \mid Data] - E[U(c_{t+1}^{i*}) \mid \cdot]\} = \frac{1}{\lambda_i} \Delta E[U(\Xi_t^i)]$

$\Delta E[U(\Xi_t^i)]$ 中移除风险厌恶系数 λ_i 即可以得到财富的变化，这一变化是投资者愿意为使用数据支付的货币价值。

三、模型讨论

通过观察数据的效用价值（式（5.38））和货币价值（式（5.45））可以看出，数据的价值取决于预期收益的条件方差 $\mathrm{Var}(r_{t+1}|\Xi_t^i)$，而与预期收益的条件期望 $E(r_{t+1}|\Xi_t^i)$ 无关。考虑到数据会改变投资者对资产未来收益的预期，而未来收益的条件预期会影响投资者的效用，这一点似乎违背直觉。然而，在事前决定获取、分析和处理的数据量时，投资者是根据其对数据所带来的效用的预期做决定，而对条件期望 $E(r_{t+1}|\Xi_t^i)$ 的预期会转化为预期收益的无条件预期。因此，条件期望 $E(r_{t+1}|\Xi_t^i)$ 并不进入数据的价值表达式中。这一结果表明数据的价值在于其降低了投资者对未来收益的不确定性，而与通过数据得到的未来收益的预测值无关，即数据的价值在于其可以减少不确定性。

对资产未来收益的条件期望 $E(r_{t+1}|\Xi_t^i)$ 不进入数据价值的表达式，这一性质的一个附带效果是降低了对数据价值的估算难度。大量文献研究表明，在对资产收益的估计中，对收益预期的估计误差较大。例如，收益预测文献表明使用经济变量预测资产的未来收益难以达到较好的预测效果，且一般并不比用收益的历史平均值表现更好（Welch and Goyal，2008；Goyal，Welch and Zafirov，2023）。与之相反，对方差的估计则相对误差较小（Simaan，Simaan and Tang，2018；Cornuéjols，Elçi and Köppe，2022）。

不同于传统资产，数据具有很强的私人价值属性，即对于不同的投资者来说同一组数据具有不同的价值。数据的效用价值（式（5.38））和货币价值（式（5.45））充分反映了数据价值的异质性，具体来说取决于以下两个方面。

一是投资者的投资风格，反映在数据价值公式中计算收益的预期和方差时的输入值 r_{t+1} 上。r_{t+1} 是关于资产的未来收益的向量。需要注意的是 r_{t+1} 只包括一个投资者 i 可选择资产集中的资产，而不同投资者的可选择资产集可能是不同的。因此，r_{t+1} 反映了一个投资者的投资风格。例如，对于一个践行社会责任的投资者来说，r_{t+1} 只包含具有较高 ESG 评分的股票。对于一个趋势投资者来说，r_{t+1} 中只包含近期表现较好的股票。

二是投资者的财富水平。投资者的财富水平越高，其风险厌恶程度一般越低，相应地，在一个给定的效用变化（$\Delta E[U(\Xi_t^i)]$）下，风险厌恶系数 λ_i 占的权重越小，因而其对应的财富水平变化越高，即投资者愿意为使用数据支付的价格越高。这一点同样符合直觉。例如，一组可以准确预测未来经济增长的数据对股票投资者具有重要价值，这种价值对大型机构投资者的价值显然高于对散户的价值，相应地，机构投资者也愿意为这组数据支付更高的价值。

综上所述，本章推导出的数据价值公式充分反映了数据的私人价值属性。但值得注意的是，数据价值公式不取决于其他投资者的特征如风险厌恶程度、初始财富或者所拥有的信息。这是因为市场上其他投资者所拥有的信息已经完全反映在当期市场价格并进而反映在资产的预期收益和方差上。因此，当估算数据对于一个特定投资者的价值时，我们只需要使用市场公开信息，以及这一特定投资者的特征信息，而不需要逐一估计出其他投资者的特征或所拥有的信息。

第三节 实 证 设 计

本节设计估算数据货币价值的实证路径。根据式（5.38）和式（5.45），数据的货币价值可以表示为：

$$V_{Data} = \frac{1}{2\,\hat{\lambda}_i}\{E(\widehat{r_{t+1}})'[Var(\widehat{r_{t+1}}\mid \Xi_t^i,\ I_t^i)^{-1} - Var(\widehat{r_{t+1}}\mid I_t^i)^{-1}]E(\widehat{r_{t+1}})$$

$$+ [Var(\widehat{r_{t+1}}\mid I_t^i)\,Var(\widehat{r_{t+1}}\mid \Xi_t^i,\ I_t^i)^{-1} - I]\} \tag{5.46}$$

其中，$E(\widehat{r_{t+1}})$ 是样本股票预期超额收益率的估计值，I_t^i 是投资者已经拥有的与数据 Ξ_t^i 具有竞争关系的数据，$Var(\widehat{r_{t+1}}\mid I_t^i)$ 是不考虑数据 Ξ_t^i 时样本股票方差的估计值，$Var(\widehat{r_{t+1}}\mid \Xi_t^i,\ I_t^i)$ 是考虑到数据 Ξ_t^i 后样本股票条件方差的估计值，$\hat{\lambda}_i$ 是投资者的风险厌恶系数。r_{t+1} 中所包含的股票以及 λ_i 反映了投资者异质性。可以看出，对于一个特定投资者（即风险厌恶程度 λ_i 和可选择资产 r_{t+1} 给定），数据资产的价值可以根据该投资者可选择的风险资产收益的预期 $E(r_{t+1})$、方差 $Var(r_{t+1})$ 以及投资者使用数据情况下的条件方差 $Var(r_{t+1}\mid \Xi_t^i)$ 来计算。

我们假设存在关于未来市盈率的数据，并对这一数据进行估值。具体来说，本章的实证估计致力于回答的问题是：假设存在对未来市盈率的误差为 $\sigma_{P/E}$ 的预测，那么投资者愿意为这组数据支付的价格是多少？针对这一问题，本章将分别分析不同投资风格（即 r_{t+1} 中所包含的股票不同）以及不同财富水平（c_{t+1}^i 不同，相应地，其风险厌恶程度 λ_i 也不同）的投资者对数据的估值。

一、估计（条件）均值和方差

以估算大盘投资者对数据的支付意愿为例，在实证估计时，我们使用大盘的历史收益估计 $E(\widehat{r_{t+1}})$，使用将大盘的历史收益对已有数据变量 I_t^i 进行回归得到的残差项来计算不考虑数据 Ξ_t^i 时的波动率 $Var(\widehat{r_{t+1} \mid I_t^i})$，使用将大盘的历史收益对已有数据变量 I_t^i 和待估值数据变量 Ξ_t^i 进行回归得到的残差项来计算考虑到数据 Ξ_t^i 后的波动率 $Var(\widehat{r_{t+1} \mid \Xi_t^i, I_t^i})$。

本章根据式（5.46）对数据进行估值。具体来说，本章对预期市盈率（price-to-earnings ratio，P/E）数据进行估值分析。市盈率是指每股价格对每股盈余的比率，反映市场对公司未来盈利能力的预期。一般来说，市盈率较高可能意味着股票价格被高估，而市盈率较低可能意味着股票价格被低估。因此，市盈率通常被用来作为比较不同价格的股票是否低估或者高估的指标，是投资者进行股票买卖决策的主要参考依据之一（何诚颖，2003；卢锐和魏明海，2005；Nezlobin，Rajan and Reichelstein，2016）。

二、估计风险厌恶系数

接下来我们确定风险厌恶系数。注意式（5.45）中的 λ_i 是恒定绝对风险厌恶效用函数（CARA）下的风险厌恶系数，其与投资者财富水平并不关联[①]。这与现实并不相符，因为通常投资者的风险厌恶程度会随着其财富水平的提高而下降。为了解决这一问题，我们使用法布迪、辛格尔、维尔德坎普和文卡特斯瓦兰（2022）的解决方案，将恒定绝对风险厌恶效用函数下的风险厌恶系数转换为恒定相对风险厌恶

[①] 需要注意的是，在指数效用函数的设定下，$\lambda_i = -\dfrac{U''(C)}{U'(C)}$ 是投资者的绝对风险厌恶系数，其等于一个常数。在这种情况下，投资者的绝对风险厌恶系数独立于他们的最初财富水平，即额外的财富都会分配到无风险资产中，这与现实并不相符。

效用（CRRA）下的风险厌恶系数。假设恒定相对风险厌恶效用函数是：

$$U_i(c_{t+1}^i) = \frac{c_{t+1}^{i\,1-\gamma}}{1-\gamma} \tag{5.47}$$

其中，γ 是恒定相对风险厌恶系数。在恒定相对风险厌恶下，绝对风险厌恶与财富水平反向变化。即因为 $\gamma = -c_{t+1}^i \dfrac{U_i''}{U_i'}$，在给定 γ 下，c_{t+1}^i 与 $-\dfrac{U_i''}{U_i'}$ 反向变化。

将式（5.2）和式（5.47）设定为相等，即 $\dfrac{c_{t+1}^{i\,1-\gamma}}{1-\gamma} = -e^{-\lambda_i c_{t+1}^i}$，可以得到：

$$\lambda_i = \frac{(\gamma-1)\ln c_{t+1}^i + \ln(\gamma-1)}{c_{t+1}^i} \tag{5.48}$$

图 5.1 给出了不同财富水平对应的绝对风险厌恶系数。可以看出，在给定的相对风险厌恶系数下，财富水平越高的投资者相对风险厌恶水平越低。因此，数据的货币价值公式（5.45）中的绝对风险厌恶系数 λ_i 同时反映了投资者的财富水平。

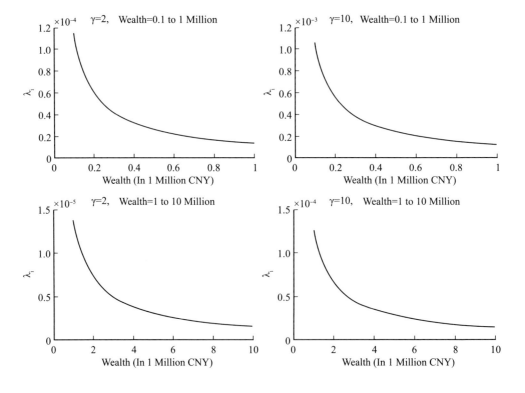

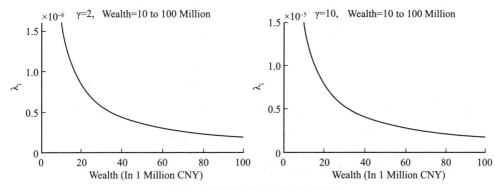

图 5.1　风险厌恶程度与投资者财富

注：本图给出了当相对风险厌恶系数为 2 或 10 的时候，不同的财富水平对应的绝对风险厌恶系数。二者的确切关系由式（5.48）给出。第一行两个图分别对应的财富水平是 10 万元至 100 万元，第二行两个图分别对应的财富水平是 100 万元至 1000 万元，第三行两个图分别对应的财富水平是 1000 万元至 1亿元。

三、数据和变量

我们使用中国股市 1993 年至 2023 年的年度数据，包括上海证券交易所、深圳证券交易所和北交所所有上市企业。由于估计个股的均值和方差的误差较大，我们在投资组合层面进行分析。具体来说，我们分别分析投资于市场指数的投资者和投资于不同产业的投资者愿意为相关的市盈率数据支付的价格。所有数据均来自锐思金融数据库（RESSET）。我们分别收集了市场指数和按照证监会 2012年行业分类标准进行分类的行业门类的年度、季度和月度数据。

第四节　实证分析

本节初步分析一个特定的中国股票市场投资者愿意为使用特定数据所支付的价格。为了简化分析，我们将投资者设定为大盘投资者或者行业投资者，考虑其在不同风险厌恶程度和不同财富水平下的数据估值差异。本章也分析数据误差对数据价值的影响。

一、市场指数投资者

本节考虑财富水平为 10 万元、100 万元或者 500 万元，相对风险厌恶系数为 $\gamma_i = 2$，投资于整个市场指数的投资者愿意为数据支付的价值。由于投资者的资金规模相对较小，我们不考虑其价格影响（price impact）。

（一）同时期市盈率与股票收益率的关系

我们首先检验同时期（contemporaneous）的市盈率与股票收益率的关系，以确认准确的市盈率预测数据确实具有经济价值。我们使用 1994 年至 2023 年的年度数据进行如下回归：

$$M_t - r_f = a + bPE_t + e_t \tag{5.49}$$

其中，M_t 是 A 股在时期 t 的市场收益，即所有股票收益率的市值加权平均值。r_f 是无风险利率。PE_t 是时期 t 的市盈率，我们对其进行了标准化，因此系数 b 反映市盈率变化一个标准差市场超额收益的变化值。表 5.1 的 Panel A 报告了基于式（5.49）的回归结果。可以看出，系数 b 的值为 0.258，对应的 t 统计量是 4.124，因此系数 b 在统计上和经济上同时显著。调整后的 R^2 是 35.6%，表明市盈率在很大程度上解释了市场收益的时间序列变化。在现实中，投资者在时期 $t-1$ 可以观测到当期的市盈率 PE_{t-1}，由于市盈率的持续性（persistency），PE_{t-1} 可以作为 PE_t 的实证代理，随之而来的问题是关于 PE_t 的预测性数据相比于投资者已经拥有的信息 PE_{t-1} 是否拥有额外价值。为了检验这一问题，我们进行如下回归：

$$M_t - r_f = a + bPE_t + cPE_{t-1} + e_t \tag{5.50}$$

其中，PE_{t-1} 是滞后一期的市盈率。表 5.1 中的 Panel B 报告了回归结果。可以看出，在控制了 PE_{t-1} 后，系数 b 的值与其 t 统计量的值都进一步增加，且调整后的 R^2 增加到 66.3%。这一结果并不令人惊讶，因为 PE_t 和 PE_{t-1} 出现在同一回归时二者额外提供了有关未来市场收益率的信息。综上所述，表 5.1 中的实证结果表明如果存在对未来市盈率的预测性数据，那么这一数据具有经济价值。

表 5.1			同时期市盈率与股票收益	

Panel A：$M_t - r_f = a + bPE_t + e_t$

a	b		$\bar{R}^2$	N
0.089	0.258		35.6%	30
(1.450)	(4.124)			

Panel B：$M_t - r_f = a + bPE_t + cPE_{t-1} + e_t$

a	b	c	$\bar{R}^2$	N
0.089	0.303	−0.237	66.3%	30
(2.005)	(6.573)	(−5.154)		

注：本表报告了中国股市的市场超额收益对市盈率的回归结果。回归使用年度数据进行，样本区间是 1994 年至 2023 年。

（二）数据的最大潜在价值

接下来，我们估计数据的最大潜在价值，即当数据是对未来市盈率的完美预测时，这一数据的价值。这一设定下的数据是：

$$\Xi_t^i = PE_{t+1} \tag{5.51}$$

我们假设在不存在数据 Ξ_t^i 时，投资者拥有的信息是 $I_t^i = PE_t$。我们根据式 (5.46) 以及第三节中的实证估计步骤，估计一个相对风险厌恶水平为 $\gamma_i = 2$ 的投资者在其财富水平为 10 万元、100 万元和 500 万元时，其愿意为这一完美的预测数据支付的价格。

表 5.2 报告了投资者愿意为数据支付的价值。假设在投资者的财富水平变化时其投资集不变，即始终在市场指数和无风险资产之间进行投资组合选择，因此表 5.2 中前四行的值并不随着投资者的财富水平变化。第五行 $\hat{\lambda}_i$ 的值随着投资者财富水平的增加而减少，反映了财富水平更高的投资者绝对风险厌恶程度更小。第六行报告了数据 Ξ_t^i 给投资者带来的效用增加 $\Delta E[U(\Xi_t^i)]$。我们分析的是对于特定的效用增加投资者愿意支付的价格，因此第六行中的三个效用增加值相同。第七行报告了数据的货币价值 V_{Data}，可以看出，一个财富水平为 10 万元的投资者愿意为数据 Ξ_t^i 支付的价格是 0.726 万元；一个财富水平为 100 万元的投资者愿意为数据 Ξ_t^i 支付的价格是 6.05 万元；一个财富水平为 500 万元的投资者愿意

以为数据 Ξ_t^i 支付的价格是 27.076 万元。

表 5.2   数据的最大潜在价值

变量	Wealth		
	0.1Million	1Million	5Million
γ_i	2	2	2
$E(\widehat{r_{t+1}})$	0.089	0.089	0.089
$Var(\widehat{r_{t+1}} \mid I_t^i)$	0.142	0.142	0.142
$Var(\widehat{r_{t+1}} \mid \Xi_t^i, I_t^i)$	0.055	0.055	0.055
$\widehat{\lambda_i}$	1.15×10^{-4}	1.38×10^{-5}	3.08×10^{-6}
$\Delta E[U(\Xi_t^i)]$	0.835	0.835	0.835
V_{Data}	0.726×10^4	6.05×10^4	27.076×10^4
N	30	30	30

注：本表报告了一个相对风险厌恶水平为 $\gamma_i = 2$ 的投资者在其财富水平为 10 万元、100 万元和 500 万元时，其愿意为关于未来市盈率的完美预测数据所支付的价格。我们使用年度数据，根据式（5.46）以及第三节中的估计步骤进行估计，样本区间是 1994 年至 2023 年。

（三）数据的误差与价值

接下来，我们分析不同误差的数据的价值。假设数据 Ξ_t^i 并非未来市盈率 PE_{t+1} 的完美预测，而是包含有关未来市盈率的信息以及噪声，即：

$$\Xi_t^i = PE_{t+1} + \sqrt{\phi Var(PE_{t+1})} \, \epsilon_t \qquad (5.52)$$

其中，$\epsilon_t \sim N(0, 1)$ 是误差项，$Var(PE_{t+1})$ 是 PE_{t+1} 的方差，$\sqrt{\phi Var(PE_{t+1})}$ 反映了噪声的大小。

在这一设定下，当我们用数据预测未来市盈率时，预测误差是：

$$Err_{\Xi} = 1 - \frac{Var\left(\frac{Cov(PE_{t+1}, \Xi_t^i)}{Var(\Xi_t^i)} \Xi_t^i\right)}{Var(PE_{t+1})} = \frac{\phi}{1+\phi} \qquad (5.53)$$

其中，$\frac{1}{1+\phi}$ 反映 PE_{t+1} 的波动中被数据 Ξ_t^i 所解释的部分。例如，当 $\frac{\phi}{1+\phi} = $

80%时，PE_{t+1} 的波动仅有20%可以被数据 Ξ_t^i 预测，即数据的误差是80%。下面我们分析不同数据误差下投资者愿意为使用数据支付的价格。

图5.2报告了对于一个相对风险厌恶系数为2、财富水平为100万元的投资者来说数据的价值。其中，第一个子图报告了数据所带来的方差减少（variance reduction）与数据误差的关系，即数据误差越大，其所带来的方差减少越低。第二个子图报告了效用增加（utility gain）与数据误差的关系，可以看出，其他条件不变，数据的误差越大，其给投资者带来的效用增加越少。最后一个子图报告了投资者愿意为数据支付的价格（currency value）与数据误差的关系，其他条件不变，数据的误差越大，投资者愿意为数据支付的价格越少，因为误差越大的数据越无法有效用于减少不确定性。表5.3报告了不同数据误差下的数据价值。当数据误差为零时，我们得到与表5.2相同的结果，一个相对风险厌恶系数为2、财富水平为100万元的投资者愿意为数据支付的价格是6.05万元。而当数据的误差达到50%时，该投资者愿意为使用该数据支付的价格降为1.43万元。

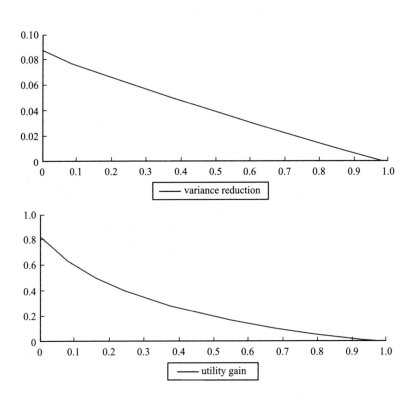

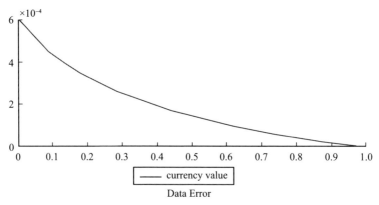

图 5.2　数据误差与数据价值

注：第一个子图报告了不同误差的数据带来的预测误差的减少；第二个子图报告了对于一个相对风险厌恶系数为 2、财富水平为 100 万元的投资者，不同误差的数据给其带来的效用提升；第三个子图报告了该投资者愿意为不同误差的数据支付的价格。在每一个数据误差下，我们使用年度数据，根据式（5.46）以及第三节中的估计步骤进行估计，样本区间是 1994 年至 2023 年。

表 5.3　　　　　　　　　　　　　　数据误差与数据价值

Err_Ξ	ΔVar	$\Delta E[U(\Xi_t^i)]$	V_{Data}
0.000	0.087	0.835	6.05×10^4
0.083	0.077	0.631	4.57×10^4
0.213	0.065	0.441	3.19×10^4
0.310	0.056	0.339	2.45×10^4
0.419	0.046	0.251	1.82×10^4
0.500	0.039	0.197	1.43×10^4
0.667	0.025	0.110	0.80×10^4
0.750	0.018	0.075	5445.831
0.800	0.014	0.057	4091.766
0.900	0.006	0.024	1717.311
0.950	0.003	0.010	708.059
0.990	0.000	0.001	57.963

注：本表报告了一个相对风险厌恶水平为 $\gamma_i = 2$、财富水平为 100 万元、投资于市场指数和无风险资产的投资者愿意为关于未来市盈率的不同误差的数据所支付的价格。$Err_\Xi = 0$ 表示数据完全预测了未来市盈率，即数据误差为 0，$Err_\Xi = 0.99$ 表示数据可以解释未来市盈率 1% 的波动，即数据误差接近 100%。我们使用年度数据，根据式（5.46）以及第三节中的估计步骤进行估计，样本区间是 1994 年至 2023 年。

由于金融市场的信息具有信息比率低的特性，相关数据通常误差较大（Williams，2005；Bulla，Mergner，Bulla，Sesboüé and Chesneau，2011；杨松令、刘梦伟和张秋月，2021；Green and Zhao，2022）。然而，当数据的误差进一步增加到99%时，投资者依然愿意为使用该数据支付约58元。可以看出，只要数据能够帮助减少不确定性，其对于使用者来说就具有一定的价值。尽管58元对于一个财富水平为百万元的投资者来说近乎为零，但考虑到数据的非竞争性，数据的提供者可以从该数据中获取可观的收益。数据的非竞争性是指可以将同一数据销售给若干使用者而不必像传统商品那样引起数据这种商品价值的衰减（Jones and Tonetti，2020；Veldkamp，2023）。例如，当数据的误差为99%时，如果数据的提供者将数据提供给一万个相对风险厌恶系数为2、财富水平为100万元的大盘投资者，其可以获取的收入仍然可以达到约58万元。

二、行 业 投 资 者

本部分考虑一个财富水平为100万元、相对风险厌恶系数为 $\gamma_i = 2$、投资于不同行业的投资者愿意为数据支付的价值。由于投资者的资金规模较小，我们不考虑其价格影响（price impact）。

（一）数据的最大潜在价值

首先，我们分析关于各行业的市盈率的数据的最大潜在价值，即对于各个行业的投资者，如果存在关于未来市盈率的完美预测，其愿意为使用这一数据支付的价格。我们根据证监会2012年行业划分标准将A股上市企业划分为19个门类，同时为了估计结果的可靠性，我们要求进入分析样本的行业至少有25个观测点（即25个年度数据点），在这一标准下只有15个行业满足标准。进入我们样本的行业见表5.4。

表5.4　　　　　　　　　　行业代码与行业名称

门类代码	门类名称
A	农、林、牧、渔业
B	采矿业

门类代码	门类名称
C	制造业
D	电力、热力、燃气及水生产和供应业
E	建筑业
F	批发和零售业
G	交通运输、仓储和邮政业
H	住宿和餐饮业
I	信息传输、软件和信息技术服务业
J	金融业
K	房地产业
L	租赁和商务服务业
N	水利、环境和公共设施管理业
R	文化、体育和娱乐业
S	其他行业

注：本表报告了进入本节的样本行业代码和名称（依据证监会 2012 年行业门类分类）。原分类包含 19 个门类代码，本节要求进入样本的行业在 1994 年至 2023 年的样本区间需至少有 25 个年度观测点，因此共 15 个门类进入样本。

与前一小节的分析相同，对于各行业的投资者，在使用数据之前其拥有的信息是滞后一期的市盈率，投资者将其作为对未来市盈率的无偏预测。在使用数据时，投资者所拥有的信息是关于未来市盈率的完美预测（见式（5.51））以及滞后一期的市盈率。

表 5.5 报告了投资者愿意为数据支付的价值。第一列报告了行业门类代码，各个代码对应的门类名称见表 5.4。第二列报告了各行业的年平均超额收益（$E(\widehat{r_{t+1}})$），可以看出均为正值，范围在 7.90% 至 18.8% 之间，反映了这些行业企业在样本区间均实现了平均为正的收益，均具有投资价值。第三列报告了数据带来的不确定性的减少（ΔVar），除农、林、牧、渔业（A）外，其他行业的投资者均可以通过使用数据明显减少不确定性。其中，金融业（J）、房地产业（K）以及批发和零售业（F）的投资者可以通过使用数据带来最多的不确定性减少。第四列报告了投资者因不确定性降低而带来的效用增加（$\Delta E[U(\Xi_t^i)]$）。可

以看出，房地产业（K）、信息传输、软件和信息技术服务业（I）以及批发和零售业（F）的投资者因不确定性减少而带来的效用提升最大。第五列报告了不同行业的投资者愿意为使用有关未来市盈率的数据支付的最大的价格。对于一个财富水平为100万元、相对风险厌恶系数为2（相应地绝对风险厌恶系数为1.38×10^{-5}）的投资者，如果投资于房地产行业（K），其愿意为使用数据支付的最大价格（即数据误差最小的情形下）是6.73万元；如果投资者于信息传输、软件和信息技术服务业（I），其愿意支付的价格是4.75万元；如果投资于批发和零售业（F），其愿意支付的价格是4.18万元；如果投资者于金融业（J），其仅愿意支付1.36万元。由于数据无法有效减少投资者对于农、林、牧、渔业（A）行业的市场收益的不确定性，投资者仅愿意为使用有关该行业的数据支付161元，这对于一个财富水平为100万元的投资者来说近乎为零。

表5.5　　　　　　　　　　　　分行业数据的最大潜在价值

Ind	$E(\widehat{r_{t+1}})$	ΔVar	$\Delta E[U(\Xi_t^i)]$	V_{Data}	N
A	0.118	0.001	0.002	161.0291	29
B	0.184	0.044	0.180	1.31×10^4	28
C	0.127	0.067	0.256	1.86×10^4	32
D	0.108	0.066	0.423	3.06×10^4	29
E	0.092	0.046	0.142	1.03×10^4	29
F	0.101	0.129	0.577	4.18×10^4	30
G	0.079	0.063	0.268	1.94×10^4	31
H	0.083	0.049	0.198	1.44×10^4	29
I	0.109	0.085	0.656	4.75×10^4	30
J	0.188	0.121	0.188	1.36×10^4	31
K	0.080	0.169	0.930	6.73×10^4	31
L	0.109	0.065	0.339	2.45×10^4	28
N	0.083	0.077	0.349	2.53×10^4	30
R	0.101	0.090	0.429	3.11×10^4	29
S	0.113	0.094	0.377	2.73×10^4	32

注：本表报告了一个相对风险厌恶水平为$\gamma_i = 2$、财富水平为100万元的投资者在投资于不同的行业时，愿意为使用有关该行业未来市盈率的完美数据所支付的价格。我们依据证监会2012年行业门类划分将A股企业划分为不同门类，然后使用年度数据，根据式（5.46）以及第三节中的估计步骤进行估计。我们要求进入样本的行业在1994年至2023年这一样本区间需至少有25个年度观测点，因此共15个行业进入样本。有关各个行业代码对应的行业名称见表5.4。

（二）数据的误差与价值

接下来我们分析不同行业的投资者愿意为不同误差的数据所支付的价格。投资者的相对风险厌恶系数依然设定为 2，财富水平依然为 100 万元，因此我们不需要考虑其价格影响。数据依然是指有关行业未来市盈率的数据。这里我们假设数据并非有关未来市盈率的完美预测，而是包含一个噪声成分（见（式 5.52））。

图 5.3 报告了在以上设定下不同行业投资者愿意为不同误差的数据支付的价格。数据误差是指数据在预测未来市盈率时的精度，例如，假设关于金融业的数据的误差是 60%，则意味着该数据仅能预测金融业市盈率波动的 40%。当数据误差为零时，我们获得数据的最大潜在价值（在各个子图的纵轴上），其价值与表 5.5 中所报告的值相同。可以看出，与投资于整个大盘指数的投资者类似，不同行业的投资者愿意为数据支付的价格随着数据误差的增加而下降。然而，即使当数据误差接近 100%，只要其仍然具有一定精度，投资者依然愿意为其支付一定的价格，通常为几十元。尽管这一金额对于一个财富水平为几百万元的投资者来说可以忽略，但对于数据的提供者来说，其仍然可以利用数据的非竞争性，通过将数据提供给一定数量的使用者而获取可观的收入。

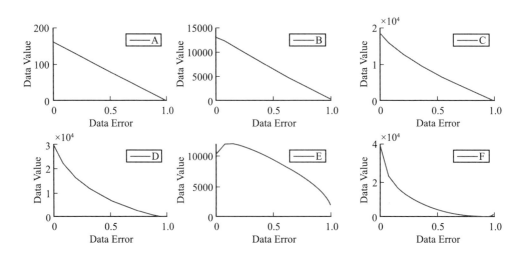

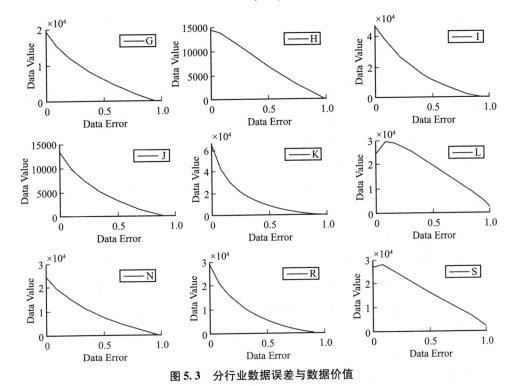

图 5.3 分行业数据误差与数据价值

注：各个子图报告了不同行业的投资者愿意为使用关于该行业未来市盈率的不同误差的数据所支付的价格。我们依据证监会 2012 年行业门类划分将 A 股企业划分为不同门类，要求进入样本的行业在 1994 年至 2023 年这一样本区间需至少有 25 个年度观测点，因此共 15 个行业进入样本。有关各个行业代码对应的行业名称见表 5.4。投资者的相对风险厌恶系数为 2，财富水平为 100 万元。我们使用年度数据根据，式 (5.46) 以及第三节中的估计步骤进行估计。

第五节 结　论

作为数字化的资产，数据的核心作用在于减少不确定性。投资者通过获取、分析和使用数据而减少不确定性，进而提高预期效用。而且，不同投资者对数据的获取、分析和处理会反映在金融资产的均衡市场价格中。因此，通过结合投资者的效用变化和资产价格，可以推断出数据的货币价值，即一个投资者愿意为使用特定数据而支付的价格。

基于数据的核心作用，本章提出了基于金融市场的数据估值方法，通过分析投资者效用与金融市场资产价格的关系，推导出数据货币价值表达式，并将这一理论模型应用于中国股票市场的实证分析。本章提出的数据估值方法有效地解决了由于数据资产的副产品属性、独特价值形成过程、非竞争性、价值与物理度量的非线性关系、高度的私人价值成分等带来的估值挑战。

本章首先构建了包含数据的噪声理性预期模型，推导出资产的均衡价格对数据的反映。噪声理性预期模型考虑了投资者在包含噪声信息情况下的决策过程。通过该模型，我们能够量化数据对市场价格和投资者预期效用的影响。进一步地，通过建立投资者预期效用与货币价值的对应关系，推导出数据的货币价值表达式。该表达式揭示了数据通过减少不确定性提高投资者效用的机制，并通过效用的提升可以推导出投资者愿意为此而放弃的财富，即数据的价格。

实证分析部分则通过对中国股票市场的实际数据进行分析，展示了不同投资者在不同风险厌恶程度和财富水平下，对特定数据的支付意愿。例如，对于一个财富水平为100万元、相对风险厌恶系数为2的投资者而言，其愿意为使用关于企业未来市盈率的完美预测数据支付的最大价格可达到几万元。此外，本章还分析了数据价值与数据误差的关系。实证结果表明，即使数据的误差高达99%，该投资者仍愿意支付几十元，由于数据的非竞争性，数据提供商依然可以从该高误差数据中获取可观收入。

通过对市场指数投资者和行业投资者的分析，本章还揭示了不同财富水平和风险厌恶程度的投资者对数据的估值差异。实证结果表明，其他条件不变，高财富水平的投资者通常愿意支付更高的价格使用数据。此外，不同行业的投资者对数据的支付意愿也存在显著差异，例如，房地产业和信息传输、软件和信息技术服务业的投资者对数据的支付意愿最高，而农、林、牧、渔业的投资者支付意愿最低。

综上所述，本章的研究阐明了数据通过减少不确定性、提升投资者效用将价值反映在金融资产的均衡市场价格中，基于此可以构建数据的估值模型。这一数据货币价值估计方法不仅解决了传统数据估值方法的诸多难题，还为数据提供商和投资者在经济中实际应用数据估值理论提供了支持。未来的研究可以进一步优化风险厌恶系数的估计，扩展到其他金融市场如债券市场和衍生品市场，以进一步验证和应用本章的数据货币价值估计模型。基于本章的理论分析和实证结果，为了对数据的管理和利用提供更为精准和高效的指导，我们提出如下政策建议。

第一，必须深刻理解数据在金融市场决策中发挥的核心作用。政策制定应着眼于激励高质量数据的生成，并通过制定相应措施促进数据的自由流通与共享。此外，确保数据的准确性和可靠性是至关重要的，这包括加强数据隐私和提高数据安全性的保护措施，为投资者提供一个坚实可靠的数据基础。

第二，鉴于数据价值与投资者的风险偏好和财富规模紧密相连，建议开发一系列差异化的数据服务策略。这些策略应涵盖从为个人小额投资者提供易于理解的数据解读服务，到为大型机构投资者提供深度分析和高级定制工具的全方位需求。

第三，实证分析显示，即便数据存在一定误差，投资者仍愿意为其支付费用，这突出了数据的非竞争性和其内在的潜在价值。基于此，建议积极鼓励数据服务的创新，支持数据提供者开发适应市场需求的新型数据产品，同时确保维护市场的公平竞争环境，防止数据垄断现象的发生。

第四，考虑到不同行业对数据价值的不同评估，建议大力支持跨行业数据应用的探索。通过建立行业间的数据共享平台，不仅可以促进数据的综合利用，还能有效实现数据价值的最大化，推动不同领域间的协同发展和知识共享。

第五，建议加强对数据市场的监管力度，确保数据交易的透明度和公正性。这包括制定明确的数据交易标准和规则，以及对市场参与者进行有效监管，预防市场操纵和不公平竞争，从而保护所有市场参与者的合法权益。

第六，面对数据价值评估的复杂性，建议促进学术界和实务界的紧密合作，共同推动数据价值评估方法的创新和完善。同时，加强对投资者的教育，提升他们对数据价值和风险的深刻理解，帮助他们作出更为明智和审慎的投资决策。

全面实施这些措施不仅能够提升金融市场中数据资产的管理效率，增强市场的稳定性和效率，还能有效保护投资者利益，并为经济的持续健康发展提供坚实的支持和动力。

附 录

本附录补充本章正文中的理论和推导。

A. 存在价格影响时的数据价值

需要指出的是，本章正文部分的分析是建立在完全竞争市场这一假设上。在这一设定下，每一个投资者都是价格接受者（price taker），其交易不改变资产的价格，即不具有价格影响（price impact）。然而现实中的金融市场并非总是完全有效。在市场非完全竞争的情况下，投资者尤其是大型机构投资者的交易本身往往会影响资产价格，产生价格影响。本部分分析投资者存在价格影响时的数据价值。价格影响是指投资者的交易本身影响价格，即：

$$\frac{\mathrm{d}p_t}{\mathrm{d}q_t^i} \neq 0 \qquad\qquad (A-1)$$

$\frac{\mathrm{d}p_t}{\mathrm{d}q_t^i}$ 通常被称作凯尔的 lambda（Kyle，1989），用以衡量投资者 i 的资产需求在何种程度上影响一个资产的市场价格。

A1. 投资者对于数据的效用函数

我们分析在投资者存在价格影响的情况下的投资决策。将效用函数对需求求导得到一阶条件[①]：

$$\frac{\partial E[U(c_{i,t+1}) \mid I_{it}]}{\partial q_t^i} = \lambda_i E(p_{t+1} + d_{t+1} - Rp_t \mid \Xi_t^i)$$

$$- \lambda_i R \, q_t^{i\prime} \frac{\mathrm{d}p_t}{\mathrm{d}q_t^i} - \frac{\lambda_i^2}{2} 2 Var(p_{t+1} + d_{t+1} \mid \Xi_t^i) q_{it} = 0 \quad (A-2)$$

可以得到在存在价格影响时投资者的最优选择是：

$$q_{it} = \frac{1}{\lambda_i} \left[R \frac{1}{\lambda_i} \frac{\mathrm{d}p_t}{\mathrm{d}q_t^i} + Var(\eta_{t+1} \mid \Xi_t^i) \right]^{-1} E(\eta_{t+1} \mid \Xi_t^i) \qquad (A-3)$$

与完全竞争市场下的投资者选择相比，在存在价格影响时，投资者 i 本身对价格的影响 $\frac{\mathrm{d}p_t}{\mathrm{d}q_t^i}$ 会影响其对风险资产的选择 q_{it}。

接下来，我们推导在投资者存在价格影响时，数据给投资者带来的效用价

[①] 已知 $\dfrac{\partial E[U(c_{i,t+1}) \mid I_{it}]}{\partial q_t^i} = \dfrac{\partial\left\{ \begin{aligned} &\lambda_i E[R\overline{W}_t^i + q_t^{i\prime}(p_{t+1} + d_{t+1} - Rp_t) \mid \Xi_t^i] \\ &- \frac{\lambda_i^2}{2} Var[R\overline{W}_t^i + q_t^{i\prime}(p_{t+1} + d_{t+1} - Rp_t) \mid \Xi_t^i] \end{aligned} \right\}}{\partial q_t^i}$，将其简化成式（A-2）的形式并将其值设定为 0，可得

$$q_{it} = \frac{1}{\lambda_i} \left[R \frac{1}{\lambda_i} \frac{\mathrm{d}p_t}{\mathrm{d}q_t^i} + Var(p_{t+1} + d_{t+1} - Rp_t \mid \Xi_t^i) \right]^{-1} E(p_{t+1} + d_{t+1} - Rp_t \mid \Xi_t^i)$$

由此可以得到最优风险资产选择，即式（5.49）。

值。为了表达的简便，我们定义：

$$\text{Varp} = R \frac{1}{\lambda_i} \frac{dp_t}{dq_t^i} + \text{Var}(\eta_{t+1} \mid I_{it}) \tag{A-4}$$

相应地，根据式（5.32）和式（A-3）可以得到投资者在给定数据下的最优消费：

$$c_{t+1}^{i^*} = R\overline{W}_t^i + q_t^{i\prime}(p_{t+1} + d_{t+1} - Rp_t) = R\overline{W}_t^i + \frac{1}{\lambda_i} E(\eta_{t+1} \mid I_{it})' \text{Varp}^{-1} \eta_{t+1}$$

$$\tag{A-5}$$

又已知用资产收益 η_{t+1} 替代未来消费 $c_{t+1}^{i^*}$ 情况下的预期效用函数表达式为式（5.31），我们可以得到在给定数据下的最优消费带给投资者的效用：

$$E[U(c_{t+1}^{i^*}) \mid \Xi_t^i] = R\lambda_i \overline{W}_t^i + E(\eta_{t+1} \mid \Xi_t^i)' \text{Varp}^{-1} \Big[I$$

$$- \frac{1}{2} \text{Var}(\eta_{t+1} \mid \Xi_t^i) \text{Varp}^{-1} \Big] E(\eta_{t+1} \mid \Xi_t^i) \tag{A-6}$$

在这一条件期望效用函数中，资产未来收益 η_{t+1} 的条件期望和条件方差以及投资者的价格影响 $\left(\text{即 Varp 中的} \dfrac{dp_t}{dq_t} \right)$ 共同决定投资者的效用。$E(\eta_{t+1} \mid \Xi_t^i)$ 和 $\text{Var}(\eta_{t+1} \mid \Xi_t^i)$ 取决于 η_{t+1} 的分布和数据 Ξ_t^i，而 η_{t+1} 的分布给定，因而 $E(\eta_{t+1} \mid \Xi_t^i)$ 和 $\text{Var}(\eta_{t+1} \mid \Xi_t^i)$ 不由投资者决定。此外，投资者的价格影响由其自身特征如初始财富决定，不由投资者选择决定。因此，在这一效用函数中，在模型内决定的变量是数据 Ξ_t^i。因此，我们可以将直接效用函数改写为有关数据的间接效用函数，即[①]：

$$U(\Xi_t^i) = R\lambda_i \overline{W}_t^i + \frac{1}{2} E(\eta_{t+1} \mid \Xi_t^i)' \text{Varp}^{-1} \Big[I + R \frac{1}{\lambda_i} \frac{dp_t}{dq_t^i} \text{Varp}^{-1} \Big] E(\eta_{t+1} \mid \Xi_t^i)$$

$$\tag{A-7}$$

为了表达的简便，我们进一步定义：

$$\overline{\text{Varp}}^{-1} = \text{Varp}^{-1} \Big[I + R \frac{1}{\lambda_i} \frac{dp_t}{dq_t^i} \text{Varp}^{-1} \Big] \tag{A-8}$$

$\overline{\text{Varp}}^{-1}$ 反映了在存在价格效应时，数据对不确定性的减少，可以看到 $\overline{\text{Varp}}^{-1}$

---

① $U(\Xi_t^i) = R\lambda_i \overline{W}_t^i + E(\eta_{t+1} \mid \Xi_t^i)' \text{Varp}^{-1} \Big[I - \frac{1}{2} \Big(\text{Varp} - R \frac{1}{\lambda_i} \frac{dp_t}{dq_t^i} \Big) \text{Varp}^{-1} \Big] E(\eta_{t+1} \mid \Xi_t^i)$

受到价格效用的影响。

在式（A-8）下，投资者对于数据的效用函数可以表示为：

$$U(\Xi_t^i) = R\lambda_i \overline{W}_t^i + \frac{1}{2}E(\eta_{t+1} \mid \Xi_t^i)' \overline{Varp}^{-1}E(\eta_{t+1} \mid \Xi_t^i) \qquad (A-9)$$

与无价格影响（price impact）时的效用函数（式（5.34））相比，核心区别在于价格效应影响数据对于不确定性的减少，进而影响投资者从数据中获取的效用。

A2. 数据的效用价值与货币价值

下面我们推导在存在价格效应的情况下，投资者对数据的预期效用，即：

$$E[U(\Xi_t^i)] = R\lambda_i \overline{W}_t^i + \frac{1}{2}E[E(\eta_{t+1} \mid \Xi_t^i)' \overline{Varp}^{-1}E(\eta_{t+1} \mid \Xi_t^i)] \qquad (A-10)$$

通过本章的附录 B2 中对式（A-10）的推导，可以得到数据的预期效用的表达式：

$$E[U(\Xi_t^i)] = \frac{1}{2}E(\eta_{t+1})' \overline{Varp}^{-1}E(\eta_{t+1}) + \frac{1}{2}[Var(\eta_{t+1})$$
$$- Var(\eta_{t+1} \mid \Xi_t^i)] \overline{Varp}^{-1} + R\lambda_i \overline{W}_t^i \qquad (A-11)$$

已知 $\eta_{t+1} = p_t * r_{t+1}$（式（5.40）），数据的预期效用可以用资产的收益率表示：

$$E[U(\Xi_t^i)] = \frac{1}{2}E(r_{t+1})' \overline{Varp}^{-1}E(r_{t+1}) + \frac{1}{2}[Var(r_{t+1})$$
$$- Var(r_{t+1} \mid \Xi_t^i)] \overline{Varp}^{-1} + R\lambda_i \overline{W}_t^i \qquad (A-12)$$

与投资者无价格影响（price impact）时的情形相同，在这一预期效用公式中，$E(r_{t+1})$ 是给定的资产无条件预期收益，$Var(r_{t+1})$ 是资产收益的无条件方差，二者均不随投资者所拥有的数据而变化。由此可见，数据的价值来源于其带来的不确定性的减少，即减少条件方差 $Var(r_{t+1} \mid \Xi_t^i)$。同时，价格影响的存在会影响数据对不确定性的较少，这一效应体现在 $\overline{Varp}^{-1}$ 中。

数据的效应价值根据式（5.38）进行计算，即有无数据时投资者效用的差值。相应地，当需要计算数据的货币价值时，我们通过式（5.45）将数据的效用价值投射到货币价值上。

与投资者不具有价格影响时的数据价值公式类似，在投资者存在价格影响时，我们依然不需要知道其他投资者的信息。其他投资者的价格影响会影响资产价格，然而，这种影响已经充分反映在当期资产价格中，并充分反映在资产的预期收益以及收益的方差中。因此，当使用数据价值公式（A-12）进行估算数据对于一个特定的投资者 i 的价值时，我们只需要使用市场公开信息以及与投资者 i 相关的信息。

B. 模型推导中间步骤

本附录补充本章的模型推导。

B1. 数据的预期效用推导

为了对数据的预期效用即式（5.35）进行简化，我们进行如下整理：

$$E(\eta_{t+1} \mid \Xi_t^i)'Var(\eta_{t+1} \mid \Xi_t^i)^{-1}E(\eta_{t+1} \mid \Xi_t^i) = [E(\eta_{t+1}) + E(\eta_{t+1} \mid \Xi_t^i) -$$
$$E(\eta_{t+1})]'Var(\eta_{t+1} \mid \Xi_t^i)^{-1}[E(\eta_{t+1}) + E(\eta_{t+1} \mid \Xi_t^i) - E(\eta_{t+1})]$$
$$= E(\eta_{t+1})'Var(\eta_{t+1} \mid \Xi_t^i)^{-1}E(\eta_{t+1}) + 2E(\eta_{t+1})'Var(\eta_{t+1} \mid \Xi_t^i)^{-1}[E(\eta_{t+1} \mid \Xi_t^i) -$$
$$E(\eta_{t+1})] + [E(\eta_{t+1} \mid \Xi_t^i) - E(\eta_{t+1})]'Var(\eta_{t+1} \mid \Xi_t^i)^{-1}[E(\eta_{t+1} \mid \Xi_t^i) -$$
$$E(\eta_{t+1})] \tag{B-1}$$

对这一公式的简化分为三步：

第一步，证明 $E[Var(\eta_{t+1} \mid \Xi_t^i)] = Var(\eta_{t+1} \mid \Xi_t)$。为此，我们表达出预期收益的时间序列变化：

$$\eta_{t+1} = p_{t+1} + d_{t+1} - Rp_t = A + B\bar{s}_{t+1} + C\tilde{x}_{t+1} + Dd_{t+1} + d_{t+1} - (A + B\bar{s}_t + C\tilde{x}_t$$
$$+ Dd_t) = B(\bar{s}_{t+1} - \bar{s}_t) + C(\tilde{x}_{t+1} - \tilde{x}_t) + D(d_{t+1} - d_t) + d_{t+1} = A + B\eta_{t+1}$$
$$+ C\tilde{x}_{t+1} + (D + I)[\mu + G(d_t - \mu) + \epsilon_{d,t+1}] \tag{B-2}$$

$$(I - B)Var(\eta_{t+1} \mid \Xi_t^i) = Var(C\tilde{x}_{t+1} + (D + I)\epsilon_{d,t+1} \mid \Xi_t^i) = CVar(\tilde{x}_{t+1} \mid \Xi_t^i)C$$
$$+ (D + I)Var(\epsilon_{d,t+1} \mid \Xi_t^i)(D + I) \tag{B-3}$$

可以看出，$Var(\eta_{t+1} \mid \Xi_t^i)$ 并不存在不确定性，即观察到数据 Ξ_t^i 后由此计算出的 $Var(\eta_{t+1} \mid \Xi_t^i)$ 是一个常数。

第二步，根据迭代期望法则（the law of iterated expectation），可以得到：

$$E\{E(\eta_{t+1})'Var(\eta_{t+1} \mid \Xi_t^i)^{-1}[E(\eta_{t+1} \mid \Xi_t^i) - E(\eta_{t+1})]\}$$
$$= E(\eta_{t+1})'Var(\eta_{t+1} \mid \Xi_t^i)^{-1}\{E[E(\eta_{t+1} \mid \Xi_t^i)] - E(\eta_{t+1})\} = 0 \tag{B-4}$$

第三步，推导 $E\{[E(\eta_{t+1} \mid \Xi_t^i) - E(\eta_{t+1})]'Var(\eta_{t+1} \mid \Xi_t^i)^{-1}[E(\eta_{t+1} \mid \Xi_t^i) - E(\eta_{t+1})]\}$：

$$E\{[E(\eta_{t+1} \mid \Xi_t^i) - E(\eta_{t+1})]'Var(\eta_{t+1} \mid \Xi_t^i)^{-1}[E(\eta_{t+1} \mid \Xi_t^i) - E(\eta_{t+1})]\}$$

$$= E\{[E(\eta_{t+1} \mid \Xi_t^i) - E(\eta_{t+1})]'Var(\eta_{t+1} \mid \Xi_t^i)^{-\frac{1}{2}}Var(\eta_{t+1} \mid I_{it})^{-\frac{1}{2}}[E(\eta_{t+1} \mid \Xi_t^i) -$$

$$E(\eta_{t+1})]\} = E\{[[E(\eta_{t+1} \mid \Xi_t^i) - E(\eta_{t+1})]Var(\eta_{t+1} \mid \Xi_t^i)^{-\frac{1}{2}}]'$$

$$[Var(\eta_{t+1} \mid \Xi_t^i)^{-\frac{1}{2}}[E(\eta_{t+1} \mid \Xi_t^i) - E(\eta_{t+1})]]\} = Var\{E(\eta_{t+1} \mid \Xi_t^i)$$

$$Var(\eta_{t+1} \mid \Xi_t^i)^{-\frac{1}{2}}\} = Var[E(\eta_{t+1} \mid \Xi_t^i)]Var(\eta_{t+1} \mid \Xi_t^i)^{-1} \qquad (B-5)$$

根据全方差公式 $Var(X) = E[Var(X \mid \Phi)] + Var[E(X \mid \Phi)]$，可知资产收益 η_{t+1} 的事后期望 $E(\eta_{t+1} \mid \Xi_t^i)$ 的事前方差 $Var[E(\eta_{t+1} \mid \Xi_t^i)]$ 等于 η_{t+1} 的事前与事后方差之差，即：

$$Var[E(\eta_{t+1} \mid \Xi_t^i)] = Var(\eta_{t+1}) - E[Var(\eta_{t+1} \mid \Xi_t^i)] = Var(\eta_{t+1}) - Var(\eta_{t+1} \mid \Xi_t^i)$$
$$(B-6)$$

因此，

$$E\{[E(\eta_{t+1} \mid I_{it}) - E(\eta_{t+1})]'Var(\eta_{t+1} \mid \Xi_t^i)^{-1}[E(\eta_{t+1} \mid \Xi_t^i) - E(\eta_{t+1})]\}$$

$$= [Var(\eta_{t+1}) - Var(\eta_{t+1} \mid \Xi_t^i)]Var(\eta_{t+1} \mid \Xi_t^i)^{-1} = Var(\eta_{t+1})Var(\eta_{t+1} \mid \Xi_t^i)^{-1} - I$$
$$(B-7)$$

综合以上三步，可以得到数据的预期效用的最终表达式，即式 (5.36)。

B2. 数据的预期效用推导——存在投资者价格影响

为了对存在价格影响时的数据的预期效用即式 (A-10) 进行简化，我们进行如下整理：

$$E(\eta_{t+1} \mid \Xi_t^i)'\overline{Varp}^{-1}E(\eta_{t+1} \mid \Xi_t^i) = [E(\eta_{t+1}) + E(\eta_{t+1} \mid \Xi_t^i) - E(\eta_{t+1})]'\overline{Varp}^{-1}[E(\eta_{t+1}) +$$

$$E(\eta_{t+1} \mid \Xi_t^i) - E(\eta_{t+1})] = E(\eta_{t+1})'\overline{Varp}^{-1}E(\eta_{t+1}) + 2E(\eta_{t+1})'\overline{Varp}^{-1}[E(\eta_{t+1} \mid \Xi_t^i) -$$

$$E(\eta_{t+1})] + [E(\eta_{t+1} \mid \Xi_t^i) - E(\eta_{t+1})]'\overline{Varp}^{-1}[E(\eta_{t+1} \mid \Xi_t^i) - E(\eta_{t+1})] \qquad (B-8)$$

对这一公式的简化分为三步：

第一步，证明 $E[Var(\eta_{t+1} \mid \Xi_t^i)] = Var(\eta_{t+1} \mid \Xi_t^i)$。前述已经证明，这里不再赘述。

第二步，根据迭代期望法则 (the law of iterated expectation)，可以得到：

$$E\{E(\eta_{t+1})'\overline{Varp}^{-1}[E(\eta_{t+1} \mid \Xi_t^i) - E(\eta_{t+1})]\}$$
$$(B-9)$$
$$= E(\eta_{t+1})'\overline{Varp}^{-1}E[E(\eta_{t+1} \mid \Xi_t^i) - E(\eta_{t+1})] = 0$$

第三步，推导 $[E(\eta_{t+1} \mid \Xi_t^i) - E(\eta_{t+1})]'\overline{Varp}^{-1}[E(\eta_{t+1} \mid \Xi_t^i) - E(\eta_{t+1})]$

$$[E(\eta_{t+1}\mid\Xi_t^i)-E(\eta_{t+1})]'\overline{Varp}^{-1}[E(\eta_{t+1}\mid\Xi_t^i)-E(\eta_{t+1})]$$

$$=\{[E(\eta_{t+1}\mid\Xi_t^i)-E(\eta_{t+1})]\overline{Varp}^{-\frac{1}{2}}\}'\{[E(\eta_{t+1}\mid\Xi_t^i)-$$

$$E(\eta_{t+1})]\overline{Varp}^{-\frac{1}{2}}\}=Var[E(\eta_{t+1}\mid\Xi_t^i)\overline{Varp}^{-\frac{1}{2}}]=Var[E(\eta_{t+1}\mid\Xi_t^i)\overline{Varp}^{-1}$$

$$(B-10)$$

根据全方差公式，可知：

$$Var[E(\eta_{t+1}\mid\Xi_t^i)]=Var(\eta_{t+1})-Var(\eta_{t+1}\mid\Xi_t^i) \qquad (B-11)$$

因此，

$$[E(\eta_{t+1}\mid\Xi_t^i)-E(\eta_{t+1})]'\overline{Varp}^{-1}[E(\eta_{t+1}\mid\Xi_t^i)-E(\eta_{t+1})]$$

$$=[Var(\eta_{t+1})-Var(\eta_{t+1}\mid\Xi_t^i)]\overline{Varp}^{-1}$$

$$(B-12)$$

综合以上三步，可以得到数据的预期效用的最终表达式，即式（A-11）：

$$E[U(\Xi_t^i)]=\frac{1}{2}E(\eta_{t+1})'\overline{Varp}^{-1}E(\eta_{t+1})+\frac{1}{2}[Var(\eta_{t+1})$$

$$-Var(\eta_{t+1}\mid\Xi_t^i)]\overline{Varp}^{-1}+R\lambda_i\overline{W}_t^i$$

$$(B-13)$$

参考文献

[1] 何诚颖. 中国股市市盈率分布特征及国际比较研究 [J]. 经济研究，2003（9）：74 - 81 + 95.

[2] 卢锐，魏明海. 上市公司市盈率影响因素的实证分析 [J]. 管理科学，2005（4）：86 - 92.

[3] 杨松令，刘梦伟，张秋月. 中国金融科技发展对资本市场信息效率的影响研究 [J]. 数量经济技术经济研究，2021，38（8）：20.

[4] Admati, A. R. A noisy rational expectations equilibrium for multi-asset securities markets [J]. Econometrica: Journal of the Econometric Society, 1985, 53 (3): 629 - 657.

[5] Arrieta - Ibarra, I., Goff, L., Jiménez - Hernández, D., et al. Should we treat data as labor? Moving beyond "free" [C]. aea Papers and Proceedings, 2018 (108): 38 - 42.

［6］Bulla, J., Mergner, S., Bulla, I., et al. Markov-switching asset alloca-tion: Do profitable strategies exist? ［J］. Journal of Asset Management, 2011（12）: 310 – 321.

［7］Caplin, A., Leahy, J. Business as usual, market crashes, and wisdom af-ter the fact ［J］. The American Economic Review, 1994, 84（3）: 548 – 565.

［8］Cheong, H., Kim, B., Vaquero, I. U. A Data Valuation Model to Esti-mate the Investment Value of Platform Companies: Based on Discounted Cash Flow ［J］. Journal of Risk and Financial Management, 2023, 16（6）: 293.

［9］Cornuéjols, G., Elçi, O., Köppe, M. Portfolio optimization in the pres-ence of estimation errors on the expected asset returns ［R］. 2022.

［10］Diebold, F. X., Ohanian, L. E., Berkowitz, J. Dynamic equilibrium econ-omies: A framework for comparing models and data ［J］. The Review of Economic Studies, 1998, 65（3）: 433 – 451.

［11］Farboodi, M., Singal, D., Veldkamp, L., et al. Valuing financial data ［R］.（No. w29894）, National Bureau of Economic Research, 2022.

［12］Frydman, R., Phelps, E. S. Rethinking expectations: The way forward for macroeconomics ［M］. Princeton: Princeton University Press, 2013.

［13］Goetzmann, W. N., Spaenjers, C., Van Nieuwerburgh, S. Real and pri-vate-value assets ［J］. The Review of Financial Studies, 2021, 34（8）: 3497 – 3526.

［14］Goyal, A., Welch, I., Zafirov, A. A comprehensive 2022 look at the empirical performance of equity premium prediction ［R］. Swiss Finance Institute Re-search Paper, 2023.

［15］Green, J., Zhao, W. Forecasting earnings and returns: A review of recent advancements ［J］. The Journal of Finance and Data Science, 2022（8）: 120 – 137.

［16］Grossman, S. J., Stiglitz, J. E. On the impossibility of informationally effi-cient markets ［J］. The American Economic Review, 1980, 70（3）: 393 – 408.

［17］Jones, C. I., Tonetti, C. Nonrivalry and the Economics of Data ［J］. American Economic Review, 2020, 110（9）: 2819 – 2858.

［18］Ker, D., Mazzini, E. Perspectives on the value of data and data flows

[R]. No. 299, OECD Publishing, 2020.

[19] Kyle, A. S. Informed speculation with imperfect competition [J]. The Review of Economic Studies, 1989, 56 (3): 317 – 355.

[20] Veldkamp, L. Valuing Data as an Asset [J]. Review of Finance, 2023, 27 (5): 1545 – 1562.

[21] Lorenzoni, G. A theory of demand shocks [J]. American Economic Review, 2009, 99 (5): 2050 – 2084.

[22] Muth, J. F. Rational expectations and the theory of price movements [J]. Econometrica: Journal of the Econometric Society, 1961, 29 (3): 315 – 335.

[23] Nezlobin, A., Rajan, M. V., Reichelstein, S. Structural properties of the price-to-earnings and price-to-book ratios [J]. Review of Accounting Studies, 2016 (21): 438 – 472.

[24] Peress, J. Wealth, information acquisition, and portfolio choice [J]. The Review of Financial Studies, 2004, 17 (3): 879 – 914.

[25] Posner, E., Weyl, E. Radical Markets: Uprooting Capitalism and Democracy for a Just Society [M]. Princeton: Princeton University Press, 2018.

[26] Ray, D. Valuing Data: An Open Framework [M]. Taylor & Francis, 2018.

[27] Savin, N. E. Rational expectations: Econometric implications [M]. London: Palgrave Macmillan UK, 1987.

[28] Simaan, M., Simaan, Y., Tang, Y. Estimation error in mean returns and the mean-variance efficient frontier [J]. International Review of Economics & Finance, 2018 (56): 109 – 124.

[29] Van Nieuwerburgh, S., Veldkamp, L. Information immobility and the home bias puzzle [J]. The Journal of Finance, 2009, 64 (3): 1187 – 1215.

[30] Veldkamp, L. L. Information markets and the comovement of asset prices [J]. The Review of Economic Studies, 2006, 73 (3): 823 – 845.

[31] Welch, I., Goyal, A. A comprehensive look at the empirical performance of equity premium prediction [J]. The Review of Financial Studies, 2008, 21 (4): 1455 – 1508.

［32］ Williams, L. V. Information efficiency in financial markets ［M］. Cambridge: Cambridge University Press, 2005.

［33］ Wu, Y. Theoretical and Modeling Research on The Valuation of Data Assets ［J］. Frontiers in Business, Economics and Management, 2024, 15 (1): 298 – 305.

后　记

在数字经济的发展浪潮中，数据已经成为推动经济发展的关键生存要素，数据估值也相应地成为一个亟须解决的问题。然而，数据资产具有诸如非竞争性、价值反馈循环、量价同一性、价值私人性等有别于传统资产的属性，使得进行有效的数据估值面临巨大挑战，阻碍了数字经济的进一步发展。本书在这一时代背景下应运而生，提出基于金融市场进行数据估值分析。

本书的数据估值方法针对数据资产的独特属性而设计，因而相比于传统的估值方法跨度较大，创新点较为突出。然而，本书的创新点不是无源之水、无本之木，而是充分借鉴并吸取了金融经济学以及其他相关学科的已有研究成果。例如，本书有关数据资产核心作用的阐释充分借鉴了贝叶斯信息更新理论，有关数据资产价值形成过程的阐释充分借鉴了生产端和需求端的资产价格决定理论，有关数据估值模型的构建则基于噪声理性预期模型进行。

需要指出的是，本书并不致力于给出进行数据估值的一锤定音的答案。尽管基于金融市场的数据估值理论避免了传统估值方法应用于数据资产时的诸多问题，但其也有自身的局限性，如高度依赖所估值数据资产与金融市场的相关性，而非适用于任何情境下。本书的目标更在于抛砖引玉，通过基于金融市场的数据估值这一独特的数据估值方案，提出一种解决数据估值问题的新角度，为更加复杂全面的数据估值模型提供一个基准的参考。希望本书可以为构建科学的数据估值体系打下坚实的理论基础以及做好初步的实证铺垫。此外，本书也期望通过数据估值这一切入点，推动金融对实体经济的服务。最后，本书感谢中央财经大学研究阐释青年丛书项目、中央高校基本科研业务费以及国家自然科学基金委员会青年科学基金项目（No.72403268）的资助。

郭来特

2025 年 7 月